室町時代の日明外交と能狂言

・西原大輔

室町時代の日明外交と能狂言

目次

はじめに

中国共産党政権に配慮した台本変更

能狂言と政治との関係について、私自身の体験を語ることから始めたい。大学院生だった二十代の頃、私は狂言和泉《いずみ》流野村万蔵《のむらまんぞう》家の楽屋のお手伝いをしていた。紋付袴《もんつきはかま》姿で揚幕《あげまく》を上げ、後見《こうけん》として舞台で小道具を渡し、終演後に装束《しょうぞく》をたたみ、荷物を運ぶ。大勢の役者が必要な演目では、立衆《たちしゅう》として出演することもあった。

平成九（一九九七）年十月二十八日、野村耕介《こうすけ》先生（五世野村万之丞《まんのじょう》・一九五九〜二〇〇四）の演出による狂言《唐人相撲《とうじんずもう》》が、歌舞伎座で行われた。日本国と中華人民共和国との国交樹立二十五周年の記念行事の一つだった。客席では、皇太子殿下・妃殿下（現・天皇皇后両陛下）が台覧されていた。招待客の中には、中国共産党政権の外交官もいた。私は立衆の一人として、この晴れやかな舞台に立った。

《唐人相撲》は、大陸に渡った日本の相撲取りの話である。最後の場面で、シテの皇帝は、自ら日本人相撲取りと相撲を取る。強い日本の相撲取りは、弱い皇帝を投げ飛ばし、「勝ったぞ勝ったぞ、勝ったぞ勝ったぞ」と喜びの声を上げる。これが、通常の台本である。しかしこの日は違った。皇帝と日本人相撲取りとの取り組みが始まると、まもなく一人の臣下がしゃしゃり出て、「引き分けにせい」と割って入り、狂言は終了した。

日中友好が趣旨の催しである。中華人民共和国の大使館関係者も臨席している。その貴人《きにん》の目の前で、日本人の関取りが皇帝を打ち負かし、「勝ったぞ勝ったぞ」は、さすがにまずかったのだろう。表現の自由が保障されている現代日本においてすら、特別な来賓の前で演じる際には、これほど気を遣うものである。この時、演出の野村耕介先生が配慮しなければならなかった権力者とは、学習院時代の同級生だった皇太子殿下ではなく、中国共産党政権の外交官であった。

権力者の前で演じる緊張感

私自身のこの経験を補助線にして、能成立期の上演環境を考えてみよう。観阿弥《かんあみ》（一三三三～一三八四）・世阿弥《ぜあみ》（一三六四？～一四四四？）は、足利義満《あしかがよしみつ》（一三五八～一四〇八）や足利義持《よしもち》（一三八六～一四二八）の庇護を受けた。見所《けんしょ》には、日本の最高実力者がいる。能の作者は、将軍に最大限の配慮をする必要があった。現代ならば、「表現の自由」という錦の御旗《みはた》に頼ることができる。しかし、室町時代においては、ひとたび足利将軍の機嫌を損ねれば、寛大なパトロンは、一転して苛酷な制裁者となる。能役者の命すら危うい。権力者の近くで活動する危険性は、千利休《せんのりきゅう》が豊臣秀吉《とよとみひでよし》によって自刃《じじん》に追い込まれた事実を思い出すだけでも十分だろう。実際、世阿弥は六代将軍足利義教《よしのり》（一三九四～一四四一）の怒りを買い、永享《えいきょう》六（一四三四）年に佐渡《さど》に流された。

能が、このような政治的緊張感のある状況下で作られていたことに、従来わたしたちは比較的無自覚だったのではあるまいか。もちろん、現代のように、演劇で為政者を諷刺するなど、全く論外な話である。御用《ごよう》役者はむしろ、足利将軍の意向に積極的に寄り添い、賛美することに全力を傾けた。それが、一座を預かる者の責務でもあった。特に脇能は、統治者の治世を寿《ことほ》ぐ内容になっている。「君の恵みぞありがたき」《高砂《たかさご》》、「返す返すもよき御代《みよ》なれや」《養老《ようろう》》といった、謡曲の一節が思い起こされる。

「世阿弥は平和や繁栄という根元的なものは賛美したけれど、室町幕府や義満を称える能をひとつも書かなかった」。昭和四十六（一九七一）年、増田正造《ますだしょうぞう》氏は、『能の表現』（中央公論社）でこう述べている。驚くべき誤りである。平和や繁栄は善だが、政府や権力者を賛美するのは悪だとする戦後イデオロギー。この高名な能楽評論家も、戦後の色眼鏡から自由ではなかった。

能は将軍を賛美する

事実は全く逆である。天野文雄《あまのふみお》氏は『世阿弥がいた場所』（ぺりかん社、二〇〇七年）で、世阿弥がいかに足利義満や足利義持を称賛し、祝福し続けたかを、繰り返し明らかにしている。世阿弥ら「御用役者が制作した能、とりわけ脇能の多くが、国家や将軍をめぐる慶事などを背景にして制作された」ものだった。

たとえば《弓八幡《ゆみやわた》》は、「将軍義持の御代《みよ》始めに、義満の治世賛美のために作られた」。《金札《きんさつ》》のシテ天太玉命《あまつふとだまのみこと》は、「将軍――具体的には義満――を神に擬《ぎ》した寓意」であり、《難波《なにわ》》は、義持が「足利将軍家の家督を継承したことを祝って制作された作品」である。また《老松《おいまつ》》は、「義持の大患が完全に治癒したあとの祝賀のために作られた」。世阿弥の『花伝《かでん》（風姿花伝《ふうしかでん》）』には、「貴人《きにん》の御意《ぎょい》に叶《かな》へる」「貴人の御心《みこころ》に合ひたらん風体《ふうてい》」などとあり、『申楽談儀《さるがくだんぎ》』にも「貴人の機嫌をうかがふべきこと」とある。能の作者は、権力者の意向に添って作品を書いた。世阿弥らの手になる能の多くが、足利将軍を麗々しく賛美するものだった。

能の成立を考えるに際し、戦後的価値観にとらわれてはならない。権力者に抵抗するのが正義だなどという発想は、歴史を見る眼を曇らせてしまう。むしろ御用役者は、将軍の意を迎えるべく、最大限の努力をしたのである。そして、将軍の意向の一部に、明《みん》や朝鮮に対する外交政策が含まれていたことは、言うまでもないだろう。義満が唐人風の服を着てチャイナ趣味を満喫し、明の使節を歓迎しようとしている時、唐人を日本から追い返す《白楽天《はくらくてん》》のような能が作られるはずもない。逆に、義持が明との断交を進めている時、チャイナを賛美するような作品を上演することなど、自殺行為に等しいのである。

明に接近した足利義満

十四世紀後半から十五世紀前半にかけては、能の大成期と呼ばれる。ちょうどこの時期には、日本と明《みん》朝《ちょう》との間で、勘合貿易や私貿易などの通商が盛んに行われた。その反面、朝貢《ちょうこう》や冊封《さくほう》、あるいは倭寇《わこう》をめぐって、激しい外交的・軍事的軋轢《あつれき》が生じてもいた。室町幕府の権力に極めて近い場所で演じられ、創作された能、特にその詞章たる謡曲には、東アジアの国際情勢や日本の外交政策が秘かに刻印されている。特に、本書で取り上げる七曲《白楽天》《放生川《ほうじょうがわ》》《唐船《とうせん》》《呉服《くれは》》《善界《ぜがい》・是界・是我意》《岩船《いわふね》》《春日《かすが》龍神《りゅうじん》》、および狂言《唐相撲《とうずもう》・唐人相撲《とうじんずもう》》には、当時の日明関係が深くかかわっている。

能が誕生した頃、日本と明朝との間には、友好と緊張が併存していた。能を庇護した足利義満は、前のめりにチャイナへ接近した。応永《おうえい》八（一四〇一）年、将軍は明の皇帝に使者を派遣する。世阿弥が『花伝（風姿花伝）』の一部を執筆した次の年のことである。翌応永九（一四〇二）年、義満は二名の明使を北山第《きたやまだい》に迎え、臣下の礼をとることで、「日本国王」の冊封《さくほう》を受けた。足利将軍は、明の属国という形式を受け入れたのである。当時の日本人の中には、二条満基《にじょうみつもと》・斯波義将《しばよしまさ》・満済准后《まんさいじゅごう》のように、義満の行為を、我が国の尊厳を脅《おびや》かす屈辱的なものとして、批判的に受け取った者も少なくない。

今谷明《いまたにあきら》『室町の王権』（中央公論新社、一九九〇年）によれば、足利義満は、「神祇《じんぎ》・神道に対する消極的・否定的な観念」を持っており、「神に対する内面的な信仰などほとんどな」く、「神祇に対する冷淡さ、無関心ぶり」は著しかった。むしろ、唐土崇拝思想を持ち、大陸由来の陰陽道《おんようどう》に強い関心を示した。中華風の泰山《たいざん》府君《ふくん》祭を頻繁に行い、また、明朝が洪武帝《こうぶてい》の時代だったことから、応永改元に際して「洪」の字に固執し、洪武帝の徳を意味する「洪徳」という元号案を推したことすらある。中華崇拝、親チャイナ志向の為政者が能のパトロンであったという事実は、謡曲を解釈する上で非常に重要な要素である。

対明断交を実行した足利義持

応永十五（一四〇八）年に義満が没すると、四代将軍足利義持のもとで、明に対する外交政策が反転する。応永十八（一四一一）年、義持は明との断交に踏み切る。来日した永楽帝《えいらくてい》の使者王進《おうしん》を京に入れず、兵庫の港からそのまま帰国させたのである。応永二十五（一四一八）年、明朝の使節呂淵《りょえん》が来訪し、朝貢を求めたが、面会もせずに追い返した。翌応永二十六（一四一九）年、激怒した皇帝は、再び呂淵を派遣し、出兵を示唆する恫喝《どうかつ》的文書で朝貢を迫った。義持は、「我が国は古《いにしへ》より外邦に向《むかひ》て臣を称さず」として、呂淵に会うことなく、再び日本から退けたのだった。

このような状況の中に、《白楽天》の結末部、「神風に吹き戻されて唐船は、此処《ここ》より漢土に帰りけり。げにありがたや神と君、げにありがたや神と君が代の、動かぬ国ぞ久しき」を重ねるならば、謡曲の持つ強烈な政治性が改めて浮かび上がる。能の作者が室町幕府の外交政策を賛美していることは明白だろう。《放生川》も、同時期に発生した応永の外寇にかかわる作品である。

また、《唐船》の冒頭部では、両国の人が東シナ海で敵対している状況が語られる。「さても一年《ひととせ》、唐土《もろこし》と日本《にほん》と船の争ひあつて、日本の船をば唐土に留《とど》め、唐土の船をば日本に留め置きて候」。日本の船がチャイナに拿捕《だほ》されたから、唐船を拿捕してやったというのである。さらに《善界《ぜがい》》では、シテ「大唐の天狗の首領善界坊」が、「日本《につぽん》に渡り仏法をも妨げばや」と、悪意に満ちた工作活動を画策して日本に潜入する。能楽においても、日本とチャイナの関係は極めて緊張に満ちている。

一方、対外貿易の隆盛を連想させる作品もある。《岩船》では、「高麗唐土《こまもろこし》の宝を買ひ取るべし」との天皇の勅旨が下る。そして、日本を守る龍神が「宝の御舟《みふね》を守護し奉《たてまつ》り」、遠方から来たこの「宝の御舟《みふね》をつけ納め」ている。室町時代の人々が舶来の唐物《からもの》に強い興味を示し、海外貿易が莫大な利益をもたらした歴史的事実を想起させる脇能である。

足利義教による遣明船再開

対明断交を貫いた義持が応永三十五（一四二八）年に亡くなり、六代将軍足利義教が即位すると、室町幕府の外交方針が再び転換する。豊かな社会の実現を目指した義教は、朝貢貿易を再開することで、深刻なデフレ不況を克服しようとした。その成果が、永享《えいきょう》四（一四三二）年度の遣明船派遣である。

六代将軍は、就任当初から明に朝貢使節を送る意志を持っていた。正長《しょうちょう》二（一四二九）年には、来朝した朝鮮の使者朴瑞生《ぼくずいせい》に、明国への仲介を依頼している。義教が朴瑞生を引見したのは六月十九日（『満済准《まんさいじゅ》后《ごう》日記』）だが、その一か月半ほど前に、室町幕府の敷地内で上演されたのが、《呉服《くれは》》である。この能には、将軍の遣明船再開の方針を賛美する意図があったと考えられる。

《呉服》には、大陸から織物の技術を伝えた応神《おうじん》天皇時代の二人の織女《しょくじょ》、呉織《くれはとり》・綾織《あやはとり》が登場する。この昔の渡来人が「今現在に現《あらは》れ」たのは、「今又めでたき御代《みよ》なれば」という理由からだった。中断期間を経た再出現は、六代将軍による遣明船派遣再開の寓意である。作者は、義教の治世を「めでたき御代」と賛美したのである。足利義教は、応神天皇を祀る石清水八幡宮《いわしみずはちまんぐう》の籤《くじ》引きで将軍に選ばれた人物だった。《呉服》が応神天皇に言及するのも、新将軍への配慮と思われる。

《唐船》もまた、遣明船再開にかかわる作品である。曲の末尾では、唐人祖慶官人《そけいかんにん》と四人の子供たちが、めでたく大陸へと出航してゆく。「帆を引き連れて舟子どもは、喜び勇みて、唐土《もろこし》さしてぞ急ぎける」。日明断交時代には到底上演できないような内容である。これも、義教の遣明船派遣を予祝した能と考えられる。

日本中心の価値観

能の大成期は、日本人の対外観が大きく変化した時期だった。金春禅竹《こんぱるぜんちく》（一四〇五～一四七〇頃）の能《春日龍神》からは、当時の世界観の変化を読み取ることができる。この曲では、仏跡《ぶっせき》を尋ねるために入唐《にっとう》渡《と》天《てん》しようとしたワキ明恵《みょうえ》法師の前に、シテ春日龍神が登場する。釈迦の時代とは異なり、今は日本の春日《かすが》山《やま》こそが仏教の最高聖地だとして、龍神は明恵の海外渡航を阻止する。

従来の日本人は、仏教の本場インドや中華文明の本源地チャイナに、劣等感を抱き続けてきた。ところが中世になると、日本こそが仏教の最高聖地だとする根葉花実論《こんようかじつろん》が発生する。また、日本を世界の中心に位置付ける吉田神道も誕生した。思想に敏感だった金春禅竹作《春日龍神》の対外観は、大変興味深いものがある。

近代以前の日本人が、一貫して中華世界に敬意を抱き続けてきたと考えるのは、必ずしも正しくない。チャイナを弱国とする認識が、室町時代から見られるからである。狂言《唐相撲》には、弱い唐人ばかりが登場する。皇帝も、日本の相撲取りに負けてしまう。この国に対する畏怖の念は感じられない。「タブケタブケ」「フーライフーライ」「チントンリャオ」といった唐人言葉を、奇妙でエキゾチックなものとして、心から楽しむ余裕すら見られる。《唐相撲》は、十六世紀前半には成立していた。日本のチャイナ趣味の先駆とも言うべきこの作品は、日本人の対外観が大きく変わりつつあったことを示している。

数少ない先行研究

時の外交実権者足利将軍のお膝元で成立した能に、日本とチャイナの関係が投影されているのは、ある意味で当然のことだろう。しかし、このような国際的視点で謡曲を分析した研究は比較的乏しい。先駆的な議論として、野上豊一郎《のがみとよいちろう》の「能と日本主義思想」という小論がある。『能の再生』（岩波書店、一九三五年）所収のこの文章では、《絃上《けんじょう》（玄象《げんじょう》）》《白楽天》《春日龍神》《是界《ぜがい》（善界）》が取り上げられており、関心を寄せる作品が本書と共通している。野上氏はこれらを、「今日の日本主義思想の先駆とも見做《みな》さるべきもの」とする。時代思潮の制約が顕著に見られるものの、これら四曲の国家意識に初めて着目した点で、大きな意義がある。

一方、三宅襄《みやけのぼる》「謡曲に現れたる対外思想」は、『能楽』第一巻第五号、昭和十九（一九四四）年十月号に発表された八頁の論文である。野上豊一郎と同様、右の四作品を俎上《そじょう》に載せ、「明瞭強力な対外思想」を読み解いてゆく。「これらの曲はまことに痛快無比な内容で、今日の我々に取つても胸の透《す》く思ひがする」という。戦時下に書かれただけあり、「神々が現れ給ひこの国土を守り給ふ様を幻に描い」た《白楽天》について、日米戦争中の「現下の情勢そのまま」だと述べている。さらに、《白楽天》《善界》の創作に関して、「元寇の国難の影響」を主張し、《春日龍神》《絃上（玄象）》を「唐土崇拝者の夢を醒ますための警鐘」とする。やや過剰な愛国主義が見られ、能大成期の日明関係を緻密に検討した議論ではないが、対外関係の中で能を理解しようとする視点は高く評価したい。

本書のねらい

本書を執筆するにあたり、現代の国際情勢が大きな刺激になった。平成二十二（二〇一〇）年の尖閣事件以降、中国共産党政権は、東シナ海で侵略的姿勢を強めている。また、南シナ海の島々の占領と軍事基地化は、北京に対する国際社会の警戒感を高めた。中華人民共和国は、昭和四十七（一九七二）年の国交樹立以来の、いわゆる日中友好に終止符を打ち、我が国及び他の周辺諸国に対して、強圧的な姿勢をとるようになった。習近平の言う「中国之夢」とは、擬似中華思想的な華夷秩序の構築のことだろう。日本に朝貢を要求し、義持に拒絶された永楽帝を連想せずにはいられない。

一方、現在も両国間の貿易は相変わらず盛んであり、双方に大きな利益と繁栄をもたらし続けている。有力な日本企業のほとんどが、争うように大陸に進出した。日本の会社が利益を求めて中国に殺到した様子は、あたかも室町時代の有力大名や寺院が、船を仕立てて次々と勘合貿易に参入した事実を思い起こさせる。以下、日本とチャイナの政治的・軍事的対立と、相互の旺盛な通商という、二十一世紀初頭の状況を念頭に置きつつ、室町時代の日明外交と能狂言との関係について論じてゆく。

なお、本書では中華人民共和国の略称を「中国」とし、一般名称には「チャイナ」を用いた。

第一章 《白楽天》

——華夷秩序を拒絶

一、応永二十六年という年

中華思想に取り憑かれたチャイナ

中華思想という「中国之夢」に陶酔し、拡張主義的になったチャイナが、海を越えて強権を日本に及ぼし、服従と属国化を要求し始めた時、我が国は如何《いか》に対処すべきか。能大成期の日本は、このような対明《みん》外交問題に直面した。

中華思想では、華《か》と夷《い》を区別し、皇帝と国王との間に上下関係を設定しようとする。この華夷秩序を形式的に受け入れる限り、中華は周辺諸国に経済面で寛大だった。朝貢に対する回礼品は、数倍以上の利益を生んだ。また、皇帝に国王と認定された周辺諸国の権力者は、自国内で政治的権威を高めた。このような巧みな抱き込み策に組み込まれまいと抗《あらが》う時、日本は全く次元の異なる論理や価値観・世界観を必要とした。それが、抵抗としての神国思想である。この第一章では、中華思想に取り憑《つ》かれた明朝《みんちょう》の「帝国主義」に対する、日本の独立精神貫徹の物語として、また、チャイナ中心の華夷秩序への対抗言説として、《白楽天《はくらくてん》》を読み解いてゆきたい。

応永《おうえい》二十六（一四一九）年七月、明の永楽帝《えいらくてい》の使者呂淵《りょえん》が兵庫の港に到着した。来日は二度目である。一年前の応永二十五（一四一八）年六月初め頃、呂淵は永楽帝の使節として日本を訪れたが、四代将軍足《あし》利《かが》義持《よしもち》に追い返された。その因縁の人物が再びやってきたのである。室町幕府首脳の間には、緊張が走ったことだろう。

皇帝の使者呂淵の姿勢は強硬だった。高級官僚としての彼自身の運命は、今回の対日交渉の成否にかかっている。表向きの傲慢さとは裏腹に、心中には追い詰められたような感覚があったに違いない。硬軟取り混ぜた外交術を駆使し、何とか義持を説得して、永楽帝への朝貢使節を送ってもらいたい。成功すれば、呂淵は皇帝から高く評価される。もし談判が再び決裂すれば、官界での彼の立場はかなり厳しいものになる。

昨年、交渉は既に一度失敗している。今回は、軍事侵攻をちらつかせて日本を脅しながら、一方で朝貢貿易の利益を将軍の鼻先にぶら下げ、何とか使節の派遣に同意してもらいたい。明朝の国家財政を圧迫しかねない軍事行動に頼ることなく、舌先三寸だけで日本を従わせたい。前回と同じ過ちを繰り返すわけにはいかない。兵庫の港に到着した呂淵の胸中は、このような切迫したものだったと思われる。

足利義持の対明断交

一方、足利義持の思いは、呂淵の意図とは全く別なところにあった。将軍は、何も明と敵対したいわけではなかった。友好親善や貿易促進にはむしろ肯定的だった。『善隣国宝記《ぜんりんこくほうき》』巻中によれば、義持は、「隣国と好《よしみ》を通じ、商賈《しやうこ》［商人が］往来し、辺《へん》を安んじ民《たみ》を利するは、欲せざる所に非《あら》ざらんや」と述べている。ただし、異国とは上下関係など作らず、「各封疆《おのおのふうきやう》を保《たも》」ち、それぞれ独立した別世界のままであって欲しい。それだけのことだった。だが、華夷秩序建設の夢に取り憑《つ》かれた明は、これを認めようとはしない。天の寄託を受けたと主張する「世界で唯一」の天子＝皇帝が、周辺諸国を、さらには地上全体を支配しようとする。その拡大志向こそが、「徳ある」皇帝として永楽帝が大陸で権威を高め、国内政治を安定させる唯一の道なのであった。両者の思惑が交わることはなかった。

永楽帝は、中華思想を振りかざして日本に迫ってくる。首を縦に振れば、莫大な経済的利潤が準備されている。しかし、皇帝の臣に下《くだ》ることは、義持にとって、売国行為そのものだった。十七年前の応永九（一四〇二）年、父義満《よしみつ》が建文帝《けんぶんてい》からの使者を受け入れて日本国王に冊封《さくほう》され、形式上、日本は明の属国となった。息子義持は、これを神慮に背《そむ》く冒瀆《ぼうとく》的行為と見なし、快く思わなかった。父義満が病死したのは、日本の神々の怒りに触れたからだ。対明断交は毅然として進めなければならない。そう考えたのである。

『善隣国宝記』によれば、応永十五（一四〇八）年、義満が死の床に臥した時、神託が下ったという。「我が国は古《いにしへ》より外邦に向《むかひ》て臣を称さず。比者《このごろ》前《さきの》聖王〔義満〕の為《な》すところを変え、〔異国の皇帝から〕暦を受け印を受けて、之《これ》を却《しりぞ》けず。是《こ》れ乃《すなは》ち病《やまひ》を招きし所以《ゆゑん》なり」。この神託を聞いた瀕死の義満は、「大いに懼《おそ》れ、明神に誓ふ。今後外国の使命を受くること無し、と。因《よ》りて誡《いましめ》を子孫に垂れ、固く守りて墜《やぶ》ること毋《なか》らしむ」。明に朝貢したことを、父義満は心から後悔していたと、息子義持が言っているのである。

永楽帝は呂淵に勅書を託し、日本への軍事侵攻を示唆しつつ威嚇した。これに対し足利義持は、「やれるものならやってみろ、防御《ぼうぎょ》の城や池など作らず、道を清めて正々堂々と迎え撃ってやる」と啖呵《たんか》を切った。「我れ我が城を高くするを要せず。亦《また》我が池を深くするを要せず。路《みち》を除《のぞ》きて之《これ》を迎へんのみ」（『善隣国宝記』）。呂淵は京に入ることも許されず、兵庫の港から再度追い返された。その後、明が日本を攻撃することはなかった。

将軍の庇護を受けていた世阿弥は、この応永二十六年の外交交渉を、比較的身近な場所から眺めていたことだろう。そして、これを新作能の政治的寓意として取り入れる方法を探ったと考えられる。巧みに能を作れば、将軍義持からの高い評価が期待できる。世阿弥が目をつけた題材が、唐の詩人白楽天だった。平安時代以来、白楽天は日本で圧倒的な人気を誇ってきた。杜甫《とほ》や李白《りはく》が日本人に広く親しまれるようになったのは、江戸時代に入ってからのことである。

これまでの《白楽天》論

《白楽天》が政治的寓意を持つ作品であることは、繰り返し指摘されてきた。初めて《白楽天》を応永の外寇《がいこう》と結び付けたのは、岩倉使節団『米欧回覧実記』で知られる久米邦武《くめくにたけ》（一八三九〜一九三一）の論文「謡曲白楽天は傑作なり」である。応永二十六（一四一九）年、倭寇に手を焼いた朝鮮が対馬《つしま》に侵攻した。当時の室町幕府は、朝鮮の背後で明が差し金を引いていると誤認していた。明使呂淵の来日と外寇が同時だったからである。《白楽天》はこの「事件後直《すぐ》に考へ付いて作つたものに相違あるまい」と、久米邦武は述べる。「事実に就《つ》いて換骨奪胎し、武勲を文芸に脱化」「日本外交史の一問題が、大《だい》手腕を俟《ま》つて歌文に綴《つづ》られ」たと分析する。そして、「当時の人は、幸《さいはひ》に外敵を撃退して大《おほい》に安堵して居る所に、斯《か》ういふ能を見せられたならば、嘸《さぞ》面白がつて喝采した事だらう」と、政治的寓意の作品《白楽天》の上演環境を推測する。

一方、野上豊一郎《のがみとよいちろう》（一八八三〜一九五〇）は「能と日本主義思想」で、《白楽天》を「芸術にかこつけての日本讃美の曲」と主張した。また戦時中には、三宅襄《みやけのぼる》（一八九七〜一九六五）が「謡曲に現れたる対外思想」で、この作品には「明瞭強力な対外思想が盛られてゐる」と述べている。二人は、明使呂淵や応永の外寇には言及していない。

戦後になると、唱歌「故郷」で知られる高野辰之《たかのたつゆき》（一八七六〜一九四七）が、『日本演劇史』で《白楽天》を論じた。作品内容に「対外関係を認めざるを得ない」とした上で、「白楽天の一曲は此《こ》の「応永の外寇の」憂悶中の慰《なぐさみ》の能又は退治後の喜《よろこび》の能であつたのではあるまいか」「戦《いくさ》を戦として示さず飽く迄《まで》歌舞の二曲の上に立つて、彼「世阿弥」一流の芸術化を試み」たと論じた。

続いて比較文学者平川祐弘《ひらかわすけひろ》氏が『謡曲の詩と西洋の詩』で、七十七頁に及ぶ《白楽天》論を展開した。西洋諸語に通じる平川祐弘氏は、近代日本が西洋文明に憧れつつ反発したことを念頭に置きながら、この謡曲を論じる。優れた大陸文化に接した古代日本人のアイデンティティーの問題を、《白楽天》から読み解いている。ただし、応永の外寇や日明外交には言及していない。近年では、天野文雄《あまのふみお》『世阿弥がいた場所』の議論が注目される。久米邦武・高野辰之「両氏の諸説の大枠はそれなりの説得力」があるとし、《白楽天》には「応永の外寇をふまえているとおぼしき表現や場面が少なからず認められる」と述べ、数点にわたり論証を加えている。

さらに、アメリカの能研究者スーザン・ブレークリー・クライン氏の論考「政治的寓意としての能」がある。クライン氏は、住吉明神に着目しつつ、《白楽天》を政治的寓意の作として論じ、次のように結んでいる。「いま直面する一つの疑問は、私たちがうっかり、純粋に美的なものであると考えている他の「《白楽天》以外の」多くの作品が、実際には、どれほどこの種の政治的な寓意によるものであったのだろうか？ ということなのである」。本書は、この問題提起の延長線上に位置している。

以上の諸氏の研究を通して、《白楽天》が応永二十六年の国際情勢を背景に創作されたとする見方は、定説になった。《白楽天》政治寓意説を批判する文献は見当たらない。ただ私は、応永の外寇よりも、同年の明使呂淵の来日こそが、この曲の内容に深くかかわっていると考えている。応永の外寇は、六月二十日から七月二日までの、対馬限定の短期戦闘にすぎない。テクストを丁寧に読めば、中華思想に対する日本の反応こそが、この曲の本質だと理解できるだろう。

二、《白楽天》を読み解く

ワキ白楽天の来日目的

以下、《白楽天》の詞章を精読しつつ、政治的寓意という視点から、解釈を加えてゆくことにしたい。テクストは現行観世《かんぜ》流《りゅう》謡本《うたいぼん》に依拠し、断続的に全文を引用した。金春《こんぱる》・金剛《こんごう》・喜多《きた》各流との異同は、議論上必要な場合のみ明記した。宝生《ほうしょう》流の現行曲に《白楽天》は含まれていない。なお、本来この曲に中《なか》入《いり》はなかったと推定されているため（香西精《こうさいつとむ》・横道萬里雄《よこみちまりお》・天野文雄）、間《あい》狂言は検討対象としていない。

作品の冒頭では、まずワキ白楽天が登場し、名乗りを上げる。もちろん、白楽天が来日した歴史的事実はなく、能の作者による虚構である。

白楽天　そもそもこれは、唐《たう》の太子《たいし》の賓客《ひんかく》白楽天とは、我が事なり。さてもこれより東《ひんがし》に当つて国あり。名を日本《につぽん》と名づく。いそぎかの土《ど》にわたり、日本《につぽん》の智慧を計れとの宣旨《せんじ》に任せ、只今《ただいま》海路に赴き候《さうらふ》。

白楽天は詩人だが、ここでは「唐の太子の賓客《ひんかく》」と紹介される。「太子」は皇太子、「賓客」は唐の官名で太子教導役。つまり、ワキ白楽天は宮廷官僚であって、行政官僚ではない。皇帝一族の私的空間に出入りする立場にいることになる。その皇帝じきじきの「宣旨」により、日本行きを命ぜられたのだった。ワキ白楽天は、華夷秩序の「華」を代表する立場にあると言えよう。明朝の使者呂淵も、ワキ白楽天と似た立場にあった。呂淵は《白楽天》のワキと同様、皇帝の命を受けて日本に渡航した。なお、実在人物たる白楽天が「太子の賓客」だったのは、八二九年から八三〇年まで、および八三三年から八三五年までである。

中華の威光を担うワキ白楽天は、日本に対して「上から目線」であり、日本を「国」や「地」と言わず、「土《ど》」と呼んでいる。日本を「土」と見下《みくだ》し、「智慧を計」ろうとする皇帝や白楽天。ここには、周辺国を野蛮人視した中華思想の華夷観が見られる。日本人である能作者は、大陸国家が日本をどのように眼差《まなざ》しているのかに自覚的だった。ただし、観世流・金春流・金剛流の詞章が「かの土《ど》」であるのに対し、江戸初期に成立した後発の流儀喜多流では、「彼《か》の国」になっていることを留保しておかねばならない。

複眼的な語りの構造

謡曲の冒頭部分「これより東《ひんがし》に当つて国あり」にも着目したい。これは、大陸側に立って日本列島を見る語りである。向こうからはこう見えているだろうという、日本側の想像力が働いている。《白楽天》では、眼差《まなざ》しの相対化が行われており、語り手は自国の視点を必ずしも絶対化していない。世界は複数存在し、ものの見方が食い違っていることに自覚的である。能作者は、チャイナの人の日本観に違和感を抱いており、両者の視線の齟齬《そご》を意識した語りが展開している。このような言説が生み出された背景には、中華思想の圧迫があったと考えるべきだろう。当時の日本人は、繰り返される朝貢要求などから、明朝の華夷的世界観を感じ取っていたのである。

もし《白楽天》が応永の外寇のみを背景としているのならば、一方的に異敵を討つ一元的語りが展開してもおかしくない。しかし作者は、武人ではなく、官僚白楽天を素材に用いた。これにはやはり、明使呂淵の存在を考える必要がある。《白楽天》の複眼的・対位法的構造は、この曲が軍事ではなく、外交を主要な政治的寓意としていることを示す。敵対者を頭から悪と決めつけるのではなく、対話を積み重ねる相互の交渉が、この能の基盤にある。

一方で、「日本《にっぽん》の智慧を計れ」という任務も注目される。白楽天の詩文は、日本で長く親しまれてきた。それならば、「不老不死の薬を求めて」「蓬莱山《ほうらいさん》を訪ねに」など、融和的な使命をワキ白楽天に付与することも可能だったはずだ。にもかかわらず、敢えて敵対的設定にした理由については、これを永楽帝の使者呂淵の来日など、応永二十六年の国際情勢の寓意と考えれば説明がつく。

「日本《にっぽん》の智慧を計れとの宣旨」に関しては、大陸の皇帝が日本の知恵を試す話が、古くから見られることも指摘したい。『枕草子《まくらのそうし》』「社《やしろ》は」を引用しよう。

唐土《もろこし》の御門《みかど》、この国［日本］の御門《みかど》をいかではかりて［何とか計略に陥《おとし》いれて］、この国打ち取らむとて、常にこころみ、あらがひをして［もめ事を起こして］送りたまひけるに、（中略）後《のち》になむ、日本《ひのもと》はかしこかりけりとて、後々《のちのち》さる事もせざりける。

中略の部分には、三件の逸話が見られる。いずれも、皇帝によって日本が試され、知恵の力で見事に圧力を跳ね返す話である。これは、チャイナの政治的圧迫を、日本人が古代からひしひしと感じていたことを示している。日本人が皇帝及びその臣下に知恵を試される類話は、平安後期の『吉備大臣入唐絵巻《きびだいじんにっとうえまき》』にも見られる。《白楽天》は、既存の物語類型に則《のっと》った設定なのである。チャイナからの非軍事的圧迫という、これら一連の系譜に準じる形で、《白楽天》が構想されている。中華思想・華夷秩序への対抗が、この曲の根幹にある。

最終目標は日本の属国化

ここで問題となるのは、「日本《につぽん》の智慧を計れ」という命令が、最終的に何を目的としていたのかである。もちろん皇帝は、単に日本人の知的水準を調査したかったわけではない。《白楽天》の結尾には、「住吉の神の力のあらん程は、よも日本《にほん》をば、従へさせ給はじ」とある。すなわち、「日本《につぽん》の智慧を計」るのは、日本を中華皇帝に「従へさせ」る政治工作の一過程なのである。少なくとも、《白楽天》の語りはそのように構想されている。

外交交渉によって日本を華夷秩序に組み込み、属国として服従させることが、皇帝及びワキ白楽天の究極の到達点だった。それゆえ、前《まえ》シテ漁翁や後《のち》シテ住吉明神は、この政治的圧力に対し、対抗的に振る舞った。ワキ白楽天は皇帝の公務を帯びた者であり、日本をチャイナに従属させるという、明確な政治的意図を持っている。しかもそれは、軍事侵略によって達成されるのではなく、「智慧を計」る対話によって試みられている。言葉によって「従へさせ」るのである。ここから連想されるのも、やはり永楽帝の使節呂淵の来日であろう。

先に引用した『善隣国宝記』に、「我が国は古《いにしへ》より外邦に向《むか》て臣を称さず」とあった。また、「暦を受け印を受けて」ともある。中華から冊封《さくほう》されれば、足利将軍は皇帝の「臣を称」し、日本国王の「印を受けて」、異国の「暦を受け」ることになる。これこそが、ワキ白楽天を派遣する「宣旨」を発した中華の皇帝の、最終目標であった。対馬が襲撃された応永の外寇のみを《白楽天》の政治的寓意とする考え方には、やはり限界がある。

呂淵が兵庫の港に到着したのは、『善隣国宝記』の記述から、応永二十六（一四一九）年七月十三日以前と考えられる。『満済准后《まんさいじゅごう》日記』七月二十三日の条に、「唐船一艘、兵庫の浦に着す。書を送進し、案文、流布す。今月十九日、兵庫の福厳寺《ふくごんじ》に於《お》いて、唐使官人、［永楽帝からの］書を以《もつ》て参向す」とある。交渉の舞台となった福厳寺は、兵庫駅付近に現存する。将軍義持は、日本人の僧侶元容周頌《げんようしゅうじゅ》を兵庫に派遣し、永楽帝の国書を確認させたが、その高圧的な内容は論外なものだった。「鹿苑院僧より一人《いちにん》［元容周頌を］下さる。［永楽帝からの］書を披《ひら》き一見し、案文等を校合《けうがふ》す。後に［明の］官人、元の如く［永楽帝からの］書を持《ぢ》して船に帰乗す。鹿苑院僧［元容周頌が］、案文を持して［足利義持の］上覧に備へりと云々《うんぬん》。［永楽帝の国書は］文言凡《もんごんおよ》そ存外なり」。これらは戦闘ではなく、あくまでも外交交渉なのである。

東シナ海というトポス

白楽天・従者　船漕ぎ出《い》でて日《ひ》の本《もと》の、船漕ぎ出でて日の本の、其方《そなた》の国を尋ねん。東海の、波路遥か
　　　　に行く船の、

従者　波路遥かに行く船の、

白楽天・従者　後《あと》に入日《いりひ》の影残る、雲の旗手《はたて》の天《あま》つ空、月また出《い》づる其方《そなた》より、山見え初《そ》めて程もなく、日本《にっぽん》の地にも着きにけり。日本《にっぽん》の地にも着きにけり。

白楽天　海路《かいろ》を経て急ぎ候程に、これはや日本《にっぽん》の地に着きて候。暫《しばら》くこの所に碇《いかり》を下《お》ろし、日本《にっぽん》の様《やう》を眺めばやと存じ候。

舞台では、ワキ白楽天が名乗った後、このような次第《しだい》・道行《みちゆき》となる。道行では、東シナ海の海路が時間的に短く描かれている点に注意したい。出航後「後《あと》に入日《いりひ》の影残る」と、夕方になり、「月また出《い》づる其方《そなた》」と、行く手から月が出て夜になり、「山見え初《そ》めて程もなく」とあるように、両国間の距離は近いものとされる。ワキ白楽天とワキツレの従者が右のように述べると、前シテ漁翁（実は住吉明神）とツレ漁夫が登場し、謡い始める。この部分でも、大陸の近さが印象付けられる。

漁翁・漁夫　不知火《しらぬひ》の、筑紫《つくし》の海の朝ぼらけ、月のみ残る景色かな。

漁翁　巨水漫々《こすいまんまん》として碧浪《へきらう》天を浸《ひた》し、

漁翁・漁夫　越《ゑつ》を辞せし范蠡《はんれい》が、扁舟《へんしう》に棹を移すなる、五湖の煙の波の上、かくやと思ひ知られたり。あら面白の海上《かいしやう》やな。松浦潟《まつらがた》、西に山なきありあけの、月の入る、雲も浮かむや沖つ舟《ぶね》、雲も浮かむや沖つ舟。互《たがひ》にかかる朝まだき、海はそなたか唐土《もろこし》の、船路の旅も遠からで、一夜泊《ひとよどま》りと聞くからに、月もほどなき名残《なごり》かな。月もほどなき名残かな。

九州沿岸にいるシテ漁翁は、当初から「五湖の煙の波の上、かくやと思ひ知られたり」と、大陸の地を意識している。また、「船路の旅も遠からで、一夜泊《ひとよどま》りと聞く」「月［着き］もほどなき」とあるように、二国間の距離の近さがこの段の基調をなしている。ワキの道行とシテの謡《うたい》は、同一の方向性を持っている。唐人・日本人の両者が共鳴して、東シナ海に切迫した地理的イメージを作り出す。これは、応永年間当時、日本がチャイナからの軍事侵攻や使者の来訪を警戒していた危機意識の反映であろう。

「不知火《しらぬひ》の」で始まるシテ漁翁・ツレ漁夫の謡については、伊藤正義《いとうまさよし》氏が興味深い指摘をしている。「叙景の中に逐一反論をこめて、後の詩歌応酬の伏線とする」（『新潮日本古典集成』）。つまり、漁翁・漁夫は、白楽天と出会う前から対抗的だというのである。ワキ白楽天の「入日《いりひ》の影残る」夕暮れに対し、シテ漁翁は「月の入る」「朝まだき」と言う。ワキが「雲の旗手《はたて》の天《あま》つ空」と謡えば、シテは「雲も浮かむや沖つ舟《ぶね》」と述べる。「日《ひ》の本《もと》の其方《そなた》の国」対「海はそなたか唐土《もろこし》の」、「波路遥かに行く船の」対「船路の旅も遠からで」、「月また出《い》づる」対「月もほどなき名残」と、ことごとく対比的である。《白楽天》が、足利義持治世下の日明対決的な国際情勢と深くかかわっていることが、詞章の面からも感じられる。

船で日本に向かったワキ白楽天は、「不知火《しらぬひ》の筑紫《つくし》の海」「松浦潟《まつらがた》」に到着した。松浦《まつうら》は、唐津から長崎県にかけての広い範囲を指す。ただし、「西に山なき」とあるから、唐津ではない。九州西端、松浦《まつうら》半島一帯を思い浮かべれば良い。《白楽天》は、九州北方の対馬海峡ではなく、九州北西部を作品の舞台に選んだ。東シナ海に面した対大陸の最前線というトポスである。実際には、明使呂淵が到着したのは、九州北部の博多だった。『歴代鎮西《ちんぜい》要略』応永二十六年の条には、「夏六月廿日《はつか》、太明《たいみん》の使船、博多に入《い》る。使ひの名は呂淵なり。先づ探題に謁《えつ》す。暫《しばら》く大宰府に居る」とある。奇《く》しくも、応永の外寇で朝鮮軍が対馬に上陸したのと同日であった。

皇帝の使者の来訪を警戒

白楽天　われ万里の波濤《はたう》を凌《しの》ぎ、日本《につぽん》の地にも着きぬ。これに小船《せうせん》一艘浮かめり。見れば漁翁《ぎよをう》なり。いかにあれなるは日本《につぽん》の者か。

漁翁　さん候《ざうらふ》、これは日本《にほん》の漁翁にて候。御身《おんみ》は唐《たう》の白楽天にてましますな。

白楽天　不思議やな。始めてこの土《ど》に渡りたるを、白楽天と見る事は、何《なに》の故《ゆゑ》にてあるやらん。

漁夫　その身は漢土《かんど》の人なれども、名は先立つて日本《にほん》に聞《きこ》ゆ。隠れなければ申すなり。

白楽天　たとひその名は聞《きこ》ゆるとも、それぞと軈《やが》て見知る事、あるべき事とも思はれず。

漁翁・漁夫　日本《にほん》の智慧を計らんとて、楽天来《きた》り給ふべきとの、聞えは普《あまね》き日《ひ》の本《もと》に、西を眺めて沖の方《かた》より、船だに見ゆれば人毎《ひとごと》に、すはやそれぞと心づくしに、

（漁翁）今や今やと松浦舟《まつらぶね》、今や今やと松浦舟、沖より見えて隠れなき、唐土船《もろこしぶね》の唐人《からびと》を、楽天と見る事は、何か空目《そらめ》なるべき。むつかしや言《こと》さやぐ、唐人《からびと》なればお言葉をも、とても聞きも知らばこそ。あらよしな釣竿の、いとま惜しや釣《つり》垂れん。いとま惜しや釣垂れん。

※「（漁翁）」は地謡《じうたい》部分。以下同じ。

九州に到着したワキ白楽天は、「唐の白楽天にてましますな」と、漁翁にいきなり名前を言い当てられてしまう。ワキは、「それぞと聽《やが》て［すぐに］見知る事、あるべき事とも思はれず」と驚く。もちろん漁翁は、白楽天の顔に見覚えがあったわけではない。白楽天来日の情報を予め《あらかじ》得ていたため、西から到着した「唐土船《もろこしぶね》の唐人《からびと》を楽天と」判断したまでである。特定人物の来航の予期という設定は、呂淵が二度来日した事実と響き合う。

明使呂淵は、一年前の応永二十五（一九一八）年、足利義持により、日本から追い払われた。永楽帝の使者を追却《ついきゃく》するに際し、室町幕府は何らかの使節の再来を予測し、警戒したと推量される。前シテの漁翁は、ワキ白楽天の来訪を「月［着き］もほどなき」「今や今やと松［待つ］浦舟」と、待ち構えている。「すはやそれぞ」という一節は、「西を眺めて沖の方」を監視する必要を感じていた当時の政治的意識が、謡曲に投影されたと解釈したい。

従来の説では、《白楽天》は応永の外寇の政治的寓意であるとされて来た。しかしそれでは、「すはやそれぞ」「今や今やと松［待つ］浦舟」が説明できない。朝鮮による対馬襲撃は、日本側が予期せぬ奇襲だった。島民は、船団が沖から近づいて来た時、仲間が帰ってきたと思い込み、酒や肉を準備して待っていたという（『世宗《せいそう》実録』）。警戒活動も防御《ぼうぎょ》の準備もなされていなかった。この事実を考え合わせると、やはり呂淵の来日こそが、《白楽天》成立に深くかかわっていると結論付けられよう。

しかも漁翁は、「日本《にほん》の智慧を計らんとて」という白楽天の渡航目的まで、予め知っていたのである。さらに述べれば、この人物の来日を予期していたのは、漁翁一人ではない。「楽天来《きた》り給ふべきとの、聞えは普《あまね》き日の本に」とあるように、日本中の人々誰もが気にかけていた、国家的話題であった。この点も、

《白楽天》が応永二十六年の明使呂淵再来訪の寓意であることを強く示している。

双方向の対話が行われるこの一段では、唐人は日本をニッポン、日本人はニホンと発音する。明和《めいわ》改正謡本《うたいぼん》（一七六五年）に始まるこの読み分けは、立場の相違を明確化する小工夫である。一方漁翁は、白楽天とは言語不通だと述べる。「言《こと》さやぐ、唐人《からびと》なればお言葉をも、とても聞きも知らばこそ」。では、先ほどは一体何語で会話をしたのか。漁翁は実は住吉明神であり、神様だから外国語も理解できたという理屈も成り立つが、これは一種のご愛嬌で、矛盾を深く追求する必要もないだろう。

文化相対主義の主張

白楽天　なほなほ尋ぬべき事あり。舟を近づけ候へ。いかに漁翁《ぎよをう》。さてこの頃日本《ごろにつぽん》には、何事《なにごと》を翫《もてあそ》ぶぞ。

漁翁　さて唐土《たうど》には、何事を翫び給ひ候ぞ。

白楽天　唐には詩を作つて遊ぶよ。

漁翁　日本《にほん》には歌を詠みて人の心を慰め候。

白楽天　そも歌とは如何《いか》に。

漁翁　それ天竺《てんぢく》の霊文《れいもん》を唐土《たうど》の詩賦《しふ》とし、唐土の詩賦を以《も》つて我が朝《てう》の歌とす。されば、三国《さんごく》を和《やは》らげ来《きた》るを以つて、大きに和《やは》らぐと書いて、大和歌《やまとうた》と読めり。知ろし召されて候へども、翁《おきな》が心を御覧ぜん為候《ためざうらふ》な。

白楽天　いや、その儀にてはなし。いでさらば、目前の景色を詩に作つて聞かせう。青苔衣《せいたいころも》をおびて巌《いはほ》の肩に懸《かか》り、白雲《はくうん》帯に似て山の腰を囲《めぐ》る。心得たるか漁翁。

漁翁　青苔とは、青き苔の巌《いはほ》の肩に懸れるが、衣《ころも》に似たるとかや。白雲帯に似て山の腰を囲《めぐ》る。面白し、面白し。日本《にほん》の歌もただこれ候《ざうらふ》よ。苔衣《こけごろも》、著《き》たる巌《いはほ》はさもなくて、衣《きぬ》著《き》ぬ山の帯をするかな。

前シテ漁翁とワキ白楽天の会話は、全て波の上で行われる。「舟を近づけ候へ」とある点から、これを確認できる。上掛《かみがかり》（観世流・宝生流）に比べ、古い形態を保存している下掛《しもがかり》（金春流・金剛流・喜多流）には、「暫《しばら》く海上《かいしやう》に舟を浮《うか》べ」ともある。天野文雄氏は『世阿弥がいた場所』で、この海の上の対話を、応永の外寇の海戦の反映とする。確かにそのような要素があるのかも知れない。私はむしろ、明使呂淵が兵庫の港にとどめられ、京に入れぬまま追い返された事実に対応した政治的寓意と解釈している。

この一段は、質問に質問で返す対抗的会話で始まる。白楽天は、「作つて聞かせう」「心得たるか漁翁」と、当初から一貫して尊大かつ威圧的である。これに対し日本人漁翁は、丁寧な候《そうろう》文体で、「知ろし召されて候へども、翁《おきな》が心を御覧ぜん為候《ためざうらふ》な」と応じる。ワキの質問に悪意を感じ取っているのである。

日本人漁翁が文化相対主義を主張している点も、重要である。「天竺の霊文《れいもん》を唐土《たうど》の詩賦とし、唐土の詩賦を以つて我が朝《てう》の歌とす」は、インド・チャイナ・日本の三国の文化を等価なものとする認識に基づいている。『古今和歌集』の古注『古今和歌集序聞書《ききがき》　三流抄《さんりゆうしょう》』が出典である。中世には広く流布していた説であるらしい。世阿弥はこの言葉に強い印象を受けたらしく、能楽論『六義《りくぎ》』にも、「古今の注に云《いは》く、天竺の礼文《れいもん》、唐の詩賦《しふ》、日本の和詞《わか》、三国《さんごく》を和《やは》らぎ来《きた》る。依《よつ》て大和歌《やまとうた》」とある。

《白楽天》におけるこの文化相対主義は、中華思想のアンチテーゼとして提示されたと、私は解釈している。チャイナを世界の中心とし、周辺諸国を野蛮人とみなす独善的な一元的華夷観への批判が、このような表現を生んだのだろう。一般に文化相対主義は、弱い立場にある者が、強者の論理を相対化する政治的機能を持つ。《白楽天》においても、日本人漁翁の主張は防衛的であって、攻撃的ではない。

《白楽天》の先行研究のなかには、この曲を日本の「自国至上主義」の表れとする文献がある。三多田《みただ》文恵《ふみえ》氏の「謡曲『白楽天』の成立とその背景」である。この論文で執筆者は、《白楽天》を「自国至上主義の物語」と決めつける。おそらく、神国思想から戦前の軍国主義を連想し、ただちに「自国至上主義」と断罪したものと思われる。戦後イデオロギーによる誤読である。

《白楽天》は、日本至上主義を採用していない。日本の和歌が漢詩より優れているなどという、民族優越思想は見られない。むしろ、偉大な白楽天を前にして、劣等感にさいなまれ、日本はチャイナと対等だと、強がりを言っているくらいなのである。「天竺の霊文《れいもん》を唐土《たうど》の詩賦とし、唐土の詩賦を以つて我が朝《てう》の歌とす」とあるように、シテ日本人漁翁は、三国を同格とみなす文化相対主義の主張を展開する。その背後には、一元的価値を強要する中華思想への反発がある。「自国至上主義」的な中華思想・華夷秩序の否定こそが、《白楽天》の本質なのである。

紀貫之「仮名序」の政治学

白楽天　不思議やな。その身は賤《いや》しき漁翁《ぎよをう》なるが、かく心ある詠歌を連ぬる、その身は如何《いか》なる人やらん。

漁翁　人がましやな。名もなき者なり。されども歌を詠む事は、人間のみに限るべからず。生きとし生けるもの毎《ごと》に、歌を詠まぬはなきものを。
白楽天　そもや生きとし生けるものとは、さては鳥類畜類までも、
漁翁　和歌を詠ずるその例《ためし》、
白楽天　和国に於《お》いて、
漁翁　証歌多し。
（漁翁）花に鳴く鶯、水に棲《す》める蛙《かはづ》まで、唐土《たうど》は知らず日本《にほん》には、歌を詠み候ぞ。翁《おきな》も大和歌《やまとうた》をば、形《かた》の如く詠むなり。

この一節で興味深いのは、中華の圧迫に対し、日本が対抗軸として和歌を持ちだしていることだろう。和歌が日本の国柄を示すものと考えられているのである。この点に関して、平川祐弘氏は『謡曲の詩と西洋の詩』で、慈円《じえん》（一一五五～一二二五）の歌を引用する。「から国やことのは風の吹きくればよせてぞかへす和歌のうら浪」。史論『愚管抄《ぐかんしょう》』を執筆した慈円は、国際関係にも敏感だった。チャイナから押し付けられるロゴスに対し、我が国は和歌で押し返すのだと言う。これは、《白楽天》の発想そのものである。平川祐弘氏は、次のように推測する。「謡曲『白楽天』にも「うら波」「帰る」などの言葉［浦の波立ち帰りたまへ］が見え、発想が酷似しているから、世阿弥は右の慈円の歌を念頭に置いて『白楽天』を書いたのかもしれない」。実はこれは、戦時中既に指摘されていたことである（峰村文人論文）。

ところで、ワキ白楽天は、和歌について予め知識を得てから来日したのだろうか。シテ漁翁は、「大きに和《やは》らぐと書いて、大和歌と読めり」と説明した後、白楽天に向かって「知ろし召されて候へども、翁《おきな》が

心を御覧ぜん為候《ためざうらふ》な」と言っている。しかし、「知ろし召されて候へども」は、シテ日本人漁翁の思い込みであり、ワキの返答「いや、その儀にてはなし」は、額面通りに受け取って良いと思われる。

ワキ白楽天は、和歌にも歌論にも無知であったに違いない。中華を自任するチャイナは、明治に至るまで、和歌などの日本文学に一切関心を示さなかった。一部の漢文著作を例外として、日本の文芸に全く注意を払わなかったのである。中華思想によって視野が狭められ、世界を見る眼が曇っていたと言うべきだろう。詩人白楽天も、能の中のワキ白楽天も、和歌や歌論について無知だったと考えられる。

右の一段に、『古今和歌集』「仮名序」（九〇五年）が引用されている点にも注目したい。そもそも、白楽天（七七二〜八四六）在世時に、『古今集』は存在しない。完全な時代錯誤である。能の作者は、作品の舞台設定を、過去の特定の歴史的時期に置いていない。能が作られた「現代」、すなわち応永二十六（一四一九）年の国際情勢の寓意を主目的として、白楽天や『古今集』が、前後関係を問題にしない形で動員されている。この事実は、《白楽天》政治寓意説を補強するものである。

ではなぜ紀貫之《きのつらゆき》の「仮名序」なのか。それは「仮名序」が、チャイナに対抗する精神に貫かれていることと関係するだろう。唐風文化全盛時代から国風文化に切り替わる一つのきっかけが、『古今和歌集』であった。「仮名序」は、紀貫之による一種の日本文化宣言である。「からうた」（漢詩）の隆盛を意識しつつ、劣勢にあった日本独自の「やまとうた」を称揚する意図で書かれた。平川祐弘氏は、『日本文学の特質』所収「母国語で詩を書くことの意味」で、「仮名序」を文化的ナショナリズムの視点で論じている。紀貫之の愛国的な視点は、能《白楽天》とも響き合う。

なぜ仏教ではなく和歌なのか

（漁翁）抑《そもそ》も鶯の、歌を詠みたる証歌には、孝謙天皇の御宇《ぎよう》かとよ。大和の国、高天《たかま》の寺に住む人の、式年《しきねん》の春の頃、軒端《のきば》の梅に鶯の、来《きた》りて鳴く声を聞けば、初陽毎朝来不遭還本栖《しよやうまいてうらいふさうげんぽんせい》と鳴く。文字に写してこれを見れば、三十一文字《みそぢひともじ》の詠歌の言葉なりけり。

漁翁　初春《はつはる》の、朝毎《あしたごと》には来《きた》れども、

（漁翁）遭《あ》はでぞ還《かへ》る本《もと》の栖《すみか》にと、聞《きこ》えつる鶯の声を始めとして、その外《ほか》鳥類畜類の、人に類《たぐ》へて歌を詠む、例《ためし》は多く荒磯海《ありそうみ》の、浜の真砂《まさご》の数々に、生きとし生けるもの、何《いづ》れも歌を詠むなり。

（白楽天）げにや和国《わこく》の風俗の、げにや和国の風俗の、心ありける海士人《あまびと》の、げにありがたき習ひかな。

この一節では、「生きとし生けるもの、何《いづ》れも歌を詠むなり」として、引き続き『古今和歌集』「仮名序」が引用されている。中華世界では、漢詩を詠むのは専ら士大夫《したいふ》である。社会の上層のみが詩に親しむチャイナに対し、日本では漁翁のみならず「鳥類畜類」までも和歌を詠む。この「和国の風俗」に、ワキ白楽天は一も二もなく感心してしまう。能《白楽天》はそういう設定になっている。

ここで、一本の補助線を引いてみよう。なぜ《白楽天》の作者は、日本が優れた国であることを示す根拠として、仏教ではなく、和歌を持ちだしたのか。たとえば《春日龍神《かすがりゆうじん》》では、ワキ明恵《みようえ》法師が渡唐を断念する上で、仏教が大きな役割を果たしている。日本には和歌があるから外国になど行く必要がないと、明恵上人が考えたわけではない。「春日《かすが》の御山《おんやま》こそ即《すなは》ち霊鷲山《りやうじゆせん》」、すなわち、日本にこそ真の仏教世界があることに気付かされ、異国に行く必要がないと判断したのである。

《白楽天》の作者は、唐の高僧をワキに仕立てるという方法もあっただろう。来日した大陸の僧侶が、日本で仏教が盛んなことに驚き、帰国する。そういう筋立ても考えられなくはない。なぜ和歌である必要があったのか。重要なのは、仏教が国際的宗教であるのに対し、和歌が日本固有の文芸であることだろう。《白楽天》では、和歌という日本独自の文化が、国柄を誇る根拠となっている。グローバルな価値を有する仏教に対し、和歌は日本と結びついたナショナルなものである。普遍主義を装う中華思想に対抗するための原理として、やはり民族文化の和歌を持ちだす必要があったと考えられる。

舞楽で将軍の外交政策を賛美

漁翁　とても和国の翫《もてあそ》び、和歌を詠じて舞歌《ぶが》の曲、その色々を現《あらは》さん。
（白楽天）そもや舞楽の遊びとは、その役々《やくやく》は誰《たれ》ならん。
漁翁　誰《たれ》なくとても御覧ぜよ。我だにあらばこの舞楽の、
（漁翁）鼓は波の音。笛は龍《りよう》の吟ずる声。舞人《まひびと》はこの尉《じよう》が、老の波の上に立つて、青海《あをうみ》に浮かみつつ、海青楽《かいせいらく》を舞ふべしや。
漁翁　葦原《あしわら》の、
（漁翁）国も動かじ万代《よろづよ》までに。　［中入《なかいり》］

謡曲はここで、和歌の功徳から、舞楽へと話題が移る。もちろんこれは、舞台演出上の都合でもある。中入《なかいり》後、後《のち》シテは「真《しん》の序の舞」を舞う。奇妙なのは、「海青楽を舞ふべしや」と地謡《じうたい》が謡った後で、シ

テが舞を舞わずに鏡の間《ま》に引っ込んでしまうことである。横道萬里雄は、香西精《こうさいつとむ》『能謡新考《のうようしんこう》』所収の座談会で、次のように述べている。《白楽天》の前場《まえば》が「「万代《よろづよ》までに」で切れて、全然別の役の間《あい》狂言を隔てて「西の海」と謡うのでは、つながらないと思うんです」。中入前後の不整合は歴然としており、本来中入はなかったものと推定されている。

《白楽天》では、和歌のみならず、舞も日本の国体と結びついている。「国も動かじ万代《よろづよ》までに」とあるように、舞楽は、悪意ある異国の使者白楽天から日本を守るために行われる。もちろんこれも、中華思想・華夷秩序の拒否を寓意したものである。対明断交政策を推進した足利義持の意に添う内容になっている。四代将軍は、「我が国は古《いにしへ》より外邦に向《むか》ひて臣を称さず」「路《みち》を除《のぞ》きて之《これ》［明軍］を迎へんのみ」（『善隣国宝記』）と覚悟していた。日本を守護する住吉明神による、堂々たる「海青楽」。義持の外交方針を賛美するところに、《白楽天》の意図があったことは疑いない。

ところで、右の引用箇所には、能《放生川《ほうじょうがわ》》と共通点が多い。《白楽天》では、シテが「和歌を詠じて舞歌の曲、その色々を現さん」と言って、異国撃退の舞を舞う。一方《放生川》にも、「さては神代《かみよ》も和歌を上げ、舞を舞ひけるめでたさよ」とあり、和歌と舞が同時に登場する。（ただし、この「和歌」は、三十《みそ》一《ひと》文字を指すと同時に、舞の一部の名称でもある）。しかも、曲の題材たる放生会《ほうじょうえ》は、「異国退治の御時《おんとき》に、多くの敵《かたき》を亡ぼし」た供養のために始まったものである。舞を舞うのは、「神と君とに仕《つか》への臣《しん》」武内宿禰《たけうちのすくね》だが、この人物は住吉明神の本体たる神功《じんぐう》皇后に仕えたとされる。「異国退治」「住吉明神」「和歌」「舞歌」といった両作品の類似は、単なる偶然の産物であろうか。

私は、《白楽天》と《放生川》が、ほぼ同時期に成立したと考えている。もちろん作者は、世阿弥以外にない。二曲は共に、応永二十六（一四一九）年の国際情勢に深くかかわる作品である。これについては、第二章「《放生川》――朝鮮撃退の祝賀能」に譲り、ひとまず先に進もう。

日本を守る住吉明神

住吉明神　山影《やまかげ》の、映るか水の青き海の、
（住吉明神）波の鼓の海青楽《かいせいらく》。
［真《しん》の序《じょ》の舞《まい》］
住吉明神　西の海、あをきが原の波間より、
（語り手）現れ出《い》でし住吉《すみよし》の神《かみ》、住吉の神、住吉の、
住吉明神　現れ出でし住吉の、
（語り手）住吉の神の、力のあらん程は、よも日本《にほん》をば従へさせ給はじ。速《すみや》かに浦の波、立ち帰りたまへ、楽天。

住吉明神は、海上保安の神であり、和歌の神であり、国土防衛の神でもあった。前場《まえば》で和歌の徳を語り、後場《のちば》で悪意ある異国の使者を東シナ海に追い返す《白楽天》にふさわしい神様と言えよう。『日本書紀』にあるように、住吉大神《すみよしのおおかみ》は三柱《みはしら》の神、底筒男命《そこづつのおのみこと》・中筒男命《なかづつのおのみこと》・表筒男命《うわづつのおのみこと》から成る。新羅《しらぎ》征討で知られる神功皇后《じんぐう》も、後に合わせて祀《まつ》られた。大阪の住吉大社には、本宮《ほんぐう》が四棟あり、四柱《よはしら》の神がそれぞれの社《やしろ》に祀られている。遣唐使は、住吉に参拝した上で乗船、遣唐使船は舳先《へさき》に住吉大神を祭っていた。

この住吉の神は、「西の海あをきが原の波間より現れ出でし」と紹介される。これは、『続《しょく》古今和歌集』『日本書紀第一聞書《ききがき》』に由来する表現で、伊弉諾尊《いざなぎのみこと》が日向《ひゅうが》の「檍原《あはきはら》」で住吉三神を生んだことを指す。ただしここでは、「西の海」を日向ではなく、松浦《まつうら》半島西方、東シナ海のイメージで捉えることも許されよう。

《白楽天》が初演された時、観客はこの部分の政治的寓意をただち理解し、鋭敏に反応したのではないだろうか。「住吉の神の、力のあらん程は、よも日本《にほん》をば従へさせ給はじ。速《すみや》かに浦の波、立ち帰りたまへ、楽天」。私は、地謡《じうたい》が担当するこの一節を、住吉明神の言葉ではなく、語り手の発言と解釈している。通常この箇所は、舞台上のシテが発すべき言葉を、地謡が代行したとものと考えられている（佐成謙太郎《さなりけんたろう》『謡曲大観』）。すなわち、住吉明神がワキ白楽天に向って「立ち帰りたまへ、楽天」と言ったと解するのである。これは、誤った理解であろう。そもそも、「住吉の神の、力のあらん程は、よも日本《にほん》をば従へさせ給はじ」は、第三者的な語りである。住吉明神の発話としたのでは、神様が自分自身に敬語を使っていることになってしまう。

すなわち、ひとり住吉の神のみが、「立ち帰りたまへ、楽天」と叫ぶのではない。我が国の神々が勢揃いする直前、能のナレーター（語り手）が、見所《けんしょ》の観客をも巻き込んで、「立ち帰りたまへ、楽天」と、ワキに強烈な「帰れ」コールを投げかけるのである。ワキ白楽天は、尊大な中華思想の体現者である。日本の敵白楽天の存在に、第三者たるべきナレーターすら、もはや我慢できなくなり、当事者として舞台進行に介入する。そして、「立ち帰りたまへ、楽天」と絶叫する。舞台上の悪役《ヒール》たるワキ白楽天を前にして、客席は愛国精神の塊と化し、会場が強烈な一体感に包まれる。そういう演出であろう。

この時、舞台上のシテと、第三者の語り手と、見所の観客との区別は消滅する。日本人の観衆は、シテ住吉明神や能の語り手と心を一つにして、敵国のワキ白楽天に大ブーイングを浴びせかける。《白楽天》は、将軍足利義持が明の使者呂淵を追い返したことの政治的寓意の作品である。初演の際、この場面で割れんばかりの拍手喝采が湧き起ったと想像したい。

日本の神々の出現

（語り手）住吉現じ給へば、住吉現じ給へば、伊勢・石清水・賀茂・春日、鹿島・三島・諏訪・熱田、
安芸《あき》の厳島《いつくしま》の明神は、娑竭羅《しやかつら》龍王《りゆうわう》の第三の姫宮《ひめみや》にて、海上《かいしやう》に浮かんで、海青楽《かいせいらく》を舞ひ給へば、
八大龍王は、八《はち》りんの曲を奏し、空海《くうかい》に翔《かけ》りつつ、舞ひ遊ぶ小忌衣《をみごろも》の、手風《てかぜ》神風《かみかぜ》に、吹き戻
されて唐船《たうせん》は、此処《ここ》より漢土《かんど》に帰りけり。げにありがたや神と君。げにありがたや神と君が
代の、動かぬ国ぞ久しき。動かぬ国ぞ久しき。

謡曲の結末部では、シテ住吉明神のみならず、日本の主要な神々が勢揃いして、ワキ白楽天を大陸に追い返す。神風は、「伊勢・石清水・賀茂・春日、鹿島・三島・諏訪・熱田、安芸の厳島の明神」「八大龍王」らの「舞ひ遊ぶ」衣《ころも》が巻き起こしたものである。諸神列挙の部分については、『源平盛衰記《げんぺいじょうすいき》』巻七「和歌の徳の事」の影響が指摘されている。「伊勢・石清水・賀茂・春日」が、順番も含め《白楽天》と共通する。

もちろんここには、明使呂淵を兵庫から追い払った現実が投影されている。また、百四十年ほど前の蒙古襲来のイメージも重ねられている。さらに、応永の外寇で神風が吹いたとされたことも（『看聞《かんもん》日記』『満《まん》済准后《さいじゅごう》日記』）、能《白楽天》の設定に深くかかわるだろう。

ではなぜ、住吉明神一柱《ひとはしら》ではこと足らず、日本の神々が大勢登場する必要があったのだろうか。「聞えは普《あまね》き日の本に」「人毎《ひとごと》に、すはやそれぞと心づくしに」とあるように、ワキ白楽天の来日は、国民的関心事であり、国家的危機であった。ワキ白楽天は、国力を総動員して追い払われるべき存在として形象されている。もちろんこれは、明使呂淵の政治的寓意であり、白楽天は中華思想・華夷秩序の象徴である。

能は、「動かぬ国ぞ久しき」と、国家安泰を言祝《ことほ》ぎつつ、めでたく終了する。「げにありがたや神と君」は、第一義として、神々と天皇への感謝を意味する。しかし、政治的寓意としては、呂淵を追い払った足利義持への称賛となる。《白楽天》の作者は、同時代の外交問題を取り入れて観衆の興味を引きつつ、猿楽の庇護者たる将軍の外交政策に、最大限の讃辞を送った。実に巧みな作劇法である。

創作意図は華夷秩序の拒絶

《白楽天》の末尾には、「君が代」という語が見られる。もちろん、天皇の統治を言祝《ことほ》ぐ言葉である。重要なのは、「唐の太子《たいし》」「日本《にっぽん》の智慧を計れとの宣旨」を意識しつつ、「君が代」が用いられていることだろう。《白楽天》は、漫然と「君が代」を賛美するのではない。中華皇帝の悪意をはねのけた祝言として、「君が代」が位置付けられている。中華思想の世界観も、日本にまでは及ばない。チャイナの皇帝ですら、天皇の権威を脅かせない。この点が大切なのである。

《白楽天》の神国思想は、あくまでも中華思想・華夷秩序への抵抗として存在している。中華こそが抑圧者であって、日本は不当な圧力に抵抗する正義の側である。《白楽天》の語りは、神々の権威を外国にまで及ぼそうとしているわけではない。大東亜戦争とは異なり、あくまでも専守防衛である。従来、室町時代の神国思想を、偏狭な排外的国粋主義として否定的に論じる傾向があった。しかし、それは戦後イデオロギーによる誤読である。

いやむしろ、室町人の異国への関心は極めて高かった。人々は唐物《からもの》に異様なほどの興味を示していた。勘合貿易のみならず、私貿易船による海外との交易も盛んだった。日本は国粋主義どころか、海外の文物に興味津々であり、外国産品に熱狂していた。能には、大陸を題材にした唐物《からもの》の作品も多い。排外思想どころか、ややもすれば異国への憧憬と崇拝に傾いていた。その開放性・国際性ゆえに、自らの拠《よ》り所である日本の国柄を確かめたいという思いも強かったのである。謡曲《白楽天》にあらわれた神国思想は、むしろ国際化の副産物である。

以上の分析から明らかなように、《白楽天》の創作意図は、華夷秩序の拒絶である。中華思想の拒否と言い換えても良い。この趣旨を展開するために、《白楽天》の作者は様々な趣向を効果的に用いた。白楽天の来日、漢詩和歌の対決、舞楽の遊び、住吉明神の登場、神々や八大龍王の出現である。日本は決してチャイナの圧力に屈しはない。その思いは、「日本《にほん》をば従へさせ給はじ」「国も動かじ万代《よろづよ》までに」「君が代の動かぬ国ぞ久しき」などに明瞭に表れている。《白楽天》は、上演頻度こそ高くないが、日本の国柄（ナショナル・アイテンティティー）にかかわる問題を扱っており、比較文学的に極めて興味深い名作である。

もちろん、《白楽天》を制作した政治的意図は、足利義持の対明断交政策を賛美することにあった。古態を保存していると考えられる下掛《しもがかり》の冒頭部が、能のパトロン室町将軍に敬意を示す「真之次第《しんのしだい》」形式である点にも、為政者礼賛の意図が感じられる。

三、作者と成立

最後に、《白楽天》の作者と成立時期について考察しておこう。私は《白楽天》を世阿弥作と考えている。ただ、世阿弥の能楽論に《白楽天》への言及が見られないことから、世阿弥作とする決定的証拠に欠けている。そのため、作者の推定は、作品の内容に依拠して検討せざるを得ない。

多くの研究者が世阿弥作説を支持しているが、別な説を唱える学者もある。竹本幹夫《たけもとみきお》氏は『観阿弥・世阿弥時代の能楽』で、「世阿弥より後の作者」の作品としている。しかし、この説は事実上否定された。《白楽天》を応永二十六年の国際情勢の政治的寓意と考えるのが定説になったためである。香西精《こうさいつとむ》も『能謡新考《のうようしんこう》』所収の座談会で、世阿弥作説を疑っている。シテの出や中入《なかいり》が「普通の脇能の形じゃない」という理由である。だが、伊藤正義《いとうまさよし》氏が批判するように、数多い型を「普通」の基準とし、そこから逸脱しているから世阿弥作でないというのは論拠にならない。また、伊藤正義氏は『新潮日本古典集成』で、世阿弥作・観世信光《のぶみつ》（一四五〇～一五一六）改作説を展開している。信光が中入を加え、詞章を改めたというのである。ただ、改作に関しては検証の方法が見あたらない。

一方で、世阿弥作説の論拠は数多い。第一に、世阿弥の他の作品と共通の表現が見られることである。佐渡配流を背景とする『金島書《きんとうしょ》』には、「青苔衣《せいたいころも》を帯びて巌《いはほ》の肩にかかり、白雲帯に似て山の腰を廻《まは》ると、白楽天が詠《なが》めける」とある。『六義《りくぎ》』には、「古今の注に云《いは》く、天竺の礼文《れいもん》、唐の詩賦《しふ》、日本の和詞《わか》、三国《さんごく》を和《やは》らぎ来《きた》る。依《よつ》て大和歌《やまとうた》」とある。さらに、世阿弥作《高砂《たかさご》》《岩船《いわふね》》に、「西の海檍《あをき》が原の波間より現れ出《い》でし」という言葉が見られる。

第二に、竹本幹夫氏が『観阿弥・世阿弥時代の能楽』で論ずるように、「前シテが和歌の神住吉明神の化身であり、前シテがワキと仮名序注に基づく歌説の問答を行ない、本説を説きあかすという構造」が、世阿弥作《高砂》と共通する。第三として、語り手による語り部分が末尾にしか見られない点が、世阿弥の特徴を示している。第四に、「神と君」にあらわれている神徳君徳一体思想が、世阿弥作《高砂》《弓八《ゆみや》幡《わた》》《采女《うねめ》》に通じる。また第五として、「山影の映るか水の青き海の」と、世阿弥好みの水鏡の趣向が取り入れられている点も挙げておきたい。

さらに第六として、高度な政治的寓意の駆使も、世阿弥作品の特質と言って良い。《白楽天》の作者は将軍義持に近い人物であり、観世元雅《もとまさ》や金春禅竹《こんぱるぜんちく》のような若者とは考えにくい。やはり、応永二十六（一四一九）年に数え年五十六歳だった、世阿弥の作とするべきだろう。そして第七に、信憑性の低い後世の「作者付《さくしゃづけ》」が、《白楽天》を例外なく世阿弥作としている点も参考になる。『能本作者註文《のうほんさくしゃちゅうもん》』『自家伝抄《じかでんしょう》』『いろは作者註文』『歌謡作者考』『二百拾番謡《にひゃくじゅうばんうたい》目録』は、みな作者を世阿弥とする。

次に、成立時期について見てみよう。《白楽天》は、応永二十六（一四一九）年の外寇および呂淵来日後に制作されたと考えられる。同年七月二十七日、明使に拒絶の意志が伝えられ、呂淵は八月に帰国した（『武家年代記裏書』）。また、対馬から朝鮮軍撤退の情報が届いたのは、八月七日だった（『満済准后《まんさいじゅごう》日記』）。したがって、曲の成立は、応永二十六年八月以後として良い。

成立時期の下限についてはどうだろうか。《白楽天》の文献上の初出は、寛正《かんしょう》五（一四六四）年四月十日。世阿弥没後約二十年の頃である。『糺河原勧進猿楽《ただすがわらかんじんさるがく》日記』に、演目名「白楽天」が登場する。また、『臥雲《がうん》日件録抜尤《にっけんろくばつゆう》』宝徳《ほうとく》四（一四五二）年二月六日の条には、能《白楽天》への言及と推定される記述がある（『新潮日本古典集成』）。しかし、これらを下限としたのでは、あまりに幅が広すぎる。

私が注目したいのは、朝鮮の使者宋希璟《そうきけい》が応永二十七（一四二〇）年に来日した事実である。朝鮮の上王太宗《じょうおうたいそう》は、倭寇対策のために対馬を襲撃したが、日本と全面的に事を構える気はなかった。この意思を公式に伝えるために派遣されたのが宋希璟であり、その旅行記が『老松堂日本行録《ろうしょうどうにほんこうろく》』である。朝鮮使が来朝し、日本本土攻撃の意志がないことを明言したため、外患の恐れは著しく減じた。危機感・切迫感に満ちた《白楽天》は、それ以前の作でなければならない。私は、足利義持が都で宋希璟を引見した応永二十七年六月を、《白楽天》成立の下限と考えている。

第二章

《放生川》

——朝鮮撃退の祝賀能

一、応永の外寇

応永の外寇と放生会

対馬《つしま》に襲来した朝鮮軍を退散させたという吉報が、九州の少弐満貞《しょうにみつさだ》から都に到着したのは、応永《おうえい》二十六（一四一九）年秋八月七日のことだった。応永の外寇《がいこう》である。この時足利義持《あしかがよしもち》は、将軍顧問とも言うべき高僧満済《まんさい》（一三七八〜一四三五）と、「暫《しばらく》御雑談《ござつだん》之《の》最中」だった。将軍は伊勢貞長《いせさだなが》に、届いたばかりの注進《ちゅうしん》を読み上げさせたという（『満済准后《じゅごう》日記』）。

八日後の八月十五日、義持は石清水八幡宮《いわしみずはちまんぐう》の神事放生会《ほうじょうえ》の大役上卿《しょうけい》を勤めた。公家《くげ》の伏見宮貞成親王《ふしみのみやさだふさ》（一三七二〜一四五六）は、将軍が「放生会執行責任者として見事勤めを果たされたことや、異国の軍勢を退けて平和が保たれたことなど、いずれもめでたい事であると、清原常宗を通して室町殿［足利義持］へお祝いを申し上げた」（『看聞《かんもん》日記』薗部寿樹《そのべとしき》訳）。注目すべきは、この祝賀の趣旨が、能《放生川《ほうじょうがわ》》の内容に極めて近いことである。

《放生川》は、石清水八幡宮の放生会に取材した作品である。前場《まえば》では、「異国退治の御時《おんとき》に、多くの敵《かたき》を亡ぼし給ひし、帰性《きしやう》の善根のその為《ため》に、放生の御願《ごぐわん》を発《おこ》し給ふ」という、祭礼の由来が語られる。また、冒頭の次第《しだい》は、治者の徳を賛美し、国の周囲が平穏であると謡い上げる。「御影《みかげ》を仰ぐこの君の、四《よ》方《も》こそ静かなりけれ」。このように、《放生川》には、放生会・異国調伏《ちょうぶく》・治世賛美という要素が見られる。伏見宮貞成《さだふさ》親王が将軍義持に伝えた祝意と、この能の趣意が非常に似通っているのは、決して偶然ではない。《放生川》は、世阿弥が応永二十六年の放生会に際し、足利義持のために制作した曲だというのが、本章で私が主張したいことである。

石清水八幡宮は、貞観《じょうがん》二（八六〇）年の創建。九州・宇佐《うさ》八幡宮の八幡神《はちまんじん》を勧請《かんじょう》し、国家鎮護の社《やしろ》となった。八幡は武神であり、三韓征伐で知られる神功《じんぐう》皇后（息長帯比売命《おきながたらしひめのみこと》）、その子応神《おうじん》天皇（誉田別尊《ほんだわけのみこと》）などを祭る。また、宮司《ぐうじ》の田中家は、神功皇后の新羅《しらぎ》征討を助けた功臣 武内宿禰《たけ(し)うちのすくね》の子孫とされており、本殿内には武内社《たけうちしゃ》がある。異国調伏と縁の深い神社と言えよう。武内宿禰は《放生川》の後《のち》シテでもある。

放生会では、生きた魚を川に放つ。神社創建から三年後の貞観五（八六三）年に始まった祭である。元来は宇佐八幡が起源で、養老《ようろう》四（七二〇）年、反乱を起こして鎮圧された隼人《はやと》の霊を慰めるためのものだった。石清水の放生会は、天皇や室町将軍と関係が深く、極めて格式が高い。《放生川》の一節に「南祭《みなみまつり》」とあるように、北祭《きたまつり》たる賀茂神社の葵祭《あおいまつり》と並ぶ重要な行事とされていた。能の曲名でもある放生川は、八幡宮が鎮座する男山《おとこやま》の東側を流れており、現在も、石清水祭で魚鳥を放つ大切な場所となっている。

異国襲来の噂

放生会の上卿《しょうけい》は、祭礼を担当する最高位の公卿《くぎょう》を意味する。興味深いのは、生涯に一度しか上卿を勤めなかった足利義満に対し、義持が三回もこの役を引き受けたことだろう。応永十九（一四一二）年、応永二十四（一四一七）年、そして外寇に見舞われた応永二十六（一四一九）年である。応永二十六年にこの役を勤めることが決まったのは、七月十八日頃（『看聞《かんもん》日記』）。ちょうど異国襲来の不吉な噂が広がっている時期だった。

応永二十六年六月二十日、李従茂《りじゅうも》率いる朝鮮軍が対馬を攻撃し、七月二日に撤退した。能《放生川》を論じる上で重要なのは、将軍ですら把握していなかったこの戦闘の客観的事実を明らかにすることではない。むしろ、義持や世阿弥が暮らしていた都に、いつどのような不正確な情報がもたらされ、いかなる対処が行われたのかという点にある。

朝鮮軍対馬上陸の注進が京に届いたのは、侵略から四十数日も経った八月七日のことだった。しかも、侵攻と撃退が同時に報告された。この連絡の遅れは、意図的なものと考えられている。第一章「《白楽天《はくらくてん》》——華夷秩序を拒絶」で述べたように、六月二十日に明使呂淵《りょえん》が博多に到着、七月に兵庫の港に移動し、七月二十七日には断交の意志が伝えられ、八月に出港している。吉田賢司《よしだけんじ》氏は、次のように考察する。「呂淵の方が兵庫に先着したのだから、少弐満貞《しょうにみつさだ》は明使の博多発よりも遅れて注進状を発送したことになる。注進状が先に京着したならば、その内容から明使に危害が加えられ、永楽帝《えいらくてい》の怒りに火をつけ即座に日明全面戦争に突入する危険性を、満貞は熟知していたのだろう」（『足利義持』）。つまり、呂淵が八月初めに兵庫の港から帰国するのを待って、八月七日に注進を将軍に届けた可能性が高いというのである。

一方、報告が届く二か月以上前から、京では異国襲来の噂が広まっていた。『看聞日記』に初めて外寇に関連する記事があらわれるのは、応永二十六年五月二十三日のことである。「いま聞いたところによると、大唐国や南蛮、高麗などが日本に攻め寄せて来るそうだ。高麗から宣戦布告があったらしい。室町殿はびっくりなさったそうだ」「でも日本は神国だから、たいした事はないだろう」（薗部寿樹訳）。朝鮮はともかく、明・南蛮による攻撃情報は、事実に反している。おそらく、前年の応永二十五（一四一八）年に明の使者が来朝し、軍事侵攻を示唆したこともあって、そのような流言が出たものと推測される。

その後、日本各地の神社で異変が発生し、人々の間に不安が広がった。「出雲大社では本殿が震動して血が流れ出した」「西宮《にしのみや》の荒戎宮《あらえびす》も震動した」「軍兵数十騎が広田《ひろた》神社から出陣して東の方に向かった」「その軍兵のなかに女性の騎馬武者が一人いて、その者が大将のようだった」「石清水八幡宮の鳥居が風に吹かれて倒れてしまった」（『看聞日記』六月二十五日）。また、六月二十九日の条には「北野天神の御霊《ごりょう》が西方を指して飛んでいった」、七月二日の条には「賀茂山の森の木が数十本枯れた」とある。

このため足利義持は、「諸門跡《もんぜき》や諸寺院に祈祷するようお命じにな」り（六月二十五日）、「石清水八幡宮の放生会には、室町殿［義持］が行事担当の責任者になる」（七月十八日）ことに決まった。「恐怖と興奮のさめやらぬ時、これが将軍義持の放生会上卿《しょうけい》参向となってあらわれた」（二木謙一《ふたきけんいち》論文）。当然ながら、放生会は異国調伏祈願という、危機感に満ちたものになるはずだった。当時の人々は、百四十年程前の元寇《げんこう》を想起したことだろう。蒙古襲来の際も、石清水八幡宮で祈祷が行われた。ところが、八月七日の捷報《しょうほう》到着により、八月十五日の祭礼は、一転して異国撃退を祝賀する性格を帯びることになる。

世阿弥は、このような状況変化の中で、大急ぎで能を作ったのではなかろうか。《放生川》は、末尾で唐突に和歌を礼賛するなど、明らかに統一感を欠いている。応永三十（一四二三）年成立の『三道《さんどう》』は、世阿弥が息子観世元能《もとよし》に、能の作り方をわかりやすく説いた著作である。そこには、模範とすべき作品が列挙されているが、《放生川》の名は見られない。急遽制作したため、作者自身、必ずしも満足がゆかなかったに違いない。

第一章で論じた《白楽天》と共通する要素が多い点も、注目に値する。これは《放生川》が、《白楽天》同様、応永二十六（一四一九）年当時の国際情勢を扱った曲であることを示している。天野文雄《あまのふみお》氏が述べるように、《放生川》は、「神の威徳を中心に描きつつ、最終的にはそれを治世賛美につなげている作品」（『能苑逍遥《のうえんしょうよう》（中）』）であり、能のパトロンたる室町将軍との関係も深い。

二、《放生川》を読み解く

《放生川》の治世賛美

以下、詞章を丁寧に分析することによって、《放生川》の制作背景に迫ってゆこう。テクストは観世流現行謡本《うたいぼん》に依拠し、断続的に全文を引用した。

筑波の何某・従者　御影《みかげ》を仰ぐこの君の、御影を仰ぐこの君の、四方《よも》こそ静かなりけれ。

筑波の何某　抑《そもそ》もこれは、鹿島《かしま》の神職筑波《つくば》の何某《なにがし》とは、我が事なり。さてもこの度《たび》、都に上《のぼ》り、洛陽の寺社、残りなく拝み廻《めぐ》りて候《さうらふ》。また今日は南祭《みなみまつり》の由《よし》、承り候間《あひだ》、八幡《ヤワタ》に参詣申さばやと存じ候。

筑波の何某・従者　曇《くも》りなき、都の山の朝ぼらけ、

従者　都の山の朝ぼらけ、

筑波の何某・従者　気色《けしき》もさぞな木幡山《コワタヤマ》、伏見の里も遠からぬ、鳥羽《とば》の細道うち過ぎて、淀の継橋《つぎはし》かけまくも、忝《かたじけな》しや神祭る、八幡《ヤワタ》の里に着きにけり。八幡の里に着きにけり。

筑波の何某　急ぎ候程に、これははや八幡《ヤワタ》の里に着きて候。心静かに社参《しやさん》申さうずるにて候。

能《放生川》は、為政者賛美の言葉から始まる。「御影《みかげ》を仰ぐ」は、能の庇護者たる将軍を意識した表現である。「この君」は、表面的には天皇を指すが、実質的な統治者足利将軍の寓意として機能しており、治者礼賛が前面に出ている。また、「四方《よも》こそ静かなりけれ」は、国家安泰を祝う定番表現である。応永の外寇を念頭に置くならば、この部分に、朝鮮を撃退した祝言性を読み取ることができるだろう。世阿弥による類似の用例として、「げに治まれる四方の国」《岩船《いわふね》》《老松《おいまつ》》、「四海波静かにて」《高砂《たかさご》》、「四つの海、波静かなる時なれや」《弓八幡《ゆみやわた》》などがある。

ワキ「筑波の何某《なにがし》」の登場形式が、貴人《きにん》への敬意を表す「真之次第《しんのしだい》」であることも、治世賛美の性格を物語っている。天野文雄氏は『能苑逍遥（中）』で、「実証的に証明する資料には接していないのだが」と留保しつつ、次のように述べる。「「真之次第」の多くはその曲の制作時以来のもので、その特異なワキの所作は、能の大成期における能と能役者のパトロンであった室町将軍にたいする恭礼だったのではないかと思われる」。

真之次第では、「幕があがって登場したワキは、まず幕ぎわでいきおいよく両腕をあげるようにして広げて爪先立ち、その腕をすぐにさっとおろしつつ、かかとをドンと落とす。そのあと橋掛りを進んで舞台に入ったところで、ワキはふたたび同じ所作をくりかえ」す。「「真之次第」はその脇能の賛美の対象であり、それを見物している室町将軍への恭礼という意味をもつ所作で、それは世阿弥の脇能にはじまり、後続の脇能の多くもそれを継承したのではないかというのが著者の見通し」だという。とするならば、《放生川》は将軍臨席のもとで初演されたと考えるのが自然であろう。また、「異国退治」の要素も考慮すると、応永二十六年八月十五日の放生会に際して上演された可能性は極めて高い。

ワキの設定と道行

　では、なぜワキは、「鹿島の神職筑波の何某《なにがし》」でなければならないのだろうか。『新潮日本古典集成』頭注は、『鹿島宮社例伝記《かしまぐうしゃれいでんき》』から、七月の神事は「三韓降伏、天下泰平之《の》大神《だいじん》事《じ》也《なり》」という部分を引く。また、天野文雄氏は『能を読む②世阿弥』で、「ワキを鹿島の神職としたのは、同社が石清水八幡宮と同じく三韓征討など異敵征討に神威のあった神社であるため」と述べている。このようなワキの設定は、《放生川》が朝鮮との戦いを強く意識した能であることを示す。第一章で論じたように、《白楽天》結末部で、白楽天を追い返した神々に「鹿島」が含まれていることも、外敵征討という点で注目される。なお、世阿弥作《右近《うこん》》も、ワキは「鹿島の神職何某《なにがし》」であり、終結部には《放生川》の冒頭を連想させる一節、「治まる都の花盛り、東南西北も音せぬ波の」がある。

　一方、「筑波の何某」という名に関してはどうだろうか。鹿島から比較的近い地名筑波を架空の人名に用いたとも想像されるが、「筑波の道」が連歌を意味することも、忘れてはならない。《放生川》が結末部で和歌の徳を賛美する点が、「筑波の何某」という名にかかわるだろう。

　そのワキの神職は、東国鹿島から直接石清水八幡宮を目指したのではない。「洛陽の寺社、残りなく拝み廻《めぐ》りて」後、京から石清水へと向かっている。道行は、「都の山」「木幡山《コワタヤマ》」「伏見の里」「鳥羽の細道」「淀の継橋」に言及しつつ、「八幡《ヤワタ》の里」に到る。この移動は、放生会の上卿《しょうけい》を勤めた足利義持を強く連想させる。四代将軍が京を出発したのは、八月十一日のことだった（『看聞《かんもん》日記』）。儀式は八月十五日であり、かなり早い出立《しゅったつ》である。義持の放生会への思い入れの強さがうかがえる。父足利義満が「祭礼当日に八幡に下向し、奉幣《ほうへい》が終わると直ちに帰京したのに比べ、敬神の念が強い義持は数日前から宿坊に入り、奉幣後も神輿還幸《しんよかんこう》を見送ってから帰京した」(吉田賢司『足利義持』)。

都から放生会に向かう上卿《しょうけい》一行の行列は、極めて盛大なものだった。石清水八幡宮宮司田中恆清《たなかつねきよ》『謎多き神 八幡様のすべて』によれば、「現存する絵巻〔『細見男山放生会図録』〕などを見ると、御鳳輦《ごほうれん》を中心として供奉《ぐぶ》する僧侶、神官をはじめとする僧俗神人ら千数百人にわたる大行列の盛儀だった」。

祭礼の当日は、警備にも人員が必要になる。伏見宮貞成《さだふさ》親王のもとには、警護に人を出して欲しいという、先例のない依頼が来た(『看聞日記』)。四代将軍足利義持は、この年の放生会を極めて重要な行事と考えていたのである。その理由の一つに、応永の外寇があったことは間違いない。能のパトロン義持が力を入れる神事に際し、世阿弥は《放生川》を制作し、将軍の治世を賛美したと考えられる。それは、次の一節で一層明瞭に示されている。

神徳君徳一体の思想

尉・男　鱗類《うろくづ》の、生けるを放つ川波に、月も動くや秋の水、
　　男　夕山松《ゆふやままつ》の風までも、
尉・男　神の恵みの声やらん。
　　尉　それ国を治め、人を教へ、善を賞し、悪を去る事、直《すぐ》なる御代《みよ》の例《ためし》なり。
尉・男　かかるが故《ゆゑ》に、知れるはいよいよ万徳《ばんとく》を得《え》、無知はまた恵みに叶《かな》ひ、自《おの》づから積善《しやくぜん》の余慶《よけい》殊《こと》に

満ち、善悪の影、響きの如し。かかる御影《みかげ》の道広き、誓ひの海の鱗類《うろくづ》の、生きとし生ける物として、豊かなる世に住まふ事、偏《ひとへ》に当社の御利生《ごりしやう》なり。仕《つか》へて年もちはやぶる、神のまにまに詣《まう》で来て、この御代に、照る槻弓《つきゆみ》の八幡山《ヤワタヤマ》、照る槻弓の八幡山、宮路《みやぢ》の跡は久方《ひさかた》の、雨土塊《つちくれ》を潤して、枝を鳴らさぬ松の風、千代の声のみ弥増《いやまし》に、戴《いただ》きまつる社《やしろ》かな。戴きまつる社かな。

脇能《放生川》では、「生けるを放つ」神事のありがたさが、治者礼賛と緊密に結びついている。神徳君徳一体の賛美である。作者は、「神の恵み」「当社の御利生」「神のまにまに」「戴きまつる社」といった信仰上の恩沢を、政治的な徳と重ね合わせる。「直《すぐ》なる御代」「豊かなる世」「この御代」「枝を鳴らさぬ」がこれを示している。「照る槻弓の八幡山」は、男山を照らす月（槻弓）に宗教的イメージを織り込みつつ、武士の象徴「弓」を「八（矢）幡山」に冠することで、征夷大将軍を強く連想させる。「千代の声のみ弥《いや》増《まし》」は、足利義持に向けられた万歳の歓声を寓意するものだろう。

神徳と君徳を一つのものとする考え方は、「それ国を治め」から「善悪の影、響きの如し」までの部分にも見られる。「それ」という改まった表現で始まるこの箇所では、一種の思想表明が行われている。「国を治め」「直なる御代」という政治的要素が、「善を賞し、悪を去る」「積善の余慶」といった宗教的考え方と、渾然一体になっている。典拠があるように感じられる一節だが、出典は未詳である。

「戴きまつる社かな」の一節にも注目したい。足利義満の母良子は、石清水の出身だった。当時、神仏混交の石清水八幡宮には、数十の坊があった。その一つ善法寺家《ぜんぽうじけ》が、良子の実家である。そのためか、義満は石清水八幡宮にしばしば出かけた。四代将軍足利義持にとって、良子は祖母にあたる。義満が対明交渉にあたって「源道義」と名乗ったように、足利家は源氏であった。その信仰の中心八幡神を祀る石清水八幡宮を、「戴きまつる」というのである。

二十五年前の応永元（一三九四）年、世阿弥は能《弓八幡《ゆみやわた》》を作った。石清水八幡宮を舞台にして、足利義持の将軍就任を祝う作品である。《弓八幡》には、《放生川》と似た文言が多い。「直《すぐ》なる御代《みよ》の例《ためし》なれ」「誓ひの海も豊かにて」など、《放生川》の右の引用部分に瓜二つの表現が見られる。また、「生けるを放つ」「異国退治」「人の国より我が国、他の人よりも我が人」も、両曲共通の言葉である。相違点の一つとしては、後に作られた《放生川》の方が、宗教用語が多いことが挙げられる。当時は神仏習合の時代であり、神道と仏教が混合した表現である点も興味深い。そもそも、魚を放つ放生会自体、仏教的な性格を持つ行事である。次に引用する一節では、生き物に慈悲を示す祭礼の、政治的な意味が明かされる。

敵の死者を弔う日本人

筑波の何某　いかにこれなる翁《おきな》に尋ぬべき事の候。

尉　此方《こなた》の事にて候か。何事にて候ぞ。

筑波の何某　今日《けふ》は八幡《ヤワタ》の御神事《ごじんじ》とて、皆々清浄《しやうじやう》の儀式の姿なるに、翁に限り生きたる魚《うを》を持ち、実《まこと》に殺生《せつしやう》の業《わざ》、不審にこそ候へ。

尉　げにげに御《ご》不審は御理《おんことわり》。さてさて今日の御神事をば、何とか知ろし召されて候ぞ。

筑波の何某　さん候《ざうらふ》、これは遠国《をんごく》より始めて参詣申して候程に、委《くは》しき事をば知らず候。いでこの御神事をば、放生会とかや申すようなう。

尉　さればこそ放生会とは、生けるを放つ祭ぞかし。御覧《ご》候へ、この魚《うを》は、生きたる魚《うを》をそのままにて、

男　放生川に放さん為《ため》なり。知らぬ事をな宣《のたま》ひそ。

尉　その上、古人の文《もん》を聞くに、方便の殺生だに、菩薩の万行《まんぎやう》には越ゆると言ふ。ましてやこれは生けるを放せば、魚《うを》は免《のが》れ、我は又、却つて誓ひの網に洩れぬ、神の恵みを仰ぐなり。

筑波の何某　げにありがたき御事《おんこと》かな。さてさて生けるを放つなる、その御謂《おんい》はれは何事ぞ。

男　異国退治の御時《おんとき》に、多くの敵《かたき》を亡ぼし給ひし、帰性《きしやう》の善根のその為《ため》に、放生の御願《ごぐわん》を発《おこ》し給ふ。

東国より上京した神職が、前シテの老人に放生会のいわれを尋ねる段である。外国と戦った時に戦死した敵兵の鎮魂のために魚を放ったのだと、シテは説明する。この、「多くの敵《かたき》を亡ぼし給ひし、帰性《きしやう》の善根のその為に」という発想は、極めて日本的な価値観に基づいている。チャイナやコリアでは、敵は死んでも敵である。敵対者の墓を暴き、破壊し、死後も侮辱し続けるなど、冷酷無比である。これに対し、戦死者の霊を敵味方の区別なく慰め、鎮魂慰霊を行う習慣は、敵の死者に鞭打つ民族とは対照的な、日本独自の伝統と言って良い。蒙古襲来後や豊臣秀吉《とよとみひでよし》の朝鮮出兵後など、事例は数多い。死者の祟《たた》りを恐れ、これを却って神として祀《まつ》る御霊《ごりょう》信仰にも通じる精神である。

二十世紀においても、敵戦死者慰霊という日本精神は生き続けた。昭和十七（一九四二）年に英領シンガポールを陥落させた時、日本軍はブキ・ティマ山の昭南忠霊塔《しょうなんちゅうれいとう》の背後に、英豪軍兵士のための十字架

を建設した。また、糸満《いとまん》市の平和祈念公園にある、摩文仁《まぶに》の丘・平和の礎《いしじ》には、沖縄戦の戦没者氏名が、敵味方を問わず刻まれている。敵戦死者慰霊の伝統は、現代日本にも生きている。

とするならば、応永二十六（一四一九）年の放生会は、対馬で落命した異国の兵士の供養を行うという意味を持ったはずである。右の引用部分には、「異国退治の御時に、多くの敵《かたき》を亡ぼし給ひし」とある。これは、神功《じんぐう》皇后や武内宿禰《たけうちのすくね》がかかわった、三韓征伐について述べたものであるが、初演当時は、応永の外寇の寓意として機能した。当時は、対馬付近で万を越える夥《おびただ》しい数の敵が死んだと考えられていた。これは必ずしも歴史的事実ではないが、重要なのは、将軍の周辺でどのような情報が出回っていたかである。

少弐《しょうに》満貞《みつさだ》の注進では、六月二十六日の合戦で多くの敵兵を斬獲《ざんかく》したこと、朝鮮軍のほかに、唐船二万余艘が六月六日に合流する予定だったが、大風でほとんど沈没したことが伝えられた。吉田賢司『足利義持』によれば、「「異国撃退」の知らせは、歪曲されつつも瞬時に洛中に広まった」という。『看聞《かんもん》日記』（薗部寿樹訳）には、次のようにある。「他国の賊兵が乗った八万隻の船が海上に浮いていると豊後国守護である大内盛見にまず連絡が入った」（七月二十日）。「大風が吹き、そのため中国の軍船の多くが破壊されて海に沈んだらしい。中国の軍船はおよそ二万五千隻だったそうだ」（八月十一日）。「モンゴル人と高麗人が連合して、その軍船五百隻あまりが対馬島に攻め寄せてきました」「異国の軍兵三千七百人余りを討ち取り、斬り捨てました。それ以外に負傷した敵兵の数は分からないほど多いようです」（八月十三日）。これらの記述では、関係者の様々な思惑から、戦果が誇張されている。朝鮮側の文献『世宗《せいそう》実録』では、侵略軍の規模二二七隻、将兵一万七二八五人とある。これが、最も実態に近い数字と思われる。

中華思想を相対化する神徳

筑波の何某　謂《い》はれを聞けばありがたや。さてさて生けるを放つなる、川は何《いづ》れの程やらん。

尉　御覧候へ、この小川の、水の濁りも神徳の、

筑波の何某　誓ひは清き石清水の、

尉　末は一つぞこの川の、

筑波の何某　岸に臨みて、

尉　水桶に、

（尉）取り入るる、この鱗類《うろくづ》を放さんと、この鱗類を放さんと、

（語り手）裳裾《もすそ》も同じ袖ひぢて、掬《むす》ぶやみづから水桶を、水底《みなそこ》に沈むれば、魚《うを》は喜び鰭《ひれ》ふるや。水を穿《うが》ちて岸陰の、譚荷葉《たんかは》動くこれ魚《うを》の、遊ぶ有様の、げにも生けるを放つなる、御《おん》誓ひあらたなりけり。

※「（尉）」「（語り手）」は地謡《じうたい》部分。以下同じ。

貞観《じょうがん》五（八六三）年に始まった放生会は、年中行事の一つとして続いて来たが、応永二十六（一四一九）年の外寇により、この年は特別な意味を持つものとなった。祭の由来である「異国退治」が、再び現実化したのである。まさに、「謂《い》はれを聞けばありがたや」と、「神徳の誓ひ」を実感できる状況であった。「魚《うを》は喜び鰭《ひれ》ふるや」の歓喜は、異国の侵略を撃退した喜びに通じている。

ではそもそも、朝鮮軍はなぜ日本に侵攻したのだろうか。従来は、倭寇に悩まされてきた李朝が、その

根拠地対馬を攻撃したという理解であった。確かにその通りなのだが、この説明には、東アジアの国際政治という、より大きな視点が決定的に欠けている。倭寇の被害があれば、朝鮮は自動的に報復に出るのだろうか。出兵という選択肢を後押しする地政学的背景に、目を向ける必要がある。特に、永楽帝《えいらくてい》の中華思想との関連が重要である。

第一章「《白楽天》——華夷秩序を拒絶」で述べたように、応永十五（一四〇八）年に義満から実権を受け継いだ義持は、中華思想に基づく華夷秩序を拒否した。我が国は、明朝の属国になってはならないという強い思いがあったのである。四代将軍の断交政策は、世界の中心「中華」を自任する永楽帝の「誇り」を打ち砕いた。『太宗《たいそう》実録』によれば、北京を訪れた朝鮮の使者に対し、皇帝はたびたび日本遠征計画を明かしている。また、永楽帝は朝鮮使節に向かって足利義持の無礼を憤り、琉球使節には日本出征時の先導を命じた（一四一八年十二月辛丑《しんちゅう》）。このような明の高圧的対日姿勢が、朝鮮に出兵を決断させた遠因である。

朝鮮王朝の世界観の根底には、「事大思想」があった。「大」とされる中華に「事《つか》」えるのを良しとする考え方である。この「理念」によれば、「徳」のある中華皇帝に従わない日本は「野蛮な夷狄《いてき》」であり、永楽帝を慕う属国朝鮮は、日本より道徳的に上位に立つことになる。明朝の威を借る李朝である。その明が、日本征伐を検討している。このような認識が、対馬侵略という、上王太宗《じょうおうたいそう》の強気の対応を後押ししたと考えられる。

一方日本には、中華皇帝こそが優れた徳を備えており、我が国は徳が劣る、などという発想はない。チャイナに親近感を感じ、積極的に使節を送った足利義満でさえ、その真の目的は貿易の利にあった。皇帝の

「徳」を慕って朝貢するなどという考え方は、微塵もない。

右に引用した《放生川》の一節に、「神徳」という言葉がある。中華皇帝の「帝徳」に靡《なび》くのではなく、あくまでも「神徳」で国が守られる。この神国思想が、独善的な中華思想や華夷秩序を相対化した。応永二十六年の日明外交交渉について、佐伯弘次《さえきこうじ》氏は論文「応永の外寇と東アジア」で、「明の華夷思想に基づく国際観と日本の神国思想に基づく国際観が衝突している」と述べる。曲中に三件の用例がある「神徳」は、能《白楽天》の場合同様、中華思想のアンチテーゼとして機能している。

外国からの侵略という非常事態を経験した応永二十六年の日本人は、「神徳」を、そして石清水八幡宮の由来を、新たな思いで見つめ直したことだろう。それが、次の部分である。

日本中心型華夷観

筑波の何某　尚々《なほなほ》当社の御事《おんこと》、懇《ねんごろ》に御《おん》物語り候へ。

（尉）そもそも当社と申すは、欽明《きんめい》天皇の昔より、一百余歳《いつぴやくよさい》の代々《よよ》を経て、この山に移りおはします。

尉　然るに宗廟《そうべう》の神《しん》として、

（尉）御代《みよ》を守り、国家を助け、文武二つの道広く、九重《ここのへ》つづく八幡山《ヤワタヤマ》、神にも御名《みな》は八つの文字、

尉　それ諸仏出世《しゆつせ》の本来空《くう》、

（尉）真性不生《しんしやうふじやう》の道を示し、八正道《はつしやうだう》を顕《あらは》し、人仏不二《にんぶつふに》の御《み》心にて、正直の頭《かうべ》に宿り給ふ。人の国より我が国、他《た》の人よりも我が人と、誓はせ給ふ御《おん》恵み。げにありがたや。我等《われら》如きの

浅ましき、迷ひを照らし給はんの、その御誓願《ごせいぐわん》目《ま》のあたり、行教和尚《ぎやうけうくわしやう》の御法《みのり》の袖に影うつる、花の都を守らんと、南の山に澄む月の、光も三つの衣手《ころもで》にうつり給へり。さればにや、宗廟《そうべう》の跡明らかに、君が代の直《すぐ》なる道を顕《あらは》し、国富み民の竈《かまど》まで、賑《にぎは》ふ鄙《ひな》の御調船《みつきぶね》、四海の波も静かなり。

「四海の波も静かなり」には、朝鮮軍撃退の事実が意識されていよう。また、曲の主題を象徴的に示す冒頭の次第《しだい》にも、「四方《よも》こそ静かなりけれ」とあった。重要なのは、この一節に、日本中心型華夷観とも言うべき世界観が見られることだろう。東西南北の「四海」「四方《よも》」の中心に「君」たる天皇がいる。徳のある天皇は、「君が代の直《すぐ》なる道を顕《あらは》し」ている。その君徳を慕って、遠国から貢《みつ》ぎ物を運ぶ「御調船《みつきぶね》」が首都へとやってくる、というのである。興味深いことに、この政治的地理感覚は、足利義持が否定したはずの中華思想・華夷秩序に極めて似通っている。

洪武帝《こうぶてい》・建文帝《けんぶんてい》・永楽帝《えいらくてい》などとの外交交渉により、室町幕府は中華思想が如何《いか》なるものかを、明確に理解していたと考えられる。「徳のある」中華の四周に、東夷《とうい》・南蛮《なんばん》・西戎《せいじゅう》・北狄《ほくてき》がおり、皇帝の徳を慕って異国が朝貢してくるという階層的世界観である。このチャイナ流の華夷秩序に触れた日本は、中華思想を日本中心・天皇本意に換骨奪胎し、日本中心型華夷観を作り出した。《放生川》には、その一端が表れている。

日本中心型華夷観を本格的に展開したのが、第六章で論じる《岩船》である。この曲では、「げに治まれる四方《よも》の国」「浪《なみ》も音なき四つの海」として、中心対四周の華夷構造が明示されている。さらに、「高《こ》麗唐土《まもろこし》も残りなき、貢《みつき》の道の末《すゑ》ここに」「宝を君に捧《ささ》げ申さん」と、チャイナやコリアを含む周辺国から、天皇に貢ぎ物がもたらされる。もちろん、日本中心の国際秩序が現実に存在したわけではない。日本中心型華夷観は、あくまでも大陸の中華思想に刺激を受けた一種の見立て、すなわち「観」にすぎない。この新しい世界認識は、「四海」「四方」「東夷西戎南蛮北狄」「普天《ふてん》の下《した》」「率土《そつと》の内」といった形で、《金札《きんさつ》》《田村《たむら》》《国栖《くず》》《雷電《らいでん》》などの様々な謡曲に痕跡を残しているのだが、詳しくは第六章「《岩船》——日本中心型華夷観」に譲りたい。

なお、右に引用した《放生川》の一節では、仏教的価値観も、我が国を守護する力とされている。神仏習合の石清水八幡宮は、「御代《みよ》を守り、国家を助け」る存在である。八幡大菩薩は、「真性《しんしやう》不生《ふじやう》の道を示し、八正道《はつしやうだう》を顕《あらは》し」ているという。このように《放生川》は、仏教思想・神国思想・日本中心型華夷観が混然一体となり、天皇の「君が代」を賛美する。それは、足利義持の治世賛美の寓意でもあった。

一方、「人の国より我が国、他の人よりも我が人と、誓はせ給ふ御《おん》恵み」も注目される。八幡神は、他ならぬ日本と日本人のみを守るという趣旨である。「人の国」「他の人」は、チャイナやコリアを指すと考えて良い。当時、明は軍事侵攻を示唆して日本を威嚇し、朝鮮は対馬を侵略した。《放生川》の詞章からは、我が国の安全保障上の脅威が透けて見える。

朝鮮と戦った武内宿禰

（尉）尉　利益諸衆生《りやくしよしゆじやう》の御誓《おん》ひ、二世《にせ》安楽の神徳は、なほ栄ゆくや。男山《をとこやま》にし松立てる、梢《こずゑ》も草も吹く風は、みな実相の響きにて、峯の山神楽《かぐら》、その外《ほか》里神楽、懺悔《さんげ》の心夢覚め、夜声《よごゑ》もいとど神さびて、月かげろふの石清水《いはしみづ》の、浅からぬ誓ひかな。げに浅からぬ誓ひかな。

（筑波の何某）不思議なりとよ老人よ。不思議なりとよ老人よ。かほど委《くは》しく木綿四手《ゆふしで》の、神の告《つげ》かやありがたや。

尉　代々《よよ》に仕《つか》へし古《いにしへ》も、二百余歳《よさい》の春秋《はるあき》を、

（尉）送り迎へて神徳を、受けし身の齢《よはひ》、武内《たけうち》の神《しん》は我なりと、

（語り手）名のりもあへず男山、鳩の杖にすがりて、山上《さんじやう》さして上《あが》りけり。山上さして上りけり。

［中入《なかいり》］

前場《まえば》の中入《なかいり》直前、シテの老人は、「武内《たけうち》の神《しん》は我なり」と正体を明かす。武内宿禰《たけうちのすくね》は、石清水八幡宮の祭神たる神功《じんぐう》皇后を支えて、新羅《しらぎ》征討に赴いたとされる人物である。対馬での朝鮮軍との戦闘を寓意する上で、相応《ふさわ》しい設定と言えよう。注目すべきは、当時、応永の外寇を神功皇后の新羅征討と結びつける見方が存在していたことだろう。放生会のわずか二日前、『看聞《かんもん》日記』応永二十六（一四一九）年八月十三日の条には、実在しない九州探題渋川持範《しぶかわもちのり》なる人物の偽文書が引用されている。対馬近海で、

合戦している最中に、まことに不思議な神仏の霊験が何度もみられました。（中略）なかでもとりわけ不思議だったのは、味方が苦戦している時に、錦の御旗《みはた》三流れをひらめかせた大船が四隻、どこからともなく現れました。そのなかで大将と思われる者は女性でした。その女大将の力はとてつもないも

ので、モンゴル軍の船に乗り移って、敵兵三百人余りを手玉にとって海に投げ入れてしまいました。
（薗部寿樹訳）

清水克行《しみずかつゆき》氏はこの女大将に関し、「古代において「三韓征伐」を行ったとされる伝説上の神功皇后をイメージしているにちがいない」（『大飢饉、室町社会を襲う！』）と推定する。これは、先に引用した『看聞日記』六月二十五日の条の怪異譚にも通じる。「軍兵数十騎が広田神社から出陣して東の方に向かった」「その軍兵のなかに女性の騎馬武者が一人いて、その者が大将のようだった」。西宮にある広田神社は、朝鮮半島から凱旋した神功皇后の命により創基されたと伝えられている。この神功皇后に仕えたのが、後《のち》シテ武内宿禰《たけうちのすくね》である。《放生川》が、応永の外寇の寓意であることを強く示唆する設定である。武内宿禰は大変な長寿で、「二百余歳の春秋《はるあき》を送り迎へ」たとされる。石清水八幡宮では、摂社《せっしゃ》に武内宿禰を祀っており、後シテは亡霊ではなく、神様として登場する。

中入になると、ワキ鹿島の神職筑波の何某《なにがし》と、アイ所の者との問答になり、アイは放生会の由来を語る。さらに、「武内《たけうち》の神《しん》」があらわれたのは奇特な事だと述べ、後場《のちば》へと進む。

放生会終了後の夜神楽

筑波の何某・従者　なほ照らせ、代々《よよ》に変らぬ男山《をとこやま》、
　　従者　代々に変らぬ男山、
筑波の何某・従者　仰ぐ嶺より月影の、さやかに出《い》でて隈《くま》もなく、光と共に夜神楽《よかぐら》の、声澄み上《のぼ》る気色《けしき》

かな。声澄み上る気色かな。

武内宿禰　ありがたや、百王《はくわう》守護の日の光、豊かに照らす天《あめ》が下《した》、幾万代《いくよろづよ》の秋ならん。和光の影も年を経て、神と君とに仕《つか》への臣《しん》、武内《たけうち》と申す老人なり。

（語り手）末社は各々出現して、今日《けふ》待ち得たる放生の、神の御幸《みゆき》を早むれば、

武内宿禰　御前《みさき》飛び去る鳩の嶺、

（語り手）山下《さんげ》に連なる神拝《じんぱい》の社人《しやにん》、

武内宿禰　小忌《をみ》の衣《ころも》の袖を連ね、

（語り手）ちはやぶるなり天少女《あまをとめ》、

武内宿禰　久方《ひさかた》の、月の桂の男山、

（語り手）さやけき影は所から。［真《しん》の序《じよ》の舞《まい》］

前場《まえば》同様、後場《のちば》も男山の東の麓《ふもと》で能が展開する。『徒然草』第五十二段に「山までは見ず」とある通り、石清水八幡宮の本殿は山上に位置するが、東側の山裾には頓宮《とんぐう》があり、放生川が傍《かたわ》らを流れている。「神《じん》拝《ぱい》の社人《しやにん》」は、その「山下《さんげ》に連なる」のである。

一方、「月影」「夜神楽」とあるように、後場の時刻は夜に設定されている。「朝ぼらけ」の都を出発したワキの神職は、同日夕方に石清水に到着し（「夕山松《ゆふやままつ》」）、旧暦秋八月十五日の満月の出を迎えた（「照る槻［月］弓」）。鹿島の神職筑波の何某《なにがし》は、「さやかに出《い》でて隈《くま》もな」い、中秋の名月を仰ぎつつ、「なほ照らせ、代々に変らぬ男山」と謡う。後《のち》シテ武内宿禰《たけうちのすくね》が述べる「日の光豊かに照らす」はあくまでも比喩であり、

場面は夜である。

ワキ筑波の何某《なにがし》の言葉に、「夜神楽の声澄み上る気色」とあるように、右の引用部分から、神楽の歌舞が始まる。やや不審なのは、川に魚を放つ行事が行われた日の夜に、神楽が行われていることだろう。「山神楽」「里神楽」「夜神楽」と、《放生川》は何度も神楽に言及する。しかし、伏見宮貞成《さだふさ》親王は『看聞《かんもん》日記』応永二十六（一四一九）年八月十六日の条で、八月十五日の「午後五時にはすべての行事が問題なく無事終わった」（薗部寿樹訳）と述べている。

今日でも、石清水祭は深夜に始まり、主要な行事は日没までに終了する。夕刻以降に行われるのは、神様が山の上の本殿に戻られる神輿還幸《しんよかんこう》のみである。夜の歌舞は、能が作り出した虚構か、伏見宮貞成《さだふさ》親王の言う「すべての行事」に含まれていなかったかのどちらかだろう。この前後の『看聞日記』『満済准后《まんさいじゅごう》日記』にも、演能の記事は見あたらない。

ただし、能勢朝次《のせあさじ》『能楽源流考』によれば、応永の外寇の二十年前にあたる応永六（一三九九）年四月三日前後に、石清水八幡宮で田楽の能が行われている。少なくとも、石清水が能催行の場になっていたことだけは確実である。

舞歌を重視した世阿弥

応永の外寇から三年半後の応永三十（一四二三）年二月六日に、世阿弥が息子観世元能《もとよし》に伝えた『三道《さんどう》』という能楽論がある。能の作り方を論じたこの書では、「舞歌《ぶが》」の大切さが強調されている。「遊楽体《いうがくたい》［能の基本の芸］とは舞歌なり」「舞歌二曲の態《わざ》をなさざらん人体《じんたい》の種《たね》ならば、いかなる古人・名匠なりとも、遊楽の見風《けんぷう》あるべからず」「ことごとく舞歌によろしき風体《ふうてい》に作り入れて、これを作書すべし」とある。

世阿弥は、大和猿楽の伝統たる強い鬼の能ではなく、京の貴族趣味にかなった「幽玄の花風を離るべからず」（『申楽談儀《さるがくだんぎ》』）と考えていた。《放生川》の末尾に、「喜春楽《きしゆんらく》」「傾盃楽《けんぱいらく》」「秋風楽《しうふうらく》」「北庭楽《ほくていらく》」などの舞楽名が取り入れられているのは、幽玄にかなう舞歌重視のあらわれだろう。

ところが、「異国退治の御時《おんとき》に、多くの敵《かたき》を亡ぼし給ひし、帰性《きしやう》の善根のその為《ため》に、放生の御願《ごぐわん》を発《おこ》し給ふ」という放生会と、キリの優雅な舞は、ちぐはぐで一貫していないように見える。舞台芸術としての《放生川》の問題は、この舞歌に、魚を放つ行事との有機的な関連が見られないことである。「異国退治」「帰性の善根」はどこかに行ってしまい、専ら「舞を舞ひけるめでたさ」が結末部で語られており、曲としての統一性に欠ける。両者の間には、一体どのような内的関連性があるのだろうか。

この問題を考える上で鍵になるのが、第一章で論じた《白楽天》である。この曲の結末部では、「日本《にっぽん》の智慧を計」りに来たワキ白楽天が、「舞ひ遊ぶ」神々の「手風神風に吹き戻され」る。ペルソナ・ノン・グラータ（外交上好ましからぬ人物）を追い払ったのは、舞の力だった。舞が邪悪なものを撃退するという発想は、世阿弥作の脇能《高砂》の一節「さす腕《かひな》には悪魔を払ひ」にも見られる。神の舞が、邪《よこしま》なものを追ひ払うのである。

つまり、世阿弥の頭の中では、「さては神代《かみよ》も和歌を上げ、舞を舞ひけるめでたさよ」とある通り、和歌や舞が「異国退治」の国防と結びついていた。舞楽を国防と結び付けて理解していた作者にすれば、《放生川》は、内的論理において一貫していることになる。そのような能では、神功《じんぐう》皇后を助け朝鮮と戦った、文武一体の武内宿禰《たけうちのすくね》は、極めて適切な登場人物である。詞章に「文武二つの道広く」とある通りである。

《放生川》を書いた世阿弥の内面では、国防・舞楽・和歌が一体となっていた。これらを曲に取り込むことで、応永の外寇での朝鮮撃退を祝すと同時に、和歌と縁の深い石清水八幡宮に敬意を払い、かつ能の権威をも高め、パトロン足利義持を賛美することにもつながる。《放生川》は、多方面に気を配った、実に政治的配慮の行き届いた作品である。

一方で、世阿弥の内的文脈を離れると、《放生川》はやはり、首尾一貫していないと言わざるを得ない。おそらく世阿弥は、応永の外寇の注進状到着後、怱々《そうそう》としてこの曲を作ったのではあるまいか。熟慮推敲を重ねる時間に恵まれなかったことも、一曲の性質に深く関係していると、私は推測している。《放生川》の統一感の欠如は、次の終曲部にもあらわれている。

和歌賛美の唐突さ

（筑波の何某）さては神代《かみよ》も和歌を上げ、さては神代も和歌を上げ、舞を舞ひけるめでたさよ。
武内宿禰　なかなか小忌《をみ》の御衣《ぎよい》を召し、各々舞を舞ひ給ふ。
（筑波の何某）さらば四季の和歌を上げ、その品《しな》かへて舞ひ給へ。
武内宿禰　春は霞の和歌を上げて、喜春楽《きしゆんらく》を舞はうよ。
（筑波の何某）さてまた夏にかかりては、如何《いか》なる舞を舞ひ給ふ。
武内宿禰　かたへ涼しき川水に、浮かみて見ゆる盃の、傾盃楽《けんぱいらく》を舞はうよ。
（筑波の何某）初めて長き夜《よ》も更くる、風の音《おと》に驚くは、誰《た》が踏む舞の拍子ぞ。
武内宿禰　秋来《き》ぬと、目にはさやかに見えずとも、秋風楽《しうふうらく》を舞はうよ。

（筑波の何某）日数《ひかず》も積る雪の夜《よ》は、
武内宿禰　廻雪《くわいせつ》の袖を飜《ひるがへ》し、
（筑波の何某）さて百敷《ももしき》の舞には、
武内宿禰　大宮人《おほみやびと》のかざすなる、
（武内宿禰）桜、
武内宿禰　橘、
（武内宿禰）諸共《もろとも》に、花の冠《かむり》を傾けて、暘谷《やうこく》よりも立ち廻《まは》り、北庭楽《ほくていらく》を舞ふとかや。さのみは何と語るべき。言葉の花も時を得て、その風《ふう》なほも盛んにて、鬼も神《かみ》も納受《なふじゅ》する、和歌の道こそめでたけれ。和歌の道こそめでたけれ。

奇妙なのは、曲の末尾が、「和歌の道こそめでたけれ」という突飛な結論で終わっていることだろう。直前では、春夏秋冬の舞楽が話題となっており、作中に和歌の話題はほとんど登場しない。なるほど、「和歌を上げ舞を舞ひける」という言葉があるから、和歌を詠じながら舞を舞ったということなのだろう。しかし、魚を放つ放生会を描いてきた作品の終局が、なぜ和歌礼賛になってしまうのか。

ここで再び思い出されるのが、同時期に制作された《白楽天》である。この曲の中入《なかいり》直前に、「和歌を詠じて舞歌《ぶが》の曲、その色々を現《あらは》さん」という、《放生川》に通じる一節がある。《白楽天》において和歌は、舞楽同様、神国思想や国防と深くかかわるものであった。ワキ白楽天の漢詩に対し、シテ漁翁は和歌で対抗した。歌徳によって日本が守られるという考え方である。また、白楽天を大陸へ追い払ったのは、日本の神々による舞である。世阿弥の認識では、舞楽と和歌と国防は連続している。《放生川》のキリは、この《白楽天》の発想と類似する。

右の引用部分で、舞楽が春夏秋冬に分けて言及されている点にも注意したい。これは、作者が和歌・舞楽を一体と考えていたことを示している。和歌では四季が重要だが、《放生川》では、舞もまた季節とかかわる形で言及される。「喜春楽」「傾盃楽」「秋風楽」「北庭楽」という舞楽の名称の提示について、伊藤《いとう》正義《まさよし》氏は『新潮日本古典集成』で次のように述べる。「舞楽曲名の修辞的用法は《高砂》などに見られるが、《難波《なにわ》》や《放生川》などは単なる修辞というより、その曲の意味するところが一曲の構想とも深くかかわっている点が、世阿弥の脇能の方法として注目される」。重要なのは、舞楽が和歌同様に四季に従って配列されていることだろう。「舞楽・和歌・国防」を一つのものとする発想が、その基盤にあると考えられる。「喜春楽」は、「八幡神を石清水に勧請《かんじょう》したことを説く「放生川」の内容に合致した楽」でもある（大谷《おおたに》節子《せつこ》『世阿弥の中世』）。

《放生川》の「和歌の道こそめでたけれ」の唐突さについて、私は次のように推測している。応永二十六（一四一九）年八月七日、九州より朝鮮軍退散の注進が届き、世阿弥は急遽作品を制作した。しかしこの時点で、「舞楽・和歌・国防」一体の趣向は、まだ十分熟していなかった。そのため、八月十五日の放生会に間に合わせるべく、短時間で作られた《放生川》には、違和感が残ってしまった。次いで世阿弥は、この構想上の欠陥に改善を加え、より完成度の高い《白楽天》を生み出した。

あるいは、次のような想像も可能かも知れない。「舞楽・和歌・国防」が三位《み》一体であることは、応永の外寇を知る初演時の観客には、比較的了解しやすいことだった。ところが、鑑賞者に前提状況が理解されなくなった結果、首尾一貫しない作品だとの印象が強まった。

いずれにせよ、《放生川》が《白楽天》とほぼ同時に成立したことは間違いないと思われる。両曲は、舞が共に「真《しん》の序の舞」であり、後シテの武内宿禰《たけうちのすくね》や住吉明神が、神功《じんぐう》皇后と関わることも共通する。そして何よりも、外敵調伏というテーマが重要な意味を持つ点も同じである。

三、作者と成立

作者は確実に世阿弥

最後に、《放生川》の作者と成立年の考証をしておきたい。私はこの曲を、応永二十六（一四一九）年八月十五日頃に初演された世阿弥の作品と考えている。まず、作者の問題から検討してゆこう。

観世元能《もとよし》の『申楽談儀《さるがくだんぎ》』には、《放生川》に関わる記述が四か所ある。この本は、世阿弥の芸談を息子元能が記録したもので、永享《えいきょう》二（一四三〇）年十一月十一日の奥書がある。「増阿《ぞうあ》［増阿弥が］、世子《ぜし》［世阿弥］の能を批判して云《いはく》、「有がたや和光守護の日の光、豊かに照す天《あめ》が下」など、たぶやかに云流《いひなが》す所は、犬王《いぬわう》［に似ている］」。ここでは、「ありがたや」で始まる《放生川》の一節が引用されている。ただし、「世子の能」は、世阿弥が演じた能の意味であり、必ずしも世阿弥作と断定する根拠にはならない。「たぶやかに云《いひ》流す」は、役者の描写であり、脚本を論じたものではないからである。《放生川》に関する言及の第二として、「近比《ちかごろ》、八幡《やはた》放生会の能に、「秋来ぬと、や」と云《いひ》しを、殊皆《ことにみな》、時の興にもてはやされし」がある。これも、演技にかかわる挿話である。

重要なのは第三の、「放生会の能、魚《いを》放つ所曲《きよく》なれば、私有《わたくしあり》」。である。「私有」は、自分なりの工夫がある、または、作者の思い入れがある、といった意味だろう。この部分は、「能書く様《やう》」、つまり、能の書き方を述べた章の記述であり、しかも、「私有《わたくしあり》」が台本にかかわる話題であることは明らかだ。従って、これを《放生川》世阿弥作の根拠として良い。引用の直前直後で論じられている十曲程の作品が、ことごとく世阿弥作であることも、《放生川》を世阿弥作と断定する論拠となる。

《放生川》世阿弥説をさらに補強するため、他曲との共通点についても考察したい。第一に、「鹿島の神職」というワキの設定が、世阿弥作《右近》（一四三〇年以前作）と同じである。第二に、世阿弥作《弓八幡》（一三九四年作）に、「人の国より我が国、他の人よりも我が人」という、《放生川》と同一の詞章があることである。世阿弥作《箱崎《はこざき》》（一四二三年以前作）にも、同様の表現が存在する。典拠に『八幡宇佐宮御託宣集《はちまんうさぐうごたくせんしゅう》』などが挙げられるこの言葉は、《弓八幡》《箱崎》《放生川》以外で引用されることはない。「生けるを放つ」「直《すぐ》なる御代」「誓ひの海」「異国退治」「欽明天皇」「実相」「夜神楽」「鳩の嶺」「久方の月の桂の男山、さやけき影は所から」など、《弓八幡》と共有する表現の多さは、《放生川》が世阿弥作であることを強く示唆する。

第三として、謡曲中に第三者の叙事的語りが少ない事である。天野文雄氏は、『能を読む④信光と世阿弥以後』で、次のように述べる。「世阿弥の制作になる能の「地謡《じうたい》」は圧倒的にシテのセリフが多く、これに次ぐのがワキのセリフで、「叙事文」であるケースはもっと少ない」。たとえば、世阿弥作《井筒《いづつ》》では二か所だけである。《放生川》も、語り手の言葉は、「この鱗類を放さんと〜あらたなりけり」「武内《たけうち》の神《しん》は我なりと〜上《あが》りけり」「末社は各々出現して〜さやけき影は所から」の三か所にとどまる。第三者の語り手による叙述部分の少なさは、世阿弥作品の特徴を示すものである。

そして第四として、先に述べた通り、終結部で舞楽名を列挙する技法が、世阿弥作《高砂》《難波》《白楽天》と共通する点が挙げられる。以上の様々な論拠から、《放生川》を世阿弥作品と断定して良いと思う。

成立時期の考証

一方、成立時期についてはどうだろうか。『申楽談儀《さるがくだんぎ》』の記述から、永享元（一四二九）年三月五日に《放生川》が上演されたことは確実である。「永享元年三月、薪《たきぎ》の神事《じんじ》。五日、一乗院にて、円満井《ゑんまんゐ》・魚崎《ゆふざき》、両座立合《たちあひ》の時、脇は鬮也《くじなり》。結崎取り当《あた》りて、観世大夫元雅《もとまさ》、八幡《やはた》放生会の能をす」。ここで言う「薪の神事」は興福寺《こうふくじ》薪能、「一乗院」は興福寺の塔頭《たっちゅう》、「八幡放生会の能」は《放生川》である。脇能を演ずるのは名誉なことなので、円満井座（金春座）と結崎《ゆうざき》座（観世座）がクジを引き、世阿弥の息子観世元雅が《放生川》を演じた。籤引き上演であるから、この時が初演ではあるまい。《放生川》は、当時既に観世座の定番曲になっていたと考えるべきだろう。足利義持が石清水八幡宮放生会の上卿《しょうけい》を勤めた応永二十六（一四一九）年八月十五日は、この九年半前にあたる。

成立時期の上限に関しては、天野文雄氏の説が問題となる。『世阿弥がいた場所』で天野氏は《放生川》を、世阿弥の理論書「『三道』以後に作られた作品らしく」と推測する。また『能を読む②世阿弥』でも、「『三道』にはみえないから、制作時期はそれ以後になる」と述べている。『三道』は、応永三十（一四二三）年二月六日の奥書を持つ本である。これは、《放生川》を応永二十六年八月十五日頃成立とする私の説と、相容れない。

天野氏の推定の根拠は、『三道』に曲名「やはた」が出ている点にある。「やはた」は応永元（一三九四）年作《弓八幡》であることが確実であり、「やはた」が《弓八幡》へと改題されたのは、「八幡放生会の能」つまり《放生川》が、「あとから作られたためではないかと思う」と、天野氏は推測する。したがって、《弓八幡》の旧称「やはた」が登場する『三道』の執筆時点では、まだ《放生川》は存在していなかった。こういう論理である。

しかし私は、応永元年に「やはた」が成立した後、応永二十六年に「八幡放生会の能」が誕生し、しばらくは両者の名称が併存していたと考えている。『三道』成立の応永三十年の時点では、《弓八幡》《放生川》の二曲は存在していたが、「やはた」はまだ《弓八幡》と改称されていなかった。そう考えれば説明がつく。何も、新作「八幡放生会の能」が制作された瞬間に、ただちに「やはた」から《弓八幡》への改称が行われたと考える必要はない。「やはた」は、二十年以上慣れ親しまれた名称である。新作「八幡放生会の能」が誕生しても、定番曲「やはた」の名前は使われ続けた。しばらくは「やはた」「八幡放生会の能」が併存していたが、後に、紛らわしさを解消したいという動機が生じ、「やはた」が《弓八幡》と改名された。そう考えるべきだろう。

また、応永三十年の『三道』に、応永二十六年成立の《放生川》が登場しない点についても、私の考えを述べておきたい。『三道』にこの曲への言及がないのは、《放生川》が『三道』以降に成立したからではなく、世阿弥がこの作品を評価していなかったためと考えられる。《放生川》は、末尾で唐突に和歌の徳を礼讃するなど、構想がやや不鮮明である。『三道』は、若く未熟だった観世元能《もとよし》に対し、能の作り方を教科書的に教え記した伝書と考えられている。したがって、曲の構成が模範的でない《放生川》に世阿弥が言及しなかったとしても、決して不思議ではない。

『三道』は、それ以前の全作品を列挙しているわけではない。さらに言えば、天野文雄氏が《放生川》成立を推測する、応永三十年から永享元年の間に、将軍が全く放生会の上卿《しょうけい》を勤めていない事実も、私の主張を後押しする。治世礼賛や「真之次第《しんのしだい》」という要素を鑑《かんが》みるならば、将軍の臨席なくして《放生川》が上演されたとは考えにくい。この曲はやはり、応永二十六年八月十五日の石清水八幡宮放生会に関わる作品なのである。《放生川》が描いたのは、明の外交使節を追い返し、対馬で朝鮮軍を撃退した後の、石清水八幡宮における放生会に他ならない。

第三章

《唐船》

——遣明船再開の予祝

一、遣明船の派遣再開

ある年、東シナ海でチャイナと日本の紛争が発生、日本船がチャイナ側に拿捕《だほ》され、乗組員が拉致された。日本としても、対抗上チャイナ船を拘束し、船員を日本国内に拘留した。能《唐船《とうせん》》は、このような穏やかならぬ記述で始まる。「さても一年《ひととせ》、唐土《もろこし》と日本《にほん》と、船の争ひあつて、日本の船をば唐土に留《とど》め、唐土の船をば日本に留《とど》め置きて候《さうらふ》」。この作品では、二十一世紀の今日に起こってもおかしくない、緊迫した状況が設定されている。《唐船》は一体、どのような国際情勢のもとで制作されたのだろうか。また、創作の意図はどこにあったのだろうか。

《唐船》のシテ祖慶官人《そけいかんにん》は、ワキ「九州箱崎《はこざき》の何某《なにがし》」「箱崎殿」に捕えられ、牛飼いとして使役されている。十三年目のある日、二人の「唐子《からこ》」が、父親を「数の宝に代へ、連れて帰国仕《つかまつ》るべき為《ため》に」、大陸から渡ってくる。日本で結婚し、別に二人の「日本子《にほんご》」を設けていた祖慶官人は、日本に残るか祖国に帰るか思い悩む。しかし最後には、箱崎殿の寛大な許しを得て、父子五人でめでたく大陸へと船出してゆく。「帆を引き連れて舟子《ふなこ》どもは、喜び勇みて、唐土《もろこし》さしてぞ急ぎける」。冒頭部分に見られた国際的対立は消え去り、曲は喜びの大団円を迎える。

私が注目したいのは、《唐船》が、日本から大陸への出航を肯定的に描いていることである。これは、六代将軍足利義教《あしかがよしのり》の遣明船再開計画を予祝した曲なのではあるまいか。

第一章・第二章で論じたように、チャイナ嫌いの義持《よしもち》は、対明断交を実行した。このような将軍の庇護下にあった観世座が、「喜び勇みて、唐土《もろこし》さしてぞ急ぎける」などという、大陸渡航賛美の作品を上演するとは考えにくい。世阿弥の『花伝《かでん》（風姿花伝）』に見られるように、能を書くにあたっては、貴人《きにん》の意向が重視された。《唐船》が作られたのは、室町幕府が遣明船の派遣に積極的な時期に限られるはずである。

応永《おうえい》三十五（一四二八）年一月十八日、対明断交を貫いた足利義持が亡くなった。籤《くじ》引きで次期将軍に選ばれた義教は、従来の外交政策を一八〇度転換し、利を求めて朝貢再開へと動き出す。そして、四年後の永享《えいきょう》四（一四三二）年八月、兵庫より船団が寧波《ねいは》（明州《めいしゅう》）に向けて出発した。『看聞《かんもん》日記』によれば、この時将軍は、港で自ら船隊を見送っている。また、義教は永享六（一四三四）年、唐船奉行を創設した。

六代将軍は、就任早々から遣明船再開に前向きだった。田中健夫《たなかたけお》『倭寇と勘合貿易』には、次のようにある。足利義教は、「将軍を嗣《つ》いだころからすでに日明交渉再開の意図を持っていた。義教は正長《しょうちょう》元年（一四二八）に将軍となったが、その翌年正長二年に日本にきた朝鮮の日本通信使朴瑞生《ぼくずいせい》は、その帰国報告の中で、義教には朝鮮をたのんで明に朝貢したい意図のあることを述べている。永享四年八月に遣明船団は兵庫を発して明に向かったが、『看聞御記《かんもんぎょき》』によれば前年からすでにその沙汰があった」。

朴瑞生が来日し、義教に謁見したのは、正長二（一四二九）年六月十九日のことである（『満済准后《まんさいじゅごう》日記』）。将軍には、朝鮮に「憑藉《ひょうせき》シテ、明《みん》ニ服事《ふくじ》セントスルノ意」（『世宗《せいそう》実録』）があった。明に使節を送る用意があることを皇帝に伝えて欲しいと、朝鮮に依頼したのである。

二、《唐船》を読み解く

来日後「十三回」の意味

《唐船》の成立時期に関して、作中に注目すべき文言《もんごん》がある。それは、物語の場面が、シテ祖慶官人の来日「十三回」後に設定されている点である。曲は、次のようなワキ箱崎殿の台詞《せりふ》で始まる。以下、現行観世流謡本《うたいぼん》に依拠し、断続的に全文を引用したい。

かやうに候《さうらふ》者は、九州箱崎《はこざき》の何某《なにがし》にて候。さても一年《ひととせ》、唐土《もろこし》と日本《にほん》と、船の争ひあつて、日本の船をば唐土に留《とど》め、唐土の船をば日本に留《とど》め置きて候。某《それがし》も船を一艘留《とど》め置きて候。その船に祖慶官《そけいくわん》人《にん》と申す者を留《とど》め置きて候が、はや十三回になり候。某《それがし》は牛馬《ぎうば》を数多《あまた》持ちて候程に、かの祖慶官人に申しつけ、野飼《のがひ》をさせ候。今日《こんにち》も申しつけばやと存じ候。

「はや十三回になり候」について、山中玲子《やまなかれいこ》氏は論文「「唐船」の背景」で、次のように述べる。応永の外寇のあった「応永二十六年の十三年後は、ちょうど明との国交を再開した永享四年に当たるので、想像をたくましくすれば、「唐船」の初演は永享四年で、十三年ぶりの遣明船派遣に合せて作られた、などということもあるかもしれないが、十三年という年数は「十三回忌」からの連想から出たものかもしれないし、その辺《あたり》のことは何とも言えない」。

興味深い指摘だが、「十三回」が何を意味するかは、改めて考える必要がある。まず気になるのは、「十三回」が、十三年後なのか十二年後なのかという問題である。通常、十三回忌は十三年目、すなわち干支が一巡した十二年後を指す。また、現行謡本は五流とも「十三回」だが、山中論文が引用する「能楽研究所蔵・伊達《だて》家旧蔵堀池謡本」は「十三カ年」である。「十三カ年」の場合、最初の年を一年目と数えるから、十二年間と解釈して良いだろう。

「十三年」の用例は、他曲にもある。能《望月《もちづき》》には、「この十三年が間在京《あひだ》仕《つかまつ》り候処《ところ》に」とある。つまり、「十三年」には、たとえば「石の上にも三年」の「三年」のように、非常に長い歳月という慣例的な意味があったと思われる。現代でも、十三回忌は特別な意味を持っている。干支がひとめぐりするほどの久しい月日、ということである。《籠太鼓《ろうたいこ》》にも、「今年は我が親の十三年に当りたれば」とあり、《海士《あま》》には「魂黄壌《たましひくわうじやう》に去つて一《いち》十三年」とある。

応永の外寇・明使呂淵《りょえん》追却（一四一九年）以降、永享六（一四三二）年の遣明船再開まで、日明間の公式使者の往来は途絶えた。当然ながら、被虜人《ひりょにん》の送還は行われなかった。倭寇による両国間の海上の争いも、政治的・外交的に全く解決していない。この意味で、《唐船》冒頭の「はや十三回になり候」は、十数年に及ぶ日明関係断絶の歴史を踏まえた設定になっている。

在日唐人としての祖慶官人

《唐船》では、ワキ箱崎の何某《なにがし》登場後、アイ従者とのやりとりがある。これに引き続き、子方《こかた》が演じる「そんし」「そいう」二人の唐子《からこ》が登場する。両人の謡う次のような詞章からは、シテ祖慶官人《そけいかんにん》の人物像を読み取ることができる。

唐土船《もろこしぶね》の楫枕《かぢまくら》、夢路程なき名残《なごり》かな。これは唐土明州《もろこしみやうじう》の津《つ》に、そんしそいうと申す兄弟《きやうだい》の者なり。

さても我が父官人は、一年《ひととせ》日本《にほん》の賊船《ぞくせん》に捕はれ、昨日今日とは思へども、十三回にはやなりぬ。余りに父の恋しさに、未《いま》だこの世にましまさば、今一度《いちど》対面申さんと、思ひ立つ日を吉日《きちにち》と、船の纜《ともづな》解き始め、明州河《みやうじうがは》をおし渡り、明州河をおし渡り、海漫々《かいまんまん》と漕《こ》ぎ行けば、はや日《ひ》の本《もと》もほの見えて、心筑紫《づくし》の果《はて》にある、忍びし夫《つま》を松浦潟《まつらがた》、波路遥かに行く程に、名にのみ聞きし筑紫路《つくしぢ》や、箱崎に早く着きにけり。箱崎に早く着きにけり。

この箇所では、祖慶官人捕縛後「十三回にはやなりぬ」という時間経過が、改めて確認される。一家は「明州《みやうじう》の津」という港に居住し、船を所有（「唐土船」「某《それがし》が船」）しているから、比較的豊かな海運交易従事者と考えられる。かつての明州が寧波《ねいは》と改称されたのは、一三八一年のこと。寧波には、対日外交実務を扱う役所「市舶司《しはくし》」が置かれていた。日本と関わりの深い港町である。シテ祖慶官人は、日本との貿易で利を得ていたのかも知れない。

一方、民間商人にもかかわらず、シテが祖慶官人という名を持つ理由は、実在人物陳外郎《ちんういろう》の事例から類推できる。陳宗敬《ちんそうけい》（一三二一～一三九五）は、元の滅亡によって日本に亡命、かつての官名にちなみ、陳外郎と称した。自らを権威付けようとする意図があったに違いない。祖慶官人も、血統の誇りを込めて自ら「官人」と名乗ったと想像したい。

祖慶官人のような、博多付近に暮らす外国人の存在は、決して珍しいものではなかった。網野善彦《あみのよしひこ》『日本中世の民衆像』によれば、宋《そう》の時代から、「筥崎《はこざき》八幡に属して寄人《よりうど》となり、免田《めんでん》・給田《きゅうでん》を与えられた」唐人がかなりいたという。また、十四世紀から十五世紀にかけて、日本各地には、倭寇に捕まった外国人が多く住んでいた。祖慶官人も、倭寇被虜人《ひりょにん》の一人と考えられる。《唐船》は、東シナ海を跳梁跋扈《ちょうりょうばっこ》した前期倭寇にかかわる作品であり、曲には東アジア情勢が深く関係している。

なお、《唐船》には、祖慶官人の妻が登場しない。日本人の配偶者はどうなってしまったのかというのが、この曲を読んだ時に感じる素朴な疑問である。おそらく作者は、作品の焦点がぼやけないよう、敢えて父子関係だけに内容を限定したものと思われる。夫婦、兄弟、母子、義母義子といった複数の家族関係の中から、父子の問題を選び取ったのである。

一方、《唐船》の派生作品と言うべき狂言《茶子味梅《ちゃさんばい》》には、日本人妻が登場する。箱崎に住む妻と、その夫《おっと》の唐人の物語である。妻は、夫が唐土《もろこし》の前妻を恋しく思い続けていることに腹を立てる。江戸時代に作られたと推定されている狂言《唐人子宝《とうじんこだから》》も、箱崎が舞台である。《唐船》と似た物語で、笑いの要素は乏しい。両曲とも、唐人言葉を使う点に特徴がある。また、近世に成立した廃曲《箱崎物狂《はこざきものぐるい》》は、《唐船》の後日談の形で作られ、日本人妻がシテとして登場する。

地元の箱崎には、祖慶官人の妻の名を梅津《うめづ》とする伝承があり（「座談会「唐船」をめぐって」）、実際この地域に梅津姓が多いらしい。また、筥崎宮《はこざきぐう》境内には、供養塔「唐船塔」が残っている。親が死んでいたら建てようと、唐子が大陸から持ってきたものと言い伝えられている。後世の関連作品として、江戸時代の画僧仙厓《せんがい》（一七五〇～一八三七）の和歌に、「箱崎の磯辺の千鳥親と子と鳴きにし声を残す唐船」がある。また、小説家獅子文六《ししぶんろく》（一八九三〜一九六九）は、岩田豊雄《いわたとよお》の本名で戯曲『東は東』（一九三三年）を執筆した。

倭寇としての箱崎殿

祖慶官人の主人「箱崎の何某《なにがし》」は、どのような人物なのだろうか。ワキ「箱崎殿」は、箱崎の港に屋敷を構え、アイ従者を雇用し、船舶を持ち、牛馬飼育のために広大な土地を利用する権利を有している。海外貿易商人であり、かつ大土地所有者でもあった。箱崎殿とある通り、相当な有力者である。博多や箱崎は、海外交易で栄えた。『今昔物語集』巻第二十六には、「筥崎《はこざき》の大夫《たいふ》則重《のりしげ》」の祖父貞重《さだしげ》（筥崎大宮司・秦定《はたさだ》重《しげ》）が、博多で唐人と取引する様子が書かれている。また、朝鮮半島南部新安《しんあん》沖で発見された沈没船（一三二三年）からは、筥崎宮関連の木簡が見つかっている（『アジアのなかの博多湾と箱崎』）。

冒頭の「某《それがし》も船を一艘留《とど》め置きて候」にも注目したい。ワキ箱崎殿は、唐船を拿捕《だほ》し、乗船者を捕虜にする実力を持っていた。無論、一人二人で異国船を捕獲できるはずはない。「某も」とあるから、海上武装集団の存在がうかがわれる。また、唐子《からこ》が「我が父官人は、一年《ひととせ》日本《にほん》の賊船《ぞくせん》に捕はれ」と述べている点を考え合わせると、ワキ箱崎殿を倭寇と見なして良いだろう。海陸双方に勢力を持つ指導的人物と推定される。もちろん、能の台本を書いたのは日本人だから、少なくとも畿内では、九州の倭寇を「賊」とする認識があったのである。

《唐船》では、子方《こかた》「そんし」とアイ船頭の台詞《せりふ》などに続いて、ワキ箱崎の何某《なにがし》と「そんし」との間で、次のような短い問答が行われる。

箱崎何某　唐土《もろこし》の人の渡り候か。
そんし　これに候。祖慶官人《そけいくわんにん》いまだ存生《ぞんじやう》にて、箱崎殿に召し使はれ候由《よし》、承り候程に、数の宝に代へ、連れて帰国仕《つかまつ》るべき為《ため》に、只今《ただいま》この所に渡りて候。
箱崎何某　さん候《ざうらふ》。祖慶官人は未《いま》だ存生にて候。只今物詣《ぶつけい》とて、御出《おんい》で候。暫《しばら》くそれに御《おん》待ち候へ。御《おん》帰り候はば、引き合はせ申し候べし。
そんし　さらばこれに待ち申さうずるにて候。

二人の唐子「そんし」「そいう」は、大陸出発前、父が「未《いま》だこの世にましまさば」と語っていたから、「祖慶官人いまだ存生」と知ったのは、日本到着後であろう。一方、右の引用で重要なのは、「数の宝に代へ」という部分である。「そんし」「そいう」は、父親を引き取る代償として、多額の金品を用意していた。

実は、捕虜返還は、日本側にとって極めて実入《みい》りの良い商売だった。田中健夫は『倭寇と勘合貿易』で、次のように指摘している。「捕虜の送還ということが単に人道上の問題としてだけでなく非常に割のよい事業であったことを想像させる」「人民掠奪《りやくだつ》の目的の一つにはこのような反対給付［捕虜返還の対価］をうけることも考慮されていた」。《唐船》の詞章「数の宝に代へ」は、当時の現実を的確に反映したものと言える。親を引き取るために高額な身代金を支払うという唐子の提案は、ワキ箱崎殿にも十分受け入れ可能な交換条件だった。現実の外交でも、倭寇に捕えられた捕虜の返還は、日明間の主要な懸案事項になっていた。謡曲《唐船》は、極めて生々しい国際政治問題を扱っている。

日本子より唐子を思う祖慶官人

能の舞台は、ここで箱崎の町から牛を飼う野へと移る。次の一節からは、シテ祖慶官人が、日本子《にほんご》より唐子《からこ》を大切に思っていることがうかがえる。

祖慶官人　いかにあれなる童《わらんべ》ども、野飼《のがひ》の牛を集めつつ、はやはや家路に急ぐべし。

日本子　かかる業《わざ》こそ物憂けれ。

祖慶官人　よし我のみか天《あま》の原、七夕《たなばた》の、例《たとへ》にも似ぬ身の業《わざ》の、

祖慶・日本子　牛牽《ひ》く星の名ぞ著《しる》き、

日本子　秋咲く花の野飼《のがひ》こそ、

祖慶・日本子　老のこころの慰めなれ。

祖慶官人　これは唐土明州《もろこしみやうじう》の津《つ》に、祖慶官人《そけいくわんにん》と申す者なり。我図《われはか》らざるに日本《にほん》に渡り、牛馬《ぎうば》を扱ひ草刈笛《くさかりぶえ》の、高麗唐土《こまもろこし》をば名にのみ聞きて過ぎし身の、あら故郷《こきやう》恋しや。かくて年月《としつき》を送る程に、二人《ふたり》の子を持つ。また唐土《もろこし》にも二人《ににん》の子あり。彼等《かれら》が事を思ふ時は、それも恋しく、又これもいとほしし。一方《ひとかた》ならぬ箱崎の、二人《ふたり》の子供なかりせば、老木《おいき》の枝は雪折れて、この身の果《はて》は如何《いか》ならん。

（祖慶官人）あれを見よ。野飼《のがひ》の牛の声々に、野飼の牛の声々に、子ゆゑに物や思ふらん。況《いは》んや人倫に於《お》いてをや。我が身ながらも愚かなり。我が身ながらも愚かなり。いざや家路に帰らん。いざや家路に帰らん。

※「（祖慶官人）」は地謡《じうたい》部分。以下同じ。

まず、牛飼いの仕事をめぐる父子の疎隔に着目したい。この下働き労働を、日本子《にほんご》は「かかる業《わざ》こそ物憂けれ」と、否定的に考えている。これに対し祖慶官人は、「老のこころの慰め」として、肯定的に受け取っている。なぜなら、「秋咲く花」や牛の世話が、別れ別れになった唐子への思いを紛らわせてくれるからである。

祖慶官人は、牛から「牛牽《ひ》く星の名ぞ著《しる》き」牽牛星《けんぎゅうせい》を連想する。一年に一度、「七夕」の日に織女星《しょくじょせい》と会う牽牛星への言及は、父親の唐子に対する愛着を示す。さらに祖慶官人は、「野飼の牛の声々」を聞き、「子ゆゑに物や思ふらん」と述べる。この「子」は、牽牛星の文脈から、唐子を指すと解釈できる。後に船出の際、日本子の存在を「はたと忘れて」いた点からも、祖慶官人は日本子より唐子を愛していたと言えよう。そのような父の心を、日本子は敏感に察し、危惧している。次に続く父と子の問答からは、日本より祖国チャイナを思いがちな親の気持ちを、日本の子供たちが不安に感じていることがわかる。

父の郷愁を危惧する日本子

日本子　いかに父御《ちちご》よ、聞《きこ》し召せ。さて住み給ふ唐土《もろこし》に、牛馬《ぎうば》をば飼ふやらん。御《おん》物語り候へ。
祖慶官人　なかなかなれや。唐土の、華山《くわさん》には馬を放し、桃林《たうりん》に牛を繋《つな》ぐ。これ花の名所なり。
日本子　さて唐土と日《ひ》の本《もと》は、何《いづ》れ優《まさ》りの国やらん。委《くは》しく語り給へや。
祖慶官人　愚かなりとよ唐土に、日の本を喩《たと》ふれば、只今尉《ただいまじよう》が牽《ひ》いて行く、九牛《きうぎう》が一毛《いちもう》よ。
日本子　さほど楽しむ国ならば、傷《いた》はしやさこそげに、恋しく思《おぼ》し召すらめ。

祖慶官人　いやとよ方々《かたがた》を、儲《まう》けて後《のち》は唐《から》ころも、帰国の事も思はずと、

（語り手）語り慰み行く程に、嵐の音の少きは、松原や末になりぬらん。箱崎に早く着きにけり。箱崎に早く着きにけり。

父子の会話の背後には、どのような心の動きがあるのだろうか。日本子《にほんご》は父親に、二つの質問を投げかける。第一は、「住み給ふ唐土《もろこし》に牛馬をば飼ふやらん」という、一見素朴な問いである。ここでは、過去形「住み給ひし」でなく、現在形「住み給ふ」（五流共通）が使われている。祖慶官人《そけいかんにん》の心は今も大陸にある。日本子はそう考えているからこそ、「住み給ふ」という現在形の表現が口をついて出てきたと解釈したい。これに対し父は、「なかなかなれや」、当然じゃないか、と即座に返答する。そして、「華山《くわさん》には馬を放し、桃林《たうりん》に牛を繋ぐ。これ花の名所なり」と教える。

この問答には、いささかのずれが見られる。子供たちは、何も外国の名所情報を知りたかったわけではない。しかし、祖国を愛してやまない祖慶官人は、つい誇らしげに「華山」「桃林」の素晴らしさを語ってしまう。日本子は、親の心が異国に傾いていることを、否が応でも認識させられる。その結果、第二の質問「唐土《もろこし》と日の本は、何《いづ》れ優《まさ》りの国やらん」が発せられたのであろう。

「何れ優りの国やらん」という問いは、父親の心がどちらの国にあるのかを、無意識裡に尋ねている。しかし祖慶官人は、子供たちの気持ちなど配慮せず、「愚かなりとよ」、馬鹿じゃないか、と言い放つ。チャイナの方が大国に決まっているではないか、と断言する。日本など、チャイナと比べれば「九牛が一毛」に過ぎない。そう言われた日本の子供たちは、アイデンティティーの一部を傷つけられたことだろう。日

本子は、「さほど楽しむ国ならば」、大陸を「恋しく思《おぼ》し召す」のも仕方がないと、諦めざるを得ない。父の愛情の百パーセントが日本子にあるわけではないという事実を、悲哀を噛みしめつつ承認するほかないのである。

一方、祖慶官人は、「傷《いた》はしやさこそげに」という子の言葉を聞いて、ふと我に帰った。母国の話題でつい興奮し、息子たちの心情に思い至らなかったことに気付いたのである。そこで慌てて「いやとよ」と否定し、「方々《かたがた》を儲《まう》けて後《のち》は唐《から》ころも、帰国の事も思はず」と、心にもないことを口にする。所は海岸「松原」近く。「松」「嵐」は縁語である。松原が遠くなったから、松林を吹き抜ける「嵐の音」は小さいと、語り手は言う。「嵐」は、後の緊張感ある物語展開の伏線でもある。

中華思想の圧迫

先の引用箇所にある、「唐土《もろこし》に日の本を喩《たと》ふれば、只今尉《ただいまじよう》が牽《ひ》いて行く九牛が一毛よ」にも注目したい。これは、唐人が日本を「九牛の一毛」のような小国と考えていると、日本人の語り手が考えていたことを示している。日本人が想像した唐人の日本観である。当時の観衆に共有されていた国家意識と言い換えても良いだろう。能《善界《ぜがい》》《富士山《ふじさん》》でも、日本を粟《あわ》を散らしたような「粟散辺地《そくさんへんち》の小国」「粟散辺里の小国」と表現している。「粟散辺地」の対極にあるのが、「地大物博《ちだいぶつぱく》」である。この語は、中華思想に基づくチャイナの自己認識を示す。国土は広大で物産豊富、他国に頼る必要などない大国だというのだ。

そもそも、中華思想とは何であろうか。第一に、自称「中華」は、周辺諸国との間に階層的関係を築こうとする。世界の中心を豪語する「中華」は、自分たちと対等な国の存在を認めない。周辺国はみな下位にあり、当然朝貢に来るべきものと考える。また、四周をそれぞれ、「東夷《とうい》・南蛮《なんばん》・西戎《せいじゅう》・北狄《ほくてき》」と呼び、教化の対象とみなす。第二に、皇帝による徳治である。利を求めて朝貢貿易に来た他国を、皇帝の「徳」を慕って中華を訪れた存在として扱う。「化外《けがい》の民《たみ》」に倫理道徳を教えてやるというのだ。

そして第三に、全世界は中華のものという尊大な認識である。この自己中心的な姿勢を象徴する言葉が、「普天《ふてん》の下《した》、王土に非《あら》ざる莫《な》く、率土《そつと》の浜《ひん》、王臣に非《あら》ざる莫《な》し」（『詩経《しきょう》』ほか）である。地球は全てチャイナのもの、人類はみなチャイナの権力者が支配すべき存在なのだという。この発想に基づく表現が、謡曲に五例見られる。「普天の下《した》、率土《そつと》の内に、王威をいかでか軽んぜん」《国栖《くず》》、「普天率土の勅命に依《よ》れり」《小鍛治《こかじ》》、「普天の下、率土の内は王地《わうぢ》ぞと」《鷺《さぎ》》、「普天の下、率土の内、何処王地《いづくわうぢ》にあらざるや」《田村《たむら》》、「率土四海の内は、王土にあらずと云《い》ふ事なし」《雷電《らいでん》》と、繰り返し現れる。能成立期の日本人が、中華思想を強く意識していたことをうかがわせる詞章と言えよう。

ただしこれらの用例は、中華思想を日本中心の世界観に換骨奪胎したものである。右の引用で、「王」や「勅」は日本の天皇を指しており、チャイナの皇帝を意味する事例は一件もない。能に見られるこの日本中心型華夷観については、第六章「《岩船《いわふね》》――日本中心型華夷観」で詳しく議論したい。

さて、唐人が日本を「九牛が一毛」の小国として軽んじている、という日本人作者の認識は、何に由来するのだろうか。これはある意味で、古代より連綿と続く日本人の普遍的感覚だった。しかし、《唐船》に限って言えば、このような言説の出現は、能大成期の国際情勢を抜きに考えることができない。チャイナが華夷秩序を日本に押し付けようと、具体的な外交上の行動に出た時期は、歴史上比較的限られている。能成立期こそは、まさに明朝が中華思想むき出しで日本を圧迫した時代だった。《唐船》のテクストは、明の洪武帝《こうぶてい》・建文帝《けんぶんてい》・永楽帝《えいらくてい》が、日本に対し属国としての朝貢を要求した現実と、分かちがたく結びついている。そして、《唐船》の舞台筥崎宮《はこざきぐう》こそ、日本の国土防衛を祈願する神社なのである。

箱崎という地

箱崎何某　いかに祖慶官人《そけいくわんにん》。何《なに》とて遅く帰りてあるぞ。
祖慶官人　さん候《ざうらふ》。余りに多き牛馬《ぎうば》にて御座《ござ》候《さうらふ》程《ほど》に、さて遅く罷《まか》り帰りて候。
箱崎何某　尤《もつと》もにて候。また尋ぬべき事の候。隠さず申すべきか。
祖慶官人　これは今めかしき事を承り候ものかな。何事にてもあれ、申し上げうずるにて候。
箱崎何某　さておことは、唐土《もろこし》に二人《ににん》の子を持ちてあるか。
祖慶官人　さん候《ざうらふ》。子を二人《ににん》持ちて候。
箱崎何某　その名をそんしそいうと申すか。
祖慶官人　あら不思議や。何《なに》とて知ろし召されて候ぞ。さやうに申し候。
箱崎何某　そのそんしそいう、汝《なんぢ》いまだ存生《ぞんじやう》の由《よし》を聞き、数の宝に代へ、連れて帰国すべき為《ため》に、只今《ただいま》この所に渡りて候。
祖慶官人　これは思ひも寄らぬ事にて候ものかな。さてその船は何処《いづく》に御座候ぞ。
箱崎何某　此方《こなた》へ来《きた》り候へ。あれにかかりたる船こそ、かの両人の船にて候へ。
祖慶官人　げにこれは某《それがし》が船にて候。
箱崎何某　さらば対面し候へ。

祖慶官人　余りに見苦しく候程に、引き繕《つくろ》ひて賜《たま》はり候へ。
箱崎何某　心得申し候。

この箇所からは、シテ祖慶官人がワキ箱崎殿に長年「そんし」「そいう」の存在を明かしていなかったことがわかる。また、唐子《からこ》が多額の身代金を支払った上で（「数の宝に代へ」）、父親を引き取ろうとしている点も再確認できる。箱崎殿の屋敷は港に近く（「あれにかかりたる船」）、祖慶官人が船舶の所有者で（「某《それがし》が船」）、久しぶりの我が子との対面を、牛飼いの作業着ではなく、威厳を保てる服装で迎えたいと考えていたことも知られる。

当時の箱崎は砂洲だった。筥崎宮《はこざきぐう》は今も敷地西端が海に面しているが、中世の箱崎津はそちら側ではなく、神社の東、現在の鹿児島本線の線路側にあった。宇美川《うみがわ》の河口が広い入江を作っており、西の海と東の多々良潟《たたらがた》に挟まれた南北に細長い洲の上に、箱崎の町や神社があった。砂洲の海岸には松原が続き、名所になっていた（『アジアのなかの博多湾と箱崎』）。

《唐船》に「松原や末になりぬらん」とある箱崎の松は、早くも十一世紀初頭の『拾遺《しゅうい》和歌集』巻第十、源重之《みなもとのしげゆき》（?～一〇〇〇頃）の和歌に登場する。詞書《ことばがき》に「箱崎を見侍《みはべり》て」とあって、「幾世《いくよ》にか語り伝へむ箱崎の松の千《ち》とせの一つならねば」と詠まれている。これは、応神《おうじん》天皇にかかわる筥崎宮境内の「筥松《はこまつ》」を念頭に置いた歌である。

筥崎宮は、延長《えんちょう》元（九二三）年の創建と伝える。新羅《しらぎ》征伐にかかわる神功《じんぐう》皇后、その子応神天皇、海の神で神武《じんむ》天皇の母玉依姫命《たまよりひめのみこと》を祭神とする。蒙古襲来の頃、一帯の海岸には防塁《ぼうるい》が築かれ、大陸から日本を守る軍事の最前線に位置した。現在も楼門に亀山《かめやま》上皇の御宸筆《ごしんぴつ》「敵国降伏」の扁額《へんがく》を掲げ、国土を守護している。既に述べたように、筥崎大宮司は唐人と貿易を行い、大宰府の府官も兼任していた。能《唐船》のワキ箱崎殿は、「牛馬《ぎうば》を数多《あまた》持ち」、広大な土地で使用人に「野飼」をさせ、唐人と「船の争ひ」をするだけの海上武力を備えている。また、箱崎八幡を「当社」と呼んでいる点からも、筥崎大宮司をモデルにした人物であろう。

野蛮国としてのチャイナ

《唐船》が興味深いのは、次のような部分から、中世日本人のチャイナ観の一端が読み取れることである。古代とは異なり、大陸への純粋な尊敬や憧れという図式は、もはや失われている。

祖慶官人　やあ。いかにあれなるは、唐土《もろこし》に留《とど》め置きたる二人《ににん》の者か。

そんし・そいう　さん候《ざうらふ》。わらは名そんしそいうなり。

祖慶官人　これは夢かや、夢ならば、

そんし・そいう　所は箱崎、

祖慶官人　明けやせん。

（祖慶官人）春宵一刻その値《あたひ》、千金も何《なに》ならず。子ほどの宝よもあらじ。唐土《もろこし》は心なき、夷《えびす》の国と聞きつるに、かほどの孝子《けうし》ありけるよと、

（語り手）日本人《にほんびと》も随喜《ずいき》せり。尊《たふと》や箱崎の、神《しん》も納受《なふじゆ》し給ふか。

右の引用の、「唐土は心なき夷《えびす》の国と聞きつるに」に注目したい。この言説は、チャイナが野蛮で遅れた「夷の国」だという前提に立っている。あんな非文明的な国にも、「かほどの孝子《けうし》ありけるよ」と、道徳規範の高い「日本人《にほんびと》も随喜」したというのである。しかし、そもそも「孝子」というのは、儒学に基づく価値観である。大陸伝来の儒教に依拠してチャイナを「夷の国」と呼ぶという、奇妙な倒錯が生じている。

私は、古代から中世に到る文献を博捜したわけではないが、「唐土は心なき夷の国」といった、日本優位を当然のこととする言説は、室町期以前にあまり例がないのではなかろうか。十五世紀のこの時代、日本ではチャイナの権威に疑念が生じ始めていた。それはおそらく、遣明使や商人の往来により、多くの日本人が、チャイナの社会の実態に触れたこととかかわりがあるだろう。

「夷の国と聞きつる」は、能の観客と共有されるテクストであり、当時の人々の間に、チャイナを野蛮な国として低く見る姿勢が拡がっていたことを示している。それはこの一節が、「箱崎殿も随喜せり」でも、「日本子《にほんご》も随喜せり」でもない点に表れている。一般化された「日本人《にほんびと》」が詞章に使われているのは、これが登場人物一個人の認識ではなく、民族のアイデンティティーにかかわる国民性の問題として語られているからである。

ここで再び、祖《そ》慶官人《けいかんにん》と日本子の問答、「さて唐土《もろこし》と日の本は何《いづ》れ優《まさ》りの国やらん」を思い起こしたい。両国の優劣を問うこの部分は、日本人のチャイナ観が、平安時代から大きく変化したことを物語っている。どちらの国が優れているのかという問い自体、当時の日本人がチャイナの優位性を当然視していなかったことを意味する。室町時代には、大陸を崇《あが》め奉ることが当り前ではなくなっていたのだ。

二国間に圧倒的な落差があった唐の時代とは異なり、明朝における日本とチャイナの関係は、より水平的である。いや、《唐船》の語り手はむしろ、日本の方が上であるという認識を秘かに持っていたのではないか。かつて隋や唐は圧倒的な先進国であり、日本が遣隋使・遣唐使という形で学びに行くことは、当然のことだった。しかし室町時代、明朝と日本との間には、かつてのような激しい文明の落差は感じられない。日明貿易の主目的は利益の獲得であり、文明への純粋な憧れではなかった。《唐船》は、水平的な国力意識を前提に成立している。

日本子の国籍問題

そんし　いかに申し候。追風《おひて》が下《お》りて候。急ぎお船に召され候へ。
祖慶官人　いかに箱崎殿へ申し候。追風が下りて候程に、船に乗れと申し候。御暇《おんいとま》申し候べし。
箱崎何某　めでたう軈《やが》て御《ご》帰国候へ。
日本子　あら悲しや。我等《われら》をも連れて御出《おんい》で候へ。
祖慶官人　げにげに出船《でぶね》の習ひとて、はたと忘れてあるぞ。此方《こなた》へ来《きた》り候へ。
箱崎何某　暫《しばら》く。祖慶官人《そけいくわんにん》の事は、力なき事。この幼き者どもは、この所にて生まれ、相続の者にて候程に、何時《いつ》までも某《それがし》召し使はうずるにてあるぞ。此方《こなた》へ来《きた》り候へ。
日本子　あら情なの御事《おんこと》や。大和撫子《やまとなでしこ》の花だにも、同じ種とて唐土《もろこし》の、唐紅《からくれなゐ》に咲くものを、薄くも濃くも花は花。情なくこそ候へとよ。

ここで箱崎殿は、なぜ日本子《にほんご》の引き渡しを拒《こば》んだのだろうか。その背後には、下人《げにん》の子は主人に帰属すると考える中世の通念があった。また、当時の出生地主義的な国籍観も作用している。

　国籍には、血統主義と生地主義がある。たとえば米国は、アメリカで誕生した者は全てアメリカ人とする生地主義を採用している。一方、我が国は血統主義である。伊藤幸司《いとうこうじ》氏は『アジアのなかの博多湾と箱崎』で、具体例を挙げつつ、「中世日本では血統主義ではなく出生地主義が根付いていた」と述べる。日本子の大陸渡航を許さない「箱崎殿の行動は、まさに出生地主義にもとづく考え方」だった。「この所にて生まれ、相続の者にて候程に」という一節が、これを如実に示している。
そんし・そいう　時刻移りて叶《かな》ふまじ。急ぎお船に召されよと、はや纜《ともづな》をとくとくと、
　祖慶官人　呼ぶ子もあれば、
　日本子　取り留《と》むる、
祖慶官人　中《なか》に留《とど》まる、
　　一同　父ひとり、
（語り手）たづきも知らず泣き居たり。
（祖慶官人）身もがな二つ箱崎の、恨めしの心づくしや。たとへば、親の子を思ふ事、人倫に限らず。焼野《やけの》の雉子《きぎす》、夜の鶴《つる》、梁《うつばり》の燕《つばめ》も、皆子ゆゑこそ物思へ。況《いは》んや我等《われら》さなきだに、明日をも知らぬ老の身の、子ゆゑに消えん命は、何《なに》なかなかに惜しからじと、
祖慶官人　今は思へばとにかくに、

（祖慶官人）船にも乗るまじ、留《とま》るまじと、
（語り手）巌《いはほ》に上《あが》りて十念し、既に憂き身を投げんとす。唐土《もろこし》や日《ひ》の本《もと》の、子供は左右《さう》に取りつきて、これを如何《いか》にと悲しめば、さすが心もよわよわと、なりゆく事ぞ悲しき。

日本子《にほんご》と唐子《からこ》が父親に縋《すが》るこの部分が、舞台の山場の一つである。ではなぜワキ箱崎殿は、前言を翻《ひるがえ》し、日本生まれの二人の子を手放す決意をしたのだろうか。シテ祖慶官人は、「憂き身を投げ」て自殺しようとした。しかし、彼に死なれてしまったら、箱崎殿は身代金「数の宝」を唐子から受け取ることができない。元も子も失くすくらいなら、むしろ妥協した方が良い。このように判断して、箱崎殿は日本子の引き渡しに同意したのだろう。次の一節でワキは、「物のあはれを知らざるは、ただ木石《ぼくせき》に異ならず」などと、綺麗事を言っているが、その背後には商人らしい冷徹な損得勘定があった。

遣明船派遣再開を予祝

《唐船》のキリでは、祖慶官人《そけいかんにん》と四人の子供たちが、「陸《くが》には舞楽に乗じつつ」で始まるリズミカルな大ノリの謡《うたい》に乗って、楽しげに出港してゆく。箱崎殿の寛大な措置により、家族が一つになり、順風に帆を高く上げ、「喜び勇みて」帰国する。既に述べた通り、チャイナへの船出が肯定的に描かれているのは、この曲が六代将軍足利義教の遣明船派遣再開計画の最中に作られたからである。

箱崎何某　よくよく物を案ずるに、物のあはれを知らざるは、ただ木石《ぼくせき》に異ならず。殊更《ことさら》出船《でぶね》の障《さは》り

なれば、はやはや暇《いとま》取らするぞ。とくとく帰国を急ぐべし。

祖慶官人　余りの事の不思議さに、更に真《まこと》と思はれず。

箱崎何某　こはそも何《なに》の疑ひぞや。当社八幡《はちまん》も御知見《ごちけん》あれ。偽《いつは》り更にあるべからず。とくとく船に乗り給へ。

祖慶官人　これは真《まこと》か。

箱崎何某　なかなかに。

（祖慶官人）ありがたの御事《おんこと》や。真に諸天納受《しょてんなふじゅ》して、この子を我等《われら》に与へ給ふか。ありがたや。

（語り手）かくて余りの嬉《うれ》しさに、時刻を移さず、暇《いとま》申して唐人《からびと》は、船に取り乗り押し出《いだ》す。喜びの余りにや、楽《がく》を奏し舟子《ふなこ》ども、棹のさす手も舞の袖、折から波の鼓の舞楽に連れて、面白や。　［楽《がく》］

（語り手）陸《くが》には舞楽に乗じつつ、陸には舞楽に乗じつつ、名残《なごり》おしてる海面《うみづら》遠く、なりゆくままに、招くも追風《おひかぜ》、船には舞の、袖の羽風《はかぜ》も、追風《おひて》とやならん。帆を引き連れて舟子ども、帆を引き連れて舟子どもは、喜び勇みて、唐土《もろこし》さしてぞ急ぎける。

結末部のこのめでたさや明るさは、かつて倭寇に捕縛された人々を解放した足利将軍の君徳を礼讃する意図を持っていたと推測される。その「喜び」は、祖慶官人らの喜悦であると同時に、室町幕府を言祝《ことほ》ぐものでもあった。足利義教が推進する、遣明船再開計画を予祝しているのである。「舞楽」「追風《おひて》」「喜び勇みて」といった舞台上の祝祭性は、そのまま権力者を祝福する舞楽ともなる。実に巧みな仕掛けである。

キリには、世阿弥作《白楽天《はくらくてん》》の影響も見られる。「舞の袖の羽風も追風《おひて》とやならん」は、《白楽天》の末尾「舞ひ遊ぶ小忌衣《をみごろも》の、手風神風《てかぜかみかぜ》に、吹き戻されて唐船《たうせん》は」を強く連想させる。舞衣の袖が起こす風が、唐船の追風になるという発想である。ただし、四代将軍義持の対明断交政策の中で創作された《白楽天》が、邪悪な唐船を追い返したのとは対照的である。他にも一か所、両曲の類似点がある。ワキ箱崎殿とシテ祖慶官人の最初の問答部分、「あら不思議や。何《なに》とて知ろし召されて候ぞ」には、《白楽天》の影響があるだろう。《白楽天》には、「不思議やな。始めてこの土《ど》に渡りたるを、白楽天と見る事は、何《なに》の故《ゆゑ》にてあるやらん」とあり、発想が似通っている。

東アジアの海洋の時代

《唐船》が作られた頃、東アジアは海洋の時代を迎えていた。永楽帝《えいらくてい》は、信頼する臣下鄭和《ていわ》（一三七一〜一四三四頃）を南海遠征に送り出した。鄭和は、世阿弥より七歳程年下である。大艦隊を率いた海の旅は一四〇五年に始まり、最終第七次航海は一四三一年十二月の出発。船団は東南アジア・インド・中東を経て、遥かアフリカ東海岸にまで達した。中華思想を海洋にまで及ぼそうと試みた遠征だった。

鄭和は去勢された役人宦官《かんがん》である。子孫ができない宦官は、一般官僚に比して私利私欲に走らず、皇帝に忠誠を尽くす傾向があると考えられていた。クーデターで建文帝《けんぶんてい》を追い落とし、権力を掌握した永楽帝は、自分に批判的な官僚一万人以上を粛清する一方、宦官を重用した。鄭和は永楽帝の信頼を心の拠り所として、中華の威光を世界に及ぼすべく、危険な航海を繰り返したのだろう。

日本人も、この時期盛んに海外に乗り出した。正規の勘合貿易は、応永十（一四〇三）年に始まり、弘《こう》治《じ》三（一五五七）年頃まで合計十九次に及んでいる。倭寇も朝鮮半島や大陸沿岸に出没した。山口を拠点とする大内氏は朝鮮貿易に力を入れ、薩摩の島津氏は盛んに琉球と交易した。

その琉球もまた、海洋の時代に空前の繁栄を迎えている。永享元（一四二九）年、中山王尚《ちゅうざんおうしょう》巴志《はし》（一三七二～一四三九）が沖縄本島を統一、琉球王国が成立した。中継《なかつぎ》貿易で繁栄する王国の様子は、「舟楫《しゅうしふ》を以《もっ》て万国《ばんこく》之《の》津梁《しんりやう》となし、異産至宝は十方刹《じっぱうさつ》に充満せり」と、梵鐘《ぼんしょう》（一四五八年）に刻まれている。琉球船は、博多や薩摩から大陸、さらにはインドシナ半島・ジャワ島・スマトラ島まで航行した。

《唐船》は、海洋の時代を迎えた中世東アジア世界の一端を描いた、国際的・文化史的意義を有する作品である。『伊勢物語』『源氏物語』『平家物語』など、純国内的視野で作られた能が多い中、この曲は極めて特異な位置を占めている。敢えて述べれば、《唐船》は現代にこそ読み直されるべき作品でもある。二〇二一年現在、北京の中国共産党政権は、中華思想的対外威圧政策を推進している。さらに、鄭和の南海遠征を連想させる海洋支配を強めている。この意味でも、今日《唐船》を論じることは、特別な意味があると言えよう。

三、作者と成立

作者は観世元雅

ここで、《唐船》の作者について考えておきたい。私は《唐船》を観世元雅《もとまさ》の作品と考えている。古い作者付《さくしゃづけ》では、『能本作者註文《のうほんさくしゃちゅうもん》』（一五二四年）が作者不明とし、『二百拾番謡目録《にひゃくじゅうばんうたいもくろく》』（一七六五年）は、外《と》山又五郎吉広《びまたごろうよしひろ》作とする。『自家伝抄《じかでんしょう》』（一四八〇～一五一六年頃）も外山《とび》作としている。外山吉広については、他に何の情報もなく、また右の諸文献の信頼性も低い。

従来の研究でも、元雅作者説が有力である。西野春雄《にしのはるお》氏は、論文「ウシヒキの能」で、《唐船》を元雅作とする。「父子再会のテーマ、意外性（戯曲性）に富む脚色、平明な文体、牛牽く場面の詩情の豊かさ」の四点が、元雅の作品と判断する論拠となっている。竹本幹夫《たけもとみきお》氏には、論文「〈唐船〉の作風と趣向」がある。「元雅作とすれば、類例のない作風で、世阿弥語や漢語の意図的使用などの積極的な内部徴証《ちょうしょう》もない」と、慎重な議論を展開しつつ、元雅作で「あり得ぬ事ではあるまい」と結論付けている。また、「世阿弥時代とそれほど遠くない時期の成立なのであろう」とも述べる。《唐船》は、日本子《にほんご》と唐子《からこ》の板挟《ばさ》みという、主人公の内面世界に焦点を合せた作品であり、心理劇的現在能という点で、元雅作《隅田川《すみだがわ》》《盛久《もりひさ》》に通じる要素が見られる。

一方、《唐船》が少なくとも世阿弥の作品ではないと推測する根拠がある。世阿弥の能に、廃曲《箱崎《はこざき》》がある。福岡市・筥崎宮《はこざきぐう》「箱崎の八幡」を舞台とし、後《のち》シテ神功皇后《じんぐう》が、八幡大菩薩の神徳を賛美する。上演は途絶えていたが、平成十五（二〇〇三）年、観世流により復曲された。その詞章は、『能を読む②世阿弥』に収録されている。

世阿弥の手になる《箱崎》には、「実相の嵐」「他の人よりはわが人」など、世阿弥作《弓八幡《ゆみやわた》》《放生川《ほうじょうがわ》》と同一の文句が見られる。ところが、同じ箱崎の地で話が展開する《唐船》との間には、共通する特徴的表現がない。両曲が共有するのは、箱崎という場所だけであり、構想は全く異なる。これらの事実は、《唐船》の作者が世阿弥ではないことを示唆している。《箱崎》は、世阿弥の『三道《さんどう》』（一四二三年）に作品名が出ており、確実に《唐船》に先行する。能《唐船》は、世阿弥作《箱崎》から限定的な刺激をうけつつ、その息子観世元雅が作った曲なのである。

《唐船》成立の背景

一方、《唐船》の成立時期については、論ずべき問題が多い。私は、次のように考えている。本曲は、四代将軍義持が没した応永三十五（一四二八）年一月から、元能《もとよし》が出家した永享二（一四三〇）年十一月までの間に作られた。そして、確実な根拠には欠けるものの、正長《しょうちょう》二（一四二九）年五月三日に室町殿笠懸《かさかけ》馬場《ばば》で初演された可能性がある。

まず、《唐船》が作られた背景について考えてみたい。鎌田東二《かまたとうじ》氏は『能を読む③元雅と禅竹』で、次のように述べる。

「唐船」は、親子義兄弟が仲良く共に父の故郷の唐に戻るという、めずらしくハッピーエンドの話である。義兄弟とは、足利義教に寵愛《ちょうあい》されていた世阿弥の甥《おい》であり芸養子でもあり従兄《いとこ》の観世元重《もとしげ》（音阿弥《おんあみ》）を指していると解釈できる。元雅《もとまさ》はこの筋書きが現実になることを願っていた。しかし事態はその逆に進み、元重［と元雅］との不和と亀裂はますます激しく深刻になり、二年後に元雅は伊勢で客死する。落胆した世阿弥は、永享六年（一四三四）佐渡に流され、「唐船」とはまったく逆の結末となった。

増田正造《ますだしょうぞう》氏も、《唐船》を観世両座の寓意の曲とする。「異母兄弟の物語の能に、元雅は従兄弟《いとこ》「元重」との関係修復の祈りを籠《こ》めたのではあるまいか」（『世阿弥の世界』）。つまり、日本子《にほんご》は元雅らを意味し、唐子《からこ》は元重（音阿弥）らをなぞらえているというのである。私も、同様に考えている。

通説によれば、世阿弥は当初、甥の元重（音阿弥）を養子とし、観世座を継承させるつもりだった。ところが、元雅・元能が誕生すると一転、この二人の実子を大切にした。そのため、甥の元重（音阿弥）は世阿弥から離れてゆく。やがて、世阿弥を贔屓《ひいき》した三代将軍足利義満が没し、田楽の増阿弥《ぞうあみ》を愛顧した四代義持を経て、六代将軍義教の時代に入る。義教は元重（音阿弥）を重んじ、世阿弥父子を遠ざけた。正長二（一四二九）年五月には、世阿弥・元雅が仙洞《せんとう》御所で上演することを禁じた。また、翌永享二（一四三〇）年四月には、独占的演能権を持つ醍醐寺《だいごじ》清滝宮楽頭職《せいりゅうぐうがくとうしき》から世阿弥や元雅を排除し、これを元重（音阿弥）に与えた。永享六（一四三四）年、世阿弥は終に流罪となり、佐渡島《さどがしま》に移される。現在観世流では、観阿弥・世阿弥に続き、音阿弥を第三世としており、世阿弥の息子元雅は、観世大夫《だゆう》にすら数えられていない。

作者元雅の制作意図の一端は、《唐船》の登場人物の名前にも表れている。唐土《もろこし》の人物は、「祖慶官人」「そんし」「そいう」（観世流・金春流・喜多流）と、頭音「そ」が共通する。おそらくは「祖」の字を共有しているのだろう。これは、元雅・元能・元重が「元」の字を分かち合っている事実に通じる。漢字「元」は、「祖」と組み合わせれば「元祖」となる。「元」「祖」は語義が近い。これは、《唐船》が観世一族の寓意であることを暗示する。ただし、唐子《からこ》の名の漢字表記は、宝生流が「孫子」「祖有」、金剛流は「孫子」「蘇遊」である。いずれにしても、冒頭に「そ」音が見られることに変わりはない。

天河大弁財天社の奉納面

《唐船》の成立時期を考える上でもう一つ大切なのは、奈良県天川《てんかわ》村坪内《つぼのうち》の天河《てんかわ》大弁財天社にある、古い尉《じょう》の面である。その裏側には、「唐船 奉寄進 弁才天女御宝前仁為允之面一面 心中所願 成就円満也 永享二年十一月日 観世十郎敬白」と書かれている。世阿弥の子観世十郎元雅が、永享二（一四三〇）年十一月に奉納したもので、《唐船》上演に使われたことがわかる。この能面の科学的調査によれば、「唐船」の字だけは、後代の加筆であるという（大谷節子《おおたにせつこ》論文）。問題は、奉納面を根拠にして、永享二年十一月に《唐船》が上演されたと言えない点にある。

私はひとまず、天河大弁財天社を訪ねてみた。恐ろしく山深い里にある神社だった。平成三十（二〇一八）年十一月、京都駅より約二時間かけて、近鉄線下市口《しもいちぐち》駅へ。駅前から、一日三本しか出ない小型バスに乗車する。深山幽谷《しんざんゆうこく》を走ること一時間、峠を次々と越え、すっかり不安になった頃、ようやく小さな集落に到着した。そこが目指す場所であった。この地は南朝吉野に近く、興福寺一乗院《こうふくじいちじょういん》の荘園であり、当時は必ずしも現在のような一過疎地ではなかったのだろう。それでもやはり、この山中僻陬《へきすう》の地に面を奉納した元雅の思いを感じずにはいられなかった。

注目すべきは、能面に奉納の日付が書かれていないことである。「十一月日」とだけあって、具体的に何日とは記されていない。仮に、元雅がこの山奥に足を運び、神前に奉納したとすれば、月だけではなく日付も書くのが当然ではないだろうか。すなわち、元雅自身は天河に赴かず、誰かに面を託して納めてもらったのではないか。それは確かに十一月だったのだが、どの日に奉納できるかは見通せなかったので、

「十一月日」とだけ記した。そう推定される。

一方、「唐船」の二文字についてはどうだろうか。室町後期や江戸時代などに、後世の人が能面を《唐船》上演に利用し、その覚えとして「唐船」と書き入れた、とは考えにくい。能楽師や神社関係者が、元雅の奉納面をそのように軽く扱うとは思えない。納められた面が《唐船》に使われたものであることを知った者が、永享二年十一月からさほど遠くない時期に書き込んだ。そう考えるべきだろう。

ところで、増田正造氏は、能面が天河社《てんかわしゃ》に寄進された永享二年十一月が、元能の「出家と同じ月」であることを指摘している。元能は、能を放棄して出家する際、『申楽談儀《さるがくだんぎ》』を書き残した。これには、永享二年十一月十一日の奥書がある。能面が奉納された時期と、ぴたりと重なる。この一致は偶然ではあるまい。世阿弥と二人の息子を中核とする一座は、当時、深刻な危機に直面していた。それが、奉納という祈りの行為につながったのではないか。もちろん、観世を名乗る二つの座の対立と、世阿弥・元雅一座の危機は、《唐船》の内容とも深くかかわっている。

私は、《唐船》成立の下限を、元能出家の時点と考える。この作品を観世両座の寓意と考える限り、曲が書かれたのは、双方の和解にまだ希望が持てる時期でなければならない。元能の出家は、彼が座の未来に全く希望が持てなくなっていたことを意味する。このような状況より後に、《唐船》のような、明るい和解の希望を感じさせる曲を書くことはあり得ない。《唐船》は、元能が出家した永享二年十一月以前に書かれたに違いない。そして、まさにこの永享二年十一月に、面が奉納されたのである。

正長二年五月三日の立合能

では《唐船》は、いつどこで初演されたのか。それは、正長二（一四二九）年五月三日で、場所は室町殿の笠懸馬場《かさかけばば》だった。私はそう推測している。

正長二年三月十五日、足利義教の将軍宣下《せんげ》が行われた。その一か月半後の五月三日に、室町幕府の本拠地で行われた演能は、将軍の正式就任を祝う場である。この催しは、複数の座が優劣を競い合う立合能《たちあいのう》だった。この日は「観世大夫両座一手」、すなわち、世阿弥・元雅グループと元重（音阿弥）グループが一組。そして、宝生大夫《ほうしょうたゆう》と十二大夫《じゅうにたゆう》が一組になっていた（『満済准后日記《まんさいじゅごうにっき》』）。

演じられた十五番のうち、曲名が判明しているのは、「綾織《あやはとり》」「一谷先陣《いちのたにせんじん》」「秦始皇《しんのしこう》」「鵜飼《うかい》」の四曲である。「綾織」は現在の《呉服《くれは》》で、この作品については、第四章「《呉服》――外交方針転換を賛美」で詳しく論じる。「一谷先陣」は廃曲。「秦始皇」は、現在の《咸陽宮《かんようきゅう》》。以上の三曲が『建内記《けんないき》』に見える。《鵜飼》は、『申楽談儀《さるがくだんぎ》』の記述から、この日に上演されたものと推定できる。

重要なのは、多くの曲が、二つの観世座の役者の混成で演じられていることだろう。「一谷先陣」について、『建内記』には、「義経、十郎なり。馬に乗りて舞台に出《い》づ。梶原、三郎なり」とある。十郎元雅と三郎元重（音阿弥）が、グループの違いを越えて、同じ舞台に立っていた。また、《鵜飼》については、『申楽談儀』に、「入組《いれくみ》の座並《ざなみ》」とあり、二つの観世座から地謡《じうたい》が出ている。《呉服》は、第四章で論じるように、シテとツレを、観世両座からそれぞれ出したと思われる。

ここで、《唐船》をふりかえってみよう。本曲の一つの特徴は、日本子《にほんご》と唐子《からこ》という、二組四人の役者がかかわっている点にある。このような脚本は、観世両座の子方《こかた》の共演に最適ではなかろうか。いやむしろ、《唐船》は、この場で初演するために制作されたのではあるまいか。末尾の出航の場面のめでたさは、遣明船派遣を目指す義教を賛美する点でも、将軍宣下の祝福の場に相応《ふさわ》しい内容を持っている。

さらに興味深いのは、五月三日の立合能からわずか十日後に、両座の仲を決定的に裂く事件が起こったことだろう。六代将軍義教が、仙洞《せんとう》御所での世阿弥・元雅の上演を禁じたのである。五月三日の演能の際、何か将軍の気に障《さわ》る振る舞いがあったのかも知れない。以降、世阿弥・音阿弥の両座の関係は、急速に疎遠になったと考えられる。翌永享二（一四三〇）年四月、義教は、醍醐寺清滝宮楽頭職《だいごじせいりゅうぐうがくとうしき》を世阿弥から取り上げ、元重（音阿弥）に与えた。世阿弥の息子観世元能が出家し、元雅が能面を天河社《てんかわしゃ》に奉納したのは、同年十一月である。

観世両座の離反、そして、弟元能の突然の出家に困惑した元雅は、両座が仲良く演じた《唐船》の面を、和解の祈りのために奉納したのではないか。そして後日、天河社の神職またはこれに近い人物が、《唐船》上演に使われた面であることを知り、「唐船」と書き加えた。そのため、異なる手の文字が混在することになった。観世座が所有する数多い面の中から、元雅が敢えてこの尉面《じょうめん》を選んで奉納したのは、正長二年五月三日の《唐船》上演が、観世両座が協力した最後の機会になったためだろう。元雅には、あの時に戻りたいという強い思いがあったに違いない。私は、以上のように推測している。

第四章

《呉服》

——外交方針転換を賛美

一、遣明船の派遣再開

外交方針の転換

　我が国に華夷秩序を強要するチャイナを嫌い、明国《みんこく》との断交を行った足利義持《あしかがよしもち》（一三八六～一四二八）は、応永《おうえい》三十五（一四二八）年一月十八日に亡くなった。その後、籤《くじ》引きで選ばれた六代将軍足利義教《よしのり》（一三九四～一四四一）が室町幕府を引き継ぐと、外交方針が反転する。義教は、貿易による経済的利益を重視し、日明間の国交回復を目指した。明朝の属国という外交形式を甘受することで、実利を取りに行ったのである。その成果が、永享《えいきょう》四（一四三二）年度の遣明船派遣だった。《唐船《とうせん》》がこの計画にかかわる作品であることは、第三章「《唐船》――遣明船再開の予祝」で論じた。

　実は、遣明船再開に関連する曲が、他にもある。《呉服《くれは》》である。正長《しょうちょう》二（一四二九）年五月三日、将軍の御所で能が催された（『満済准后日記《まんさいじゅごうにっき》』『建内記《けんないき》』）。文献には、「綾織《あやはとり》」「一谷先陣《いちのたにせんじん》」「秦始皇《しんのしこう》」の三曲の名が見られる。この日の能十五番の最初の演目「綾織」が、すなわち脇能《呉服》である。五月三日の上演が「初演であった可能性も高い」（『能を読む②世阿弥』）。松岡心平《まつおかしんぺい》氏は、論文「「呉服」の誕生」で、「新将軍足利義教の御代《みよ》を祝福するために、世阿弥が渾身の力をこめて書き下ろした能ではないだろうか」と推測している。

　大陸からの織女《しょくじょ》の来朝を肯定的に描くこの唐物《からもの》の作品は、チャイナ嫌いだった四代将軍義持の在世中に制作された可能性はないだろう。義持逝去の翌年、正長二年三月十五日に、義教の将軍宣下《せんげ》が行われた。

その一か月半後の五月三日の室町殿での演能は、新しい将軍の誕生を祝福する場であった。この日に合わせて《呉服》が作られたことは、ほぼ確実と思われる。

脇能《呉服》では、当代賛美の表現が次々と繰り出される。冒頭の次第《しだい》「道の道たる時とてや」に始まり、「畏《かしこ》き御代《みよ》」「今又めでたき御代なれば」「御代の光は普《あまね》くて」「かかる御代ぞめでたき」「この君のめでたき例《ためし》」「この君の畏き世」、そして末尾の「御調物《みつきもの》供ふる御代こそめでたけれ」に至るまで、祝意は極めて徹底している。同日に演じられた「秦始皇《しんのしこう》」（《咸陽宮《かんにょうきゅう》》）も、大陸志向の義教を始皇帝になぞらえて言祝《ことほ》いだ曲と考えられる。

では、渡来した二人の織姫《おりひめ》を描くこの作品は、どのように遣明船派遣計画とかかわるのだろうか。松岡心平氏は、「豊かな物社会を目ざす足利義教の姿勢は、政権掌握の一年目から明白になってきており、そこへ世阿弥は「呉服」を書いて、日明貿易再開へのメッセージを送ったのかもしれない」（「「呉服」の誕生」）と述べる。その通りだろう。私は、明との国交回復という、義教の対外政策を賛美したのが《呉服》だと考えている。世阿弥は、遣明船再開に向けた六代将軍の強い意欲を敏感に察知し、為政者の政治的意向に合わせた曲を創作したのである。この脇能の治者讃美は、明との貿易を推進する足利義教に向けられている。

遣明船の派遣再開

対明断交を貫いた義持は、我が国の尊厳を守り抜いたという点では、高く評価できる。一方で、貿易の中断により、日本経済は苦境に陥っていた。当時使われていた貨幣は、大陸からもたらされた銅銭《どうせん》である。

そのため、国交断絶は通貨不足を生み、物価が下落し続ける深刻なデフレ不況をもたらした。人々は、供給が途絶えた銭を貯め込むことで、生活防衛をはかった。この時代の遺跡から備蓄銭が大量に出土するのは、そのためである。

ジリ貧の経済を立ち直らせるには、通貨供給量を増やす金融緩和策が有効だ。ところが日本には、自国で貨幣鋳造《ちゅうぞう》を行う力がない。新将軍義教が明との国交回復を目指したのは、経済合理的な判断と言えよう。ただし、これを実現するために、我が国はチャイナの属国という屈辱的形式を受け入れねばならなかった。幕府は、長期間の不景気によって、背に腹は代えられないほど追い詰められていた。《呉服》冒頭の次第に、「道の道たる時とてや、国々豊かなるらん」とある。一見定型的なこの表現は、経済的な「豊か」さを追求した義教の政策と響き合っている。

第三章「《唐船》――遣明船再開の予祝」でも述べた通り、遣明船の再開は、六代将軍の当初からの悲願だった。再び、田中健夫《たなかたけお》『増補 倭寇と勘合貿易』から引用しよう。足利義教は、「将軍を嗣《つ》いだころからすでに日明交渉再開の意図を持っていた。義教は正長元年（一四二八）に将軍となったが、その翌年永享元年に日本に来た朝鮮の日本通信使朴瑞生《ぼくずいせい》は、その帰国報告の中で、義教には朝鮮をたのんで明に朝貢したい意図のあることを述べている」。将軍が朴瑞生を引見したのは六月十九日（『満済准后《まんさいじゅごう》日記』）。「綾織《あやはとり》」（《呉服》）が上演されたのは、その一か月半前の五月三日のことだった。

足利義教の遣明船派遣に対する情熱は、尋常ではない。森茂暁《もりしげあき》『満済』（ミネルヴァ書房、二〇〇四年）には、次のようにある。義教は、永享六（一四三四）年度遣明船の、出発のさいに兵庫まで下向したばかりか、帰着のさいも兵庫港到着に合わせて、夫人の日野重子《ひのじゅうし》とともに摂津国《せっつのくに》兵庫まで下向するという具合であった。（中略）明使節の入京は永享六年六月一日のことであった（中略）。明の使節は、永享六年八月二一日、兵庫に下向した。ちなみに、明使節の京都滞在は二か月と二〇日あまりに及んだが、この間に幕府要人たちとの交流も生まれたらしく、室町殿で彼らによる「唐人猿楽」が演じられ、「火曲」以下の芸能なども披露され、多くの見物人を集めている。

「唐人猿楽」の上演は、義教の治世下で《呉服》《唐船》《咸陽宮》のような唐物《からもの》の能が生み出された事実と整合的であり、大変興味深い。第一章で論じた《白楽天《はくらくてん》》では、大陸から来たシテ白楽天が我が国から追い返される。これに対し《呉服》では、チャイナから渡来した呉織《くれはとり》・漢織《あやはとり》が日本で歓迎されている。両曲の対照的な内容は、義持と義教の対明外交方針の違いに由来する。

では、能《呉服》の詞章は、どのように遣明船再開を予祝しているのだろうか。作品では、応神《おうじん》天皇の時代の渡来織女《しょくじょ》が、「今又めでたき御代《みよ》なれば」という理由で、現代（室町時代）に出現する。この構想により、当代賛美という曲の主題が表現されている。為政者の徳を慕って、はるばる外国から日本に渡来した人物が、再び姿を現す。それは、六代将軍足利義教の徳を間接的に称《たた》えることになる。

二、《呉服》を読み解く

応神天皇になぞらえる

《呉服》は次のように始まる。テクストは現行観世流謡本《うたいぼん》に依拠し、断続的に全文を引用したい。

臣下・従者　道の道たる時とてや、道の道たる時とてや、国々豊かなるらん。
臣下　そもそもこれは、当今《たうぎん》に仕《つか》へ奉《たてまつ》る臣下なり。我《われ》この間《あひだ》は、摂州住吉《せつしうすみよし》に参詣申して候《さうらふ》。又、これより浦伝ひし、西の宮に参らばやと存じ候。
臣下・従者　住吉や、のどけき波の浅香潟《あさかがた》、
従者　のどけき波の浅香潟、
臣下・従者　玉藻《たまも》刈るなる海士人《あまびと》の、道も直《すぐ》なる難波潟《なにはがた》、行方《ゆくへ》の浦も名を得たる、呉服《くれは》の里に着きにけり。呉服の里に着きにけり。

まず、今上《きんじょう》天皇（「当今」）に仕える臣下が登場する。《呉服》の時代設定は、初演時の現在である。これにより、後《のち》の「今又めでたき御代《みよ》なれば」という一節が、当時の為政者足利義教を賛美する意味を帯びることになる。なお、「国々豊かなるらん」の部分に、経済を重視した六代将軍の政策がかかわっていることは、既に指摘した通りである。

ワキは天皇の臣下だが、勅使ではない。旅はやや私的な色彩を帯びている。しかし、「住吉に参詣」し、「西の宮」へと移動する人物像を作者世阿弥が設定したのには、明確な意図があった。神功《じんぐう》皇后や応神天皇を導き出す伏線なのである。

《呉服》に、「神功皇后、三韓を従へ給ひしより」とあるように、住吉大社の祭神神功皇后は、朝鮮征討で知られる。ワキ一行の目的地西宮《にしのみや》にも、朝鮮半島遠征より帰国した皇后が創建したとされる広田《ひろた》神社が存在する。臣下と従者は、応神天皇の母神功皇后にかかわる地を巡礼中なのである。足利義教は、応神帝を祭神とする石清水《いわしみず》八幡宮の籤《くじ》引きによって選ばれた将軍だった。松岡心平氏が指摘するように、「義教は、自分は応神天皇に選ばれた人物であるという強烈な自負を持っていたはずだ」（「「呉服」の誕生」）。

そして、この応神帝の治世こそ、多くの渡来人がやってきた時代にほかならない。世阿弥は、日明貿易を再開しようとしている足利義教を、外国文化摂取に寛容だったこの第十五代天皇になぞらえてゆく。『日本書紀』によれば、呉織《くれはとり》・綾織《あやはとり》の二人は、応神天皇の統治期に来朝し、我が国に織物の技術を伝えたとされている。ただし、謡曲《呉服》の主要な典拠は、『呉織《くれはとり》穴織《あやはとり》大明神略縁起』に内容が伝わる非現存の『縁起』で、『日本書紀』は主たる材源ではない（『新潮日本古典集成』）。

能の舞台「呉服の里」は、大阪・池田市にあり、呉服《くれは》神社が鎮座する。阪急宝塚線でかなり内陸に入ったこの場所も、かつては異国からの船が到着する海浜であったらしい。現在、猪名川《いながわ》の河畔には「唐船《とうせん》が淵《ふち》」の記念碑が建ち、外国船の渡ってくる海岸だった時代の歴史を伝えている。能《呉服》でも、シテ・ツレは「海士少女《あまをとめ》」とされ、「立ち寄る波」「潮《うしほ》も曇《くも》る」といった、海に関連する表現が見られる。ワキ一行は、この旧海岸線を大きく迂回する形で、「浦伝ひ」に旅をする。住吉から池田まで北上し、そこから南下して西宮へと向かおうとしていた。

観世両座の共演

舞台では、呉服の里に到着したワキ・ワキツレが、常の如くワキ座に座る。すると、シテ呉織《くれはとり》とツレ漢織《あやはとり》の二人の織女が、揚幕《あげまく》から出て、橋掛《はしがかり》に現れる。形式としてはシテが主、ツレが従だが、この場面で両者はほぼ同格。台詞《せりふ》の分量も等しい。作者世阿弥は、対等な一対の人物を造形している。これは、正長二（一四二九）年五月三日の演能が、観世二座の共演だったからだと、私は推定している。

呉織・漢織　呉織《くれはとり》、綾《あや》の衣《ころも》の浦里に、年経て住むや海士少女《あまをとめ》、
漢織　立ち寄る波も白糸の、
呉織・漢織　機《はた》織り添ふる音しげし。
呉織　これは津の国呉服《くれは》の里に、住みて久しき二人《ににん》の者、
呉織・漢織　我《われ》この国に在《あ》りながら、身は唐土《もろこし》の名にし負ふ、女工《ぢよこう》の昔を思ひ出《い》づる、月の入るさや西の海、波路《なみぢ》遥かに来《こ》し方の、身は唐人《からびと》の年を経て、ここに呉服《くれは》の里までも、身に知られたる名所かな。これも畏《かしこ》き御代《みよ》のため、送り迎へし機物《はたもの》の、大和《やまと》にも、織る唐衣《からきぬ》の営みを、織る唐衣の営みを、今敷島《しきしま》の道かけて、言《こと》の葉草《はぐさ》の花までも、顕《あらは》し衣《ぎぬ》の色添へて、心を砕《くだ》く紫の、袖も妙《たへ》なる翳《かざ》しかな。袖も妙なる翳しかな。

右の引用からわかるように、シテ呉織《くれはとり》とツレ漢織《あやはとり》には、ほぼ同量の言葉が、公平に割り振られている。これは、世阿弥・元雅《もとまさ》グループと元重《もとしげ》（音阿弥《おんあみ》）グループという、二つの異なる観世座が、平和裡に同一演目で共演するための工夫と思われる。『満済准后《まんさいじゅごう》日記』は、演者を「観世大夫両座一手」とする。この二つの演能集団の関係は複雑だ。通説によれば、子供のいなかった世阿弥が、当初は甥の元重（音阿弥）を養子にした。ところが、後に実子元雅《もとまさ》・元能《もとよし》が誕生したため、元重を離縁した。後に将軍義教は、元重（音阿弥）グループを贔屓《ひいき》し、世阿弥・元雅グループを迫害したのだった。

ここで、「綾織《あやはとり》」の次に演じられた「一谷先陣《いちのたにせんじん》」に注目したい。『建内記《けんないき》』に、「義経、十郎なり。馬に乗りて舞台に出《い》づ。梶原、三郎なり」とある。観世十郎元雅と観世三郎元重が、グループの違いを越えて、同じ演目に出演している。「綾織」も、両座それぞれが役者を出していた可能性が高い。『申楽談儀《さるがくだんぎ》』によれば、当日演じられた《鵜飼《うかい》》の地謡《じうたい》も、両グループの混成組織だった。《呉服》は、両者の均等な台詞の割り振りに配慮した作品なのである。

なお、足利義教が世阿弥・元雅の仙洞《せんとう》御所での演能を禁じたのは、正長二（一四二九）年五月十三日のこと。《呉服》が上演されてから、わずか十日後のことだった。五月三日の時点で、既に両座の間に何らかの緊張関係が存在していた可能性がある。そうであればなおさら、作者世阿弥は、シテ呉織《くれはとり》とツレ漢《あや》織《はとり》の平等に神経を使わざるを得なかっただろう。

断絶期間を経た再出現

《呉服》では、呉織《くれはとり》・漢織《あやはとり》が現代（室町時代）に出現する。しかし、二人は本来、「応神天皇の御宇《ぎょう》」の人物である。この間には、千年余りの空白期間が存在する。曲の基本的な枠組みは、長い断絶期を隔てた再出現にある。そして、織女《しょくじょ》が当代に現れたのは、「今又めでたき御代《みよ》なれば」という理由からだった。私はこれを、日明貿易の断絶と再開の暗喩と考えている。次の引用部分で、ワキ臣下は、シテ・ツレに質問をする。まず、二人の女の素性《すじょう》についてである。

臣下　さても我《われ》この松原に来て見れば、やごとなき女性《にょしやう》二人《ににん》あり。一人《いちにん》は機《はた》を織り、いま一人《いちにん》は糸を取り引き、互《たがひ》に常の里人とは見え給はず。そも方々《かたがた》は如何《いか》なる人ぞ。

呉織・漢織　恥かしや。里離れなる松蔭の、潮《うしほ》も曇《くも》る夕月の、影に紛《まぎ》れて浦波の、声に類《たぐ》へて機物《はたもの》の、音聞えじと思ひしに、知られけるかや恥かしや。

臣下　何をか裹《つつ》み給ふらん。その身は常の里人ならで、この松蔭《まつかげ》に隠れ居て、機《はた》織り給ふは不審なり。いかさま名のり給ふべし。

呉織　これは応神天皇の御宇《ぎよう》に、めでたき御衣《ぎよい》を織り初《そ》めし、呉織《くれはとり》漢織《あやはとり》と申しし二人《ににん》の者、今又めでたき御代《みよ》なれば、現《うつつ》に現《あらは》れ来《きた》りたり。

ここまでが、ワキとシテ・ツレの第一の問答に相当する。二人が何物なのかを尋ねたワキ臣下に対し、シテ呉織は自分たちが現代に現れた理由「今又めでたき御代なれば」を、自ら積極的に語っている。深読みすれば、応神天皇の時代は素晴らしかったが、その後、さほどめでたくない時代が続き、ようやく「今又」良い時期がめぐってきたことになる。これは、親明《しんみん》派義満の没後に日明国交断絶が続き、義教の統治期になって、再び日明貿易の機運が高まった事実と呼応している。呉織《くれはとり》・漢織《あやはとり》の両人が渡来人であることも、この構想と深く関連する。作者世阿弥は、以上のような枠組みによって、パトロンたる六代将軍を賛美したのである。

臣下　不思議の事を聞くものかな。それは昔の君が代に、唐国《からくに》よりも渡されし、綾織《あやおり》二人《ににん》の人なるが、今現在に現《あらは》れ給ふは、何《なに》と云《い》ひたる事やらん。

ワキは、「今又めでたき御代なれば」という短い説明では満足できず、二人の織女にさらなる解説を求めてゆく。これに対する呉織《くれはとり》・漢織《あやはとり》の物語が、以下、長く続くことになる。

大和言葉がわからない唐人

シテ・ツレの二人は、地名「呉服《くれは》の里」や、呉織《くれはとり》・漢織《あやはとり》という名前の由来について語る。次いで、自分たちが外国人であり、「大和言葉《やまと》」がわからないことを伝える。そして、曲の核となる清原諸実《きよはらのもろざね》の和歌「呉織《くれはとり》あやに恋しくありしかば二村山《ふたむらやま》も越えずなりにき」（『後撰《ごせん》和歌集』）に言及する。

呉織　早くも心得給ふものかな。まづこの里を呉服《くれは》の里と、名づけ初《そ》めしも何故《なにゆゑ》ぞ。我《われ》この所に在《あ》りし故《ゆゑ》なり。

漢織　また漢織《あやはとり》とは機物《はたもの》の、糸を取り引く工《たくみ》ゆゑ、綾《あや》の紋《もん》をもなす故《ゆゑ》に、漢織とは申すなり。

呉織　呉織《くれはとり》とは機物の、糸引く木をばくれはと云《い》へば、くれは取る手によそへつつ、呉織とは申すなり。
漢織　されば二人《ふたり》の名に寄せて、
呉織　呉織、
漢織　あやとは申し伝へたり。
呉織・漢織　然《しか》れば我等は唐人《からびと》なれば、大和《やまと》言葉は知らねども、
呉織　呉織、あやに恋しくありしかば、二村山《ふたむらやま》と詠みし歌も、二人《ふたり》を思ふ心なり。
（呉織）呉織、怪しめ給ふ旅人の、怪しめ給ふ旅人の、御目《おんめ》の程はさすがげに、名にし負ふ都人《みやこびと》の、所から唐人《からびと》と、我等を御覧ぜらるるは、げに畏《かしこ》しや。善《よ》き君に、仕ふる人か、ありがたや。仕ふる人か、ありがたや。
※「（呉織）」は地謡《じうたい》部分。以下同じ。

興味深いのは、呉織《くれはとり》・漢織《あやはとり》の二人が「唐人《からびと》なれば、大和言葉は知らねども」と述べていることである。「大和言葉」は、ここでは日本語の意味なのか、和歌を指すのか（伊藤正義《いとうまさよし》ほか）、解釈がわかれるところである。仮に日本語がわからないというのなら、両人は一体ここまで、何語でワキと会話してきたのだろうか。また、なぜ『後撰和歌集』の歌を知っているのか。実は、このような自己撞着は、第一章で論じた《白楽天》にも見られた。その一節に、「唐人《からびと》なればお言葉をも、とても聞きも知らばこそ」とある。相互に言語不通ならば、対話が成立するはずはなく、《呉服》同様の矛盾が生じている。ともに世阿弥作品である両曲には、発想の共通性が見られる。

「善き君」という言葉にも注目したい。シテ呉織は、ワキ臣下を「善き君に仕ふる人か」と述べており、賛美は間接的に今上天皇（「当今」）に捧げられている。それは、日明貿易再開に積極的な為政者六代将軍足利義教の寓意である。呉織から臣下に対する「ありがたや」という発話は、正長二（一四二九）年五月三日の上演環境においては、舞台上の能役者から見所《けんしょ》の将軍に向けて発せられることになる。実に巧みな工夫といえよう。

日本中心型華夷観

遣明船の派遣再開という、六代将軍義教の外交政策は、経済的利益を第一に考えたものだった。しかし朝貢貿易の実施は、日本が明朝皇帝の属国であると、自ら認めてしまうことでもあった。四代将軍足利義持が、頑《かたく》なに明使の受け入れを拒否したのには、それなりの理由があった。国家の根幹に関わるこの繊細な問題を、《呉服》の作者世阿弥は、日本中心型華夷観の導入によって、巧みに回避している。日本を優れた中心国とし、「三韓」「唐土《もろこし》」を劣位の周辺国とみなす言説である。この構想により、義教を売国奴とみなす批判的解釈の可能性を、作品から排除することに成功した。


（呉織）それ綾《あや》と云《い》つぱ、唐土《もろこし》呉郡《ごきん》の地より織り初《そ》めて、女工《ぢよこう》の長き営みなり。

呉織　然《しか》るに神功皇后《じんぐうくわうごう》、三韓を従へ給ひしより、

（呉織）和国異朝《わこくいてう》の道広く、人の国まで靡《なび》く世の、我が日《ひ》の本《もと》は長閑《のどか》なる、御代《みよ》の光は普《あまね》くて、国富み民豊かなり。

呉織　東南雲収まりて、
(呉織) 西北に風静かなり。

ここには、日本中心型華夷観に基づく地理感覚がみられる。世界の中心にいる天皇の徳を慕って、周囲の国々が貢《みつ》ぎ物を持って挨拶に来るという図式である。日本がそのような国になったのは、「神功《じんぐう》皇后、三韓を従へ給ひしより」のこと。天皇の「御代の光は普《あまね》くて、国富み民豊かなり」とされ、「和国異朝の道広く、人の国まで靡《なび》く世」なのだという。東西南北の異民族たちは、みな天皇の徳を慕っている。「東南雲収まりて、西北に風静かなり」とある通りである。これに類似した表現は、世阿弥作の可能性が高い《右近《うこん》》《志賀《しが》》、観阿弥作《金札《きんさつ》》にも見られる。

「治まる都の花盛り、東南西北も音せぬ波の」《右近》
「万《よろづ》の政事《まつりごと》の道直《みちすぐ》に渡る日の、東南に雲をさまり、西北に風静かにて」《志賀》
「国も豊かに治まる代《よ》なれば、東夷《とうい》西戎《せいじゆう》南蛮《なんばん》北狄《ほくてき》の恐れなければ」《金札》

統治の安定と東西南北の四夷に言及する点で、《呉服》と同一の発想に基づくものと言えよう。渡来人たる呉織《くれはとり》・漢織《あやはとり》は、以上のような文脈の中で登場してくる。

(呉織) 応神天皇の御宇《ぎょう》かとよ、呉国《ごこく》の勅使この国に、始めて来《きた》り給ひしに、綾女《あやめ》糸女《いとめ》の女婦《ぢよふ》を添へ、万里の滄波《さうは》を凌《しの》ぎ来《き》て、西日影《せいじつ》残りなく、呉服《くれは》の里に休らひ、連日に立つる機物《はたもの》の、錦《にしき》を折々の、綾《あや》の御衣《ぎよい》を奉る。勅使奏覧《そうらん》ありしかば、叡感殊《えいかんこと》に甚《はなは》し。それより名づけつつ、衮龍《こんりよう》の御衣《ぎよい》の紋《もん》、営みも名高き、山鳩色《やまばといろ》をうつしつつ、気色《けしき》だつなり雲鳥《くもとり》の、羽総《はぶさ》を畳《たた》む綾《あや》となす。いとも畏《かしこ》かりけり。

呉織　「然《しか》れば万代《よろづよ》に、絶えせぬ御調《みつき》なるべし」と、

（呉織）御定《おんさだ》めありしより、呉服《ごふく》の文字を和らげて、「呉織《くれはとり》、漢織《あやはとり》」と、名づけさせ給へば、年を迎へて色をなす、綾の錦の唐衣《からころも》、返す返《がへ》すも君が袖、古き例《ためし》を引く糸の、かかる御代《みよ》ぞめでたき。

能《呉服》において、二人の織女《しょくじょ》が来日したのは、大陸の先進文化を日本に伝えるためではない。歴史上の事実はともかく、テクスト上では、日本の周辺民族が、天皇の徳を慕って貢《みつ》ぎ物を献上するためにやってきたという形をとっている。「奉る」「御調《みつき》」「かかる御代ぞめでたき」は、あくまでも天皇中心の世界観を前提にした表現である。なお、この日本中心型華夷観については、第六章「《岩船《いわふね》》——日本中心型華夷観」で詳しく検討したい。

機織りの神聖性

室町時代には、海外からもたらされた唐物《からもの》が珍重された。呉織《くれはとり》・漢織《あやはとり》の二人の渡来人が織る布も、広い意味で貴重な唐物と言えるだろう。『源氏物語』の英訳や、ペンギン・クラシクス版の能の翻訳で知られるロイヤル・タイラー氏に、論文「能の機織《はた》り——「呉服」と「錦木《にしきぎ》」を中心に」がある。氏は、日本神

話や柳田国男《やなぎだくにお》の民俗学、さらには編著『布と人間』で知られる人類学者アネット・B・ワイナーの研究に言及しつつ、「機織りの役目を賛美するこの曲があきらかにそれなりの普遍性をもっている」と述べる。機を織る行為や布そのものの神聖性の指摘である。次の部分でも、「この君のめでたき例《ためし》」が機織りと密接に結びついている。


（臣下）これにつけてもこの君の、これにつけてもこの君の、めでたき例有明《ためしありあけ》の、夜《よ》すがら機《はた》を
　織り給へ。

呉織・漢織　いざいざさらば機物《はたもの》の、錦《にしき》を織りて我が君の、御調《みつき》に供へ申さん。

（臣下）げにや御調の数々に、錦の色は、
呉織・漢織　小車《をぐるま》の、

（呉織・漢織）丑三《うしみ》つの刻《とき》過ぎ、暁《あかつき》の空を待ち給へ。姿を変へて来《きた》らん。さらば。

（語り手）と言ひて呉織《くれはとり》、漢織《あやはとり》は帰れども、鶏《にはとり》はまだ鳴かずや。

（呉織・漢織）夜長《よなが》なりと待ち給へ。夜《よ》長くとても待ち給へ。　［中入《なかいり》］

時刻は真夜中の「丑《うし》三つの刻《とき》」。深夜の機《はた》織りという設定は、様々な物語で使われてきた定番の型である。二人は、暁《あかつき》に「姿を変へて来《きた》らん」と言う。実際、シテは中入《なかいり》の間に装束《しょうぞく》を交換して再び舞台に現れる。この言葉は地謡《じうたい》の担当だが、直前の「小車の」はシテ呉織《くれはとり》・ツレ漢織《あやはとり》が一緒に謡う。したがって、両人がともに再登場を予告していることになる。ところが現在、ツレは中入で引っ込んでしまい、二度と現

れない。そこで、本来は後《のち》ツレも出ていた、と考えるのが通説である。後場《のちば》の地謡の一節「我が取るはあやは」も、「我が」とある以上、ツレ漢織《あやはとり》が謡っていたと理解されており、近年は後ツレを出す演出も行われている。

後場の当代賛美

中入《なかいり》では、アイ狂言が演じる里人が登場し、応神天皇時代に呉織《くれはとり》・漢織《あやはとり》の二人の織女《しょくじょ》が来朝したことを語る。後場《のちば》は、ワキの夢の中の世界を描いている。次に引用する待謡《まちうたい》の部分で、臣下は「神の告《つげ》をも待ちて見ん」と述べ、深夜の夢のお告げを積極的に待ち構えている。また、曲の末尾に「夢の精霊妙幢菩薩《せいれいめうだう》も影向《やうがう》なりたる」とある。この二点から、曲の後半部分は、夢中の出来事と判断される。

臣下・従者　嬉《うれ》しきかなやいざさらば、嬉しきかなやいざさらば、この松蔭《まつかげ》に旅居《たびゐ》して、風も嘯《うそむ》く寅《とら》の刻《とき》、神の告《つげ》をも待ちて見ん。

この待謡は、詞章が《老松《おいまつ》》《鵜羽《うのは》》と同一である。世阿弥作の《老松》は、天野文雄《あまのふみお》説では一四二〇年作。《鵜羽》も世阿弥の作品で、『三道《さんどう》』に曲名が見られ、一四二三年以前の成立。一方《呉服》は、一四二九年が初演と考えられるから、先行する両曲の一部を再利用したものだろう。なお、宝生流・金春流・金剛流では、「神の告」という詞章が「夢の告」となっており、後場《のちば》がワキの夢の中の話であることが、より明確に示されている。そしてこの脇能は、末尾の為政者賛美で終了する。本来は、後《のち》ツレ漢織《あやはとり》が登場していた部分である。

呉織　君が代は、天《あま》の羽衣稀《まれ》に来て、撫《な》づとも尽きぬ巌《いはほ》ならなん。千代に八千代を松の葉の、散り失せずして色はなほ、真拆《まさき》の葛《かづら》長き代《よ》の、例《ためし》に引くや綾《あや》の紋《もん》、曇《くも》らざりける時とかや。

（呉織）この君の畏《かしこ》き世ぞと、

（語り手）夕波に、声立て添ふる機《はた》の音、

呉織　錦を織る機物《はたもの》の中《うち》に、相思《さうし》の字を顕《あらは》し、衣擣《ころもう》つ砧《きぬた》の上に怨別《ゑんべつ》の声。松の風、又は磯打つ波の音、

（呉織）頻《しき》りに隙《ひま》なき機物の、

呉織　取るや呉服《くれは》の手繰《てぐさ》の糸、

（呉織）我が取るはあやは、

呉織　踏木《ふみき》の足音、

（呉織）きりはたりちやう、

呉織　きりはたりちやうと、

（呉織）悪魔も恐るる声なりや。げに織姫《おりひめ》の翳《かざ》しの袖、

［中《ちゅう》の舞《まい》］

（呉織）思ひ出《い》でたり織女《たなばた》の、思ひ出でたり織女の、たまたま逢《あ》へる旅人の、夢の精霊妙幢《せいれいめうだう》菩薩も、影向《やうがう》なりたる夜もすがら、夜もすがら、宝の綾を織り立て織り立て、我が君に捧《ささ》げ物。

（語り手）御代《みよ》の例《ためし》の二人《ににん》の織姫《おりひめ》、呉服漢服《くれはあやは》のとりどりに、呉服漢服のとりどりの、御調物《みつきもの》、供ふる御

代こそめでたけれ。

統治の永続と治世の賛美が謡い上げられる結末部には、「曇らざりける時」「この君の畏《かしこ》き世ぞ」「我が君に捧げ物」「御代こそめでたけれ」などとある。見所《けんしょ》で見ていた六代将軍足利義教は、作者世阿弥の配慮に御満悦したことだろう。

三、作者について

最後に、《呉服》の作者に関して考証しておきたい。作者を確実に特定できる文献は存在しないが、従来は曲をめぐる状況から、世阿弥かその周辺作者による作品とされてきた。私は、世阿弥の作品と断定して良いと考えている。

能《呉服》は、貴人《きにん》への政治的配慮に溢れている。徹底した当代賛美が特徴である。世阿弥は、為政者に配慮したこのような脇能を、数多く作ってきた。《養老《ようろう》》《弓八幡《ゆみやわた》》《老松《おいまつ》》《高砂《たかさご》》などである。《呉服》は、表現の面でも世阿弥作品の特徴を備えている。ここではさらに三点指摘したい。

第一に、語り手部分が短いことである。一般に地謡《じうたい》は、シテ・ワキ・語り手などの言葉を代行して謡う。世阿弥作品は、「語り手」に相当する部分が短い。《呉服》はこの特徴を備えている。全テクストのうち、「と夕波に、声立て添ふる機《はた》の音」及び末尾の「御代の例《ためし》の二人《ににん》の織姫《おりひめ》、呉服漢服《くれはあやは》のとりどりに、呉服漢服のとりどりの、御調物《みつきもの》、供ふる御代こそめでたけれ」だけが、第三者の語り手の文句である。

第二に、和歌隆盛を天下泰平の証しとする「和歌政教観」が見られる点である。《高砂》をはじめとする世阿弥作品では、この考え方がたびたび現れる。《呉服》の一節に、「今敷島《しきしま》の道かけて、言《こと》の葉草《はぐさ》の花までも、顕《あらは》し衣《ぎぬ》の色添へて」とある。和歌を意味する「敷島の道」が栄えていることが、治世賛美の文脈で登場しており、世阿弥的な発想が顕著である。

第三に、世阿弥作品にしか見られない文言が存在することである。一例として、「浅香潟玉藻刈るなる」《あさかがたたまも》が挙げられよう。世阿弥作《高砂》に、「浅香潟玉藻刈るなる岸陰の」とあり、他曲に「浅香潟」「玉藻刈る」の用例はない。また、「然《しか》るに神功皇后《じんぐう》、三韓を従へ給ひしより」は、世阿弥作《弓八幡》にほぼ同じ表現がある。「三韓」は両曲にしか出ない語彙である。以上の事実は、必ずしも決定打にはならないが、《呉服》世阿弥作説を補強してくれる。

なお、世阿弥の出身地と考えられている結崎《ゆうざき》には、呉織《くれはとり》・漢織《あやはとり》を祀《まつ》る糸井《いとい》神社がある。松岡心平氏は『物語の舞台を歩く　能　大和の世界』で、「「呉服」の能は（中略）世阿弥が幼いころ遊んだと思われる糸井神社をも意識しているのではなかろうか」と述べている。《呉服》世阿弥説を側面から支援する指摘と言えるだろう。

第五章

《善界》

——混血二世の葛藤

一、異国の血筋を引く作者

作者は混血二世

《善界《ぜがい》》の作者竹田法印定盛《たけだほういんじょうせい》（一四二一〜一五〇八）は、大陸の血を受け継ぐ人物である。祖母は明人《みんじん》で、先祖の四分の一が外国人だった。いわゆるクォーターである。ここでは混血二世と呼ぶことにしよう。その定盛が、反チャイナ的な能《善界》を書き残したことは、極めて興味深い。体内に異国の血が流れていたこの能作者は、異文化を自分自身の問題として、痛切に意識せざるを得ない位置にあった。日明《にちみん》間の国際関係についても、非常に敏感だったと想像される。外国人の姿が珍しい室町中期の京にあって、混血二世の心理は、自己同一性の悩みを伴う、振幅の激しいものだったに違いない。

日本を害するためにやってきたシテ「大唐の天狗《てんぐ》の首領《しゅりょう》善界坊《ぜがいぼう》」、これに協力するツレ天狗の太郎坊《たろうぼう》、そして、外国の天狗を撃退するワキ比叡山《ひえいざん》の僧正《そうじょう》。国家間の対立をともなうこのような人物設定は、国際結婚者の子孫竹田法印定盛の、アイデンティティーの葛藤を物語っているように思われる。小林静雄《こばやししずお》は『謡曲作者の研究』で、「彼の身体《からだ》の中には明人《みんじん》の血が流れて居たわけである。その定盛が「善界」のやうな曲を作つたといふことは甚《はなは》だ興味あること」だと述べている。

竹田法印定盛は、もとの名を竹田昭慶《しょうけい》と言う。文明《ぶんめい》十九（一四八七）年、足利義政《あしかがよしまさ》（一四三六〜一四九〇）の法号喜山道慶《きざんどうけい》に憚《はばか》って、定盛と改めた。『実隆公記《さねたかこうき》』永正《えいしょう》五（一五〇八）年六月二十日の条に、「定盛法印八十八才逝去」とあるところから、生没年が判明する。

定盛の祖父にあたる竹田昌慶《しょうけい》（一三三四？～一四一五？）は、名を明室ともいい、一三六九年から一三七八年まで大陸に滞在し、金翁道士《きんおうどうし》から医術を学んだ。昌慶は洪武帝《こうぶてい》（一三二八～一三九八）の皇后の難産を助けたとされる。大陸で師の娘を妻とし、後に竹田善祐《ぜんゆう》が生まれた。《善界》の作者定盛はこの善祐の子である。つまり、父方の祖母がチャイニーズということになる。定盛を昌慶の甥とする『寛政重修諸家《かんせいちょうしゅうしょか》譜《ふ》』（江戸時代）の異説もあるが、両者の年齢が八十歳以上離れていることから、信憑性《しんぴょうせい》は低い。洪武帝皇后出産時の逸話は真偽不明とはいえ、《善界》の作者定盛の祖父が、チャイナと深くかかわった人物であったことは確かである。

家業の医術を引き継いだ混血二世の昭慶（定盛）は、八代将軍足利義政の侍医となった。康正《こうしょう》二（一四五六）年には、医書『延寿類要《えんじゅるいよう》』を著《あらわ》している。竹田家の屋敷跡は、京都の元竹田町《もとたけだちょう》として、今日に名を残す。発掘調査によれば、敷地は南北が蛸薬師通《たこやくしどおり》から錦小路通《にしきこうじどおり》までの百二十メートル、東西は東洞院通《ひがしのとういんどおり》から東に七十五メートルと、大変広大な家だった。この邸宅は、後年の『上杉本《うえすぎぼん》洛中洛外図屏風』（上杉博物館蔵）にも描かれており、竹田氏の社会的地位の高さがうかがわれる。

医師竹田法印定盛と能楽

医を業とした定盛《じょうせい》には、謡《うたい》の嗜《たしな》みがあった。『実隆公記《さねたかこうき》』『御湯殿上日記《おゆどののうえのにっき》』からは、彼が能や謡に親しんでいたことがわかる。『御湯殿上日記』文明《ぶんめい》十（一四七八）年六月一日の条には、「たけたほういん（竹田法印）」「うたはせらるる」とあり、明応《めいおう》九（一五〇〇）年五月十日の「しかう（伺候）してうたいまいらする」まで、内裏《だいり》でたびたび謡の奉仕をしているから、かなりの腕前だったと言えよう。

能の素人だった定盛が作った現行曲は、《善界》のみである。能の作者付《さくしゃづけ》『能本作者註文《のうほんさくしゃちゅうもん》』『いろは作者註文』『歌謡作者考』『二百拾番謡《にひゃくじゅうばんうたい》目録』は、いずれも《善界》を竹田法印定盛の作とする。これを否定する文献は存在しない。定盛と深い交流があった人物に、三条西実隆《さんじょうにしさねたか》（一四五五～一五三七）がいる。その『実隆公記』文亀《ぶんき》三（一五〇三）年八月二十四日の条には、定盛作の《閔子騫《びんしけん》》という曲名が見られる。観世信光《かんぜのぶみつ》（一四五〇～一五一六）による《けうぼう女》（『能本作者註文』）の原作と考えられている（西野春雄《にしのはるお》論文）。「けうぼう」は、継母の意味であるらしい。

二十四孝の親孝行の逸話で知られる閔子騫は、孔子の弟子であり、《善界》同様、チャイナにかかわる内容である。明人を祖母とする定盛は、漢方薬や鍼《はり》を扱う医師で、大陸への関心が強かった。家庭には、舶来の貴重な薬や漢籍の医書などがあり、異国の雰囲気に包まれていたと想像される。プロの能楽師ではない竹田法印定盛には、能を次々と新作し上演する職業上の必要性はなかった。そのようなアマチュアが、自ら進んで創作したのが《善界》である。とするならば、定盛は、自らの内的な欲求に突き動かされて作品を作った可能性が高い。そこには、混血二世としての彼の心理が投影されていてもおかしくない。

以下私は《善界》を、アイデンティティーをめぐる作者の葛藤を表した劇として読んでゆきたい。両国にルーツを持つ定盛が、自己同一性を探求した作品として解釈したいのである。人間の近くに住みながら、人間社会に帰属していない天狗は、民族的な悩みを抱えていたであろう竹田法印定盛が、自らの心理的葛藤を託する上で、最もふさわしい対象であった。もしかすると定盛は、先祖がチャイニーズだという理由で、天狗のように扱われた経験があったのかも知れない。

明人の祖母を持つ作者は、能の結末部で「大唐の天狗」を大陸に追い返す。魔を追い払う力となったのは、比叡山の「山風《やまかぜ》」「仏力《ぶつりき》」のほか、「東を見れば山王権現《さんわうごんげん》、南に男山《をとこやま》、西に松の尾、北野や賀茂」といった、神国日本の「神風《かみかぜ》」「神力《しんりき》」であった。《善界》の作り手はこの劇の中で、「大国」チャイナではなく、「神国」日本を選んだのである。日本に生まれて良かった。やっぱり日本が良い。定盛はそう感じていたに違いない。《善界》は、混血二世の作者が、日本人のアイデンティティーを獲得するに至った心理の表現として、極めて興味深い。

二、《善界》を読み解く

中世的な神国思想

《善界》は、東シナ海の上空を覆《おお》う不吉な雲の描写から始まる。その劈頭《へきとう》「雲路《くもぢ》を凌《しの》ぐ旅の空」と、能の結末部「姿は雲路に入《い》りにけり」が照応し、雲で始まり雲で終る首尾一貫した構造をなしている。異国へとつながる海上の雲は、国境のまがまがしさを帯びている。舞台では最初に、山伏姿直面《ひためん》のシテ善界坊が登場する。作品全体を規定する冒頭部では、中世的な神国思想に基づく語りが展開してゆく。

なお、《善界》は観世流のみの曲名で、宝生流・金春流・喜多流は《是界》、金剛流は《是我意》と表記する。ここでは、現行観世流の詞章に依りつつ、断続的に全文を引用したい。

善界坊　雲路《くもぢ》を凌《しの》ぐ旅の空、雲路を凌ぐ旅の空、出《い》づる日《ひ》の本《もと》を尋ねん。これは大唐の天狗《てんぐ》の首領《しゆりやう》善《ぜ》界坊《がいばう》にて候《さうらふ》。さても我が国に於《お》いて、育王山《いわうざん》青龍《しやうりゆう》寺《じ》、般若台《はんにやたい》に至るまで、少しも慢心《まんじん》の輩《ともがら》をば、みな我が道に誘引せずと云《い》ふ事なし。真《まこと》や日本《につぽん》は、粟散辺地《そくさんへんち》の小国なれども、神国として、仏法今に盛んなる由《よし》、承り及び候間《あひだ》、急ぎ日本《につぽん》に渡り、仏法をも妨げばやと存じ候。名にし負ふ、豊葦原《とよあしわら》の国つ神、豊葦原の国つ神、青海原《あをうなばら》にさしおろす、天《あま》の瓊矛《とぼこ》の露なれや。秋津洲根《あきつしまね》の朝ぼらけ、其方《そなた》も著《しる》く浮かむ日の、神の御国《みくに》はこれかとよ。神の御国はこれかとよ。

この冒頭部分では、二項対立の図式が示されている。問題は、日本対チャイナ、仏法対天狗という二種類の視点のうち、どちらが作品にとってより本質的な対立軸なのかである。

まず注目したいのは、日本が「神国として仏法今に盛ん」とされている点である。神仏習合が進んでいた室町時代ならではの表現だろう。日本は「神の御国《みくに》」だから仏教が盛んなのだと、《善界》は言う。これは平安時代の神国観ではなく、あくまでも中世的な考え方に依拠している。平安期の仏教思想によれば、日本は「釈迦《しゃか》の生国《しょうごく》である天竺《てんじく》（インド）から遠く離れた辺土《へんど》」であるから、「仏がそのまま現われて衆生を救うことができない」。「そこで［仏が］日本の神として垂迹《すいじゃく》することが必要」とされた。「神でなければ救われないから、日本は神国なのであり、神国説はもともと必ずしも日本の優位を言うわけではなかった」（末木文美士《すえきふみひこ》『日本宗教史』）。このような自国否定的神国観が、蒙古襲来などを契機に転換し、神の比重が増した中世の愛国的神国観が生み出された。

次に注意したいのが、「粟散辺地《そくさんへんち》の小国」である。仏教の日本辺土観では、天竺が世界の中心として意識されていた。『平家物語』巻第二「座主流《ざすながし》の事」などでは、仏教の本場インドを念頭に置いて、日本を「粟散辺地」と述べている。しかし、「大唐の天狗の首領善界坊」の台詞《せりふ》としての「粟散辺地の小国」には、チャイナを大国とし、日本を小国とする中華思想的世界観が含まれている。両国の優劣に言及するこの語りには、作者竹田法印定盛《じょうせい》自身の関心のあり方も反映されていよう。

第三に問題にしたいのは、善界坊が大唐を「我が国」と呼んでいることである。シテは、自らを天狗の首領と規定するのみならず、チャイナに所属しているという国家意識を持っている。もちろん、そのような人物像を生み出したのは、定盛に他ならない。作中でシテ善界坊は、「大唐」を代表させられている。日本を外から眺める国際的視点を持っていた混血二世の作者らしい描き方である。以上三つの点から、冒頭部では、日本対チャイナの二項対立が最も重視されていると言えよう。

両属の存在としての太郎坊

《善界》の作者は、開口一番、日本の国家的危機を印象付けてゆく。「少しも慢心《まんじん》の輩《ともがら》をば、みな我が道に誘引せずと云ふ事なし」。隙《すき》あらば日本を害そうという、チャイナの天狗の意思表明である。悪意に満ち、油断に付け込もうとする善界坊の来日は、仏法存亡の分かれ目であり、国家安全保障上の重大事態であった。

このような設定は、愛国的な能《白楽天《はくらくてん》》を連想させる。ワキの詩人白楽天は、皇帝の命を受けて諜報《ちょうほう》活動にやってくる。この曲には「筑紫《つくし》の海の朝ぼらけ」という一節があり、日本到着が早朝に設定されている。《善界》道行《みちゆき》の「秋津洲根《あきつしまね》の朝ぼらけ」も同様である。両曲は、結末部で唐人を追い返す点でも類似する。大勢の神々が登場し、「神風」に追い払われることや、「山風神風」「手風神風」と二語連続させる表現も、両者に共通している。これらは偶然の一致ではなく、先行作品《白楽天》からの影響だろう。

だがこの二作品には、大きな違いも存在する。《白楽天》の場合、シテ漁翁《ぎょおう》（住吉明神）が日本人としての自覚を強く持ち、一貫して我が国の立場を主張する。これに対し、《善界》のツレ太郎坊は、両属的な位置に立っている。混血二世の作者らしい設定である。善界坊と太郎坊は、京都の北西・愛宕山《あたごさん》で次のような会話を交わす。

善界坊　急ぎ候程に、これははや日本《につぽん》の地に着きて候。まづ承り及びたる愛宕山《あたごさん》に立ち越え、太郎坊に案内を申さばやと存じ候。これははや愛宕山にてありげに候。山の姿、木《き》の木立《こだち》、これこそ我《われ》等《ら》が住むべき所にて候へ。いかに案内申し候。
太郎坊　誰にて渡り候ぞ。
善界坊　これは大唐の天狗の首領善界坊にて候が、御目《おんめ》にかかり申し談ずべき子細の候ひて、これまで遥々《はるばる》参りて候。
太郎坊　さては承り及びたる善界坊にて渡り候か。まづ某《それがし》が庵室《あんじつ》へ御入《おんい》り候へ。

右の箇所には、太郎坊の両属的な姿勢がよく描かれている。「承り及びたる善界坊」とあるから、日本の天狗は、善界坊の存在をかねてから知っていたことになる。普段から海外勢力と通じているのだろう。ツレは、異国から来たシテを快く「庵室」に導き入れる。

この太郎坊は、竹田法印定盛《じょうせい》が新たに作り出した人物ではなく、流布していた異類譚からの流用である。愛宕山《あたごやま》に天狗太郎坊が住むという伝説は、一般的なものだった。能《花月《かげつ》》に「愛宕の山の太郎坊」

とあり、《車僧《くるまぞう》》にも「我が住む方《かた》は愛宕山《やま》、太郎坊が庵室《あんじつ》に、御入《おんい》りあれや車僧」とある。

《善界》の典拠としては、主に『今昔物語集』巻第二十「震旦《しんだんの》天狗智羅永寿《ちらやうじゆ》、渡此朝語《このてうにわたること》第二」と『是《ぜ》害房絵《がいぼうえ》』（鎌倉時代末期）が指摘されてきた。そのうち、後者との関連がより深い（播磨光寿《はりまみつとし》論文）。『今昔物語集』では、唐の天狗の名が「智羅永寿」となっており、愛宕山という地名が見られない。一方『是害房絵』には「是害房」が登場し、愛宕山も明示されている。ゼガイという特徴的な名を持つ天狗は、他の文献に出てこない。『是害房絵』と《善界》は、文章表現の面でも多くの共通性が存在する。混血二世の定盛は、異類を主人公にしたこの絵巻物に強く魅《ひ》かれていたのだろう。

二人の天狗の国籍意識

《善界》に影響を与えたと考えられる能《白楽天》では、シテ漁翁（住吉明神）とワキ白楽天が、徹頭徹尾敵対していた。一方《善界》では、両者の国家意識が、繊細な違和感としてさりげなく表現されている。両天狗は、仏法を共通の敵としながらも、国籍を異にしている。その微妙な差異が、次の部分から読みとれる。

太郎坊　さて只今《ただいま》は何《なに》の為《ため》に御出《おんい》でにて候ぞ。

善界坊　さん候《ざうらふ》。只今参る事、余《よ》の儀《ぎ》にあらず。我が国に於《お》いて育王山《いわうざん》青龍寺《しやうりゆうじ》、般若台《はんにやたい》に至るまで、少しも慢心《まんじん》の輩《ともがら》をば、みな我が道に誘引せずと云《い》ふ事なし。真《まこと》や日本《につぽん》は、小国なれども神国として、仏法今に盛んなる由《よし》、承り候間《あひだ》、少し心にかかり、遥々《はるばる》これまで参りて候。同じくは御《おん》心《こころ》を一つにして、自他の本意《ほんい》を達し給へ。

太郎坊　さてはやさしくも思《おぼ》し召し立ち候ものかな。それ我が国は天地開闢《てんちかいびゃく》よりこの方《かた》、まづ以《も》つて神国たり。されば仏法今に盛んなり。まづまづ間近《まぢか》き比叡山《ひえいさん》、あれこそ日本《にほん》の天台山候《てんだいさんざうらふ》よ。善界坊　心のままに窺《うかが》ひ給へ。

善界坊は、チャイナこそが唯一の世界標準だと言わんばかりに、「我が国に於いて」「我が道に」と主張し、太郎坊に決断を迫る。これに対し太郎坊は、日本の立場から、「我が国は天地開闢《かいびゃく》よりこの方《かた》」と語り始める。同じ天狗でありながら、善界坊と太郎坊の発する「我が国」が指す対象は異なっており、両者は国籍意識を別にしている。

「まづ以つて神国たり」「仏法今に盛んなり」「あれこそ日本《にほん》の天台山」と述べる太郎坊の言葉には、日本の仏教の聖地を誇る気持ちも込められている。天狗ではあるが、日本に自己同一性を感じているのである。一方で、「日本の天台山」という言い方は、大陸の天台山の権威を前提としており、チャイナの優越性が当然視されている。

もちろん、敵であるはずの延暦寺《えんりゃくじ》について、天狗の太郎坊が誇らしげに語るのは、演劇上の都合でもある。役者や観衆は日本人なのだから、当然だろう。室町幕府と対立しがちだった比叡山を礼賛している点も、極めて興味深い。《善界》成立の政治的環境を推測する根拠となる部分だが、これについては後に改めて議論したい。

「同じくは御心《おんこころ》を一つにして」と、対日工作活動の協力者になるようにそそのかされた太郎坊は、「さてはやさしくも思《おぼ》し召し立ち候ものかな」と、即座に肯定的な返事をする。この「やさしくも」には、能には珍しい笑いの要素がある。「少し心にかかり」にも、秘かなユーモアが感じられる。チャイナを「大唐」と呼び、大国意識を持つ善界坊も、日本のことが気になってしかたないのである。「少し心にかかり」はまた、善界坊の日本侵略の意志が、必ずしも断固たるものでないことを暗示している。

揺れ動く善界坊の心

次の一段は、シテ善界坊、ツレ太郎坊、地謡《じうたい》の三者によって謡われる。しかし、内容的には善界坊の一人語りである。舞台の都合上、分《わ》け口《ぐち》を取って、シテとツレが交互に発声し、地謡が引き継ぐ形を採用している。「それ天台の仏法は、権実二教《ごんじつにけう》に分《わか》ち」以下の部分は、敵であるはずの天狗が比叡山の説明をしており、やや奇妙な印象を受ける。これは、作者から能の観客に向けたメッセージと考えればよい。竹田法印定盛《じょうせい》は、延暦寺の威徳を見物衆に向けて語るため、シテの口を借りたのである。善界坊の心の揺れに注目しつつ、読み進めてゆこう。やや難解だが、非常に大切な箇所である。

善界坊　さてはいよいよ便《たより》あり。それ天台の仏法は、権実二教《ごんじつにけう》に分《わか》ち、
太郎坊　また密宗《みつしゅう》の奥儀を伝へ、
善界坊　顕密兼学《けんみつけんがく》の所なるを、
太郎坊　我等如《われらごと》きの類《たぐ》ひとして、
善界坊　たやすく窺《うかが》ひ、

太郎坊　給はん事、
（善界坊）蟷螂《たうらう》が斧《をの》とかや。猿猴《ゑんこう》が月に相同《あひ》じ。かくは知れどもさすがなほ、我慢増上慢心《がまんぞうじやうまんじん》の、便《たより》を得んと思ふにも、大聖《だいしやう》の威力《ゐりき》を、いよいよ案じ連《つら》ねたり。それ明王《みやうわう》の誓約区々《まちまち》なりと雖《いへど》も、その利益余尊《りやくよそん》に越え、正《まさ》しく火生三昧《くわしやうざんまい》に入《い》り給ひて、一切の魔軍《まぐん》を焚焼《ぼんせう》せり。
善界坊　外《ほか》には忿怒《ふんぬ》の相《さう》を現《げん》ずと雖《いへど》も、
（善界坊）内心慈悲《ないしんじひ》の御恵《おんめぐ》み、凝念《ぎようねん》不動の理《り》を顕《あらは》し、但住衆生心想之中《たんぢゆうしゆじやうしんさうしちゆう》、げにありがたき悲願かな。然《しか》りとはいへども、輪廻《りんね》の道を去りやらで、魔境に沈むその歎き、思ひ知らずや我ながら、過去遠々《をんをん》の間《あひだ》に、さすが見仏聞法《けんぶつもんぽふ》の、その結縁《けちえん》の功により、三悪道を出《い》でながら、尚《なほ》も鬼畜の身を仮《か》りて、いとど仏敵法敵となれる悲しさよ。今この事を歎かずは、未来永々《やうやう》を経《ふ》るとても、何時《いつ》か般若《はんにや》の智水《ちすゐ》を得て、火生三昧《くわしやうざんまい》の焔《ほのほ》を免《のが》れ果つべき。

※「（善界坊）」は地謡《じうたい》部分。以下同じ。

ここには、善界坊の内面のゆらぎが表現されている。天狗の首領は、一図《いちず》に仏法を敵視しているわけではない。むしろ、仏法の世界に秘かな憧れを抱いている。その自信のなさや自己憐憫が、「我等如き」「蟷螂が斧」「猿猴が月」「案じ連ねたり」「仏敵法敵となれる悲しさよ」といった部分に表れている。《善界》の出典『是害房絵』には、このような心の揺れは描かれていない。右の引用部分は、竹田法印定盛が独自に加えた脚色である。結果として《善界》は、アイデンティティーの悩みを表現した作品になった。日本とチャイナの間で葛藤する、混血二世の深層心理の投影と言えるだろう。

苦悩者としての善界坊

大鳥壽子《おおとりひさこ》『医師と文芸』は、医学と文芸の双方の視点から、竹田法印定盛《じょうせい》を論じた書物である。著者は《善界》について、滑稽な『是害房絵』を演劇化した作品ではなく、「人間的な深い苦悩を背負うその姿には、知性や威厳すら感じられる」と分析する。注目すべき考察である。シテ善界坊の心の迷いを描いた先の部分は、まさに人間的な苦悩の表現そのものである。大鳥氏はこれを、「多くの死を見つめてきた」「医者としての自分を重ねて造形した」と推測する。確かに、医療従事者という職務が、定盛をして人間の懊悩に目を向けさせたという一面もあるだろう。しかし私は、二つの異なる価値観の間で揺れ動くこの苦悩の表現は、混血二世としてのアイデンティティー模索の結果だと思う。右に引用した詞章を現代語に意訳し、弱気な善界坊の心の揺れを再確認しておこう。

そもそも天台宗の仏教の教義は、便宜的な教え権教《ごんきょう》と、究極の教え実教《じっきょう》の二つに分かれている。また、加持祈禱《かじきとう》の秘密の教えを伝承し、顕教《けんぎょう》と台密《たいみつ》のどちらをも修めることができる立派な場所である。だから、わたしたち天狗のような者が、容易に近づくことは難しい。それは、カマキリが前脚《まえあし》で車に立ち向かったり、猿が水面に映った月を取ろうとしたりするのと同様、土台無理なことだ。

そうは理解していても、それでもやはり、何とか弱みにつけこみたい。僧侶らが自分を恃《たの》み、他人を侮《あなど》り、悟りを得たとうぬぼれ、油断したならば、天狗の邪道に引き込んでしまいたい。しかし、仏法を庇護している不動明王は強力なので、そんなことができるものか、心配し思案するばかりである。

そもそも、五大明王が衆生を救済する方法は様々だが、不動明王のありがたさは他の明王よりも優れている。まさに一心不乱な行によって、体から炎が立ちのぼり、その火の力で、あらゆる悪魔の勢力を焼き尽くすのである。外面的には怒りの表情をあらわしてはいるが、心の中は深い慈愛に満ちている。ひたすら念じて動かないという道理を体現し、人々の心の中に住むと聞いている。本当に尊い願いを持つ明王である。

そうは言っても、六道輪廻の道から解脱することなく、天狗界の魔の世界に沈んでいる私の嘆きを、不動明王はご存じないのだろうか。私は、前世までの期間に、耳目で仏法に触れた功徳によって、地獄道・餓飢道・畜生道を逃れることはできた。それでも、このような怪異の身となって、ますます仏教の敵、仏法の敵となってしまったことが辛《つら》い。もし今このことを反省しなかったならば、わたしはどうなるだろうか。来世以降も、知恵の水の力で悟りを得ることもできず、不動明王の炎を避けることもできないに違いない。

謡曲を現代語訳することで、善界坊の心の葛藤が、より明確に感じられる。自信の持てないこの天狗は、ああでもないこうでもないと、ひたすら悩んでいる。善界坊は、自分が天狗であることに、必ずしも自足していない。素晴らしい仏法の世界に憧れたかと思うと、突如一転して、僧侶たちを天狗の道に引きずりこんでやりたいと言い出す。自身の無力を嘆いたかと思うと、どうして不動明王は私の嘆きに気付いてくれないのかと甘えたりする。アイデンティティーはしきりに上下左右に振れる。過剰な感情と、激しい脱力感が次々と入れ替わる。まるで思春期の少年のように振幅が激しい。これこそ、日本とチャイナの間で心が揺れ続けてきた、混血二世竹田法印定盛《じようせい》の心理ではないだろうか。

二つ価値体系の間を揺れ動く

小林健二《こばやしけんじ》氏は『描かれた能楽』で、大鳥壽子氏の議論を引き継ぎつつ、次のように述べる。「ここには是害房の悲壮な決意というよりも、魔道に堕《お》ちた苦悩者としての諦観にも似た心情があらわれている（中略）。魔性の者になりきれない悩める魔物といった人間的な是害房の造型がなされている」。両氏の述べる通り、善界坊は、二つの価値体系の間で心が揺れ動いている苦悩者なのである。ここには、天狗の滑稽性を描いた『是害房絵』とは異なる、定盛独自の人物形象が見られる。

能の冒頭部分に、「神の御国《みくに》はこれかとよ」という一節があったことを思い出したい。善界房は、天狗の魔道の価値のみを絶対化し、他の考え方を頭ごなしに否定しているのではない。道行《みちゆき》でシテは、「名にし負ふ豊葦原《とよあしわら》の国つ神」とも述べている。この天狗は、来日以前から神国日本という考え方を知っていた。そして、これにいささか敬意のようなものを感じていたらしい。「これがあの神の国か」という発話には、そのような含意がある。善界坊は、複数の価値体系を知り、その中間で心が揺れ動き続けている、思索的な人物である。これは、混血二世の作者竹田法印定盛の心の反映にほかならない。

善界坊　世の中は、夢か現《うつつ》か現とも、

（善界坊）夢ともいさや白雲《しらくも》の、かかる迷ひを飜《ひるがへ》し、帰服せんとは思はずして、いよいよ我慢《がまん》の幡幢《はたぼこ》の、靡《なび》きもやらで徒《いたづ》らに、行者《ぎやうじや》の床《ゆか》を窺《うかが》ひて、降魔《がうま》の利剱《りけん》を待つこそはかなかりけれ。

ここにも、内省的なシテの姿を見ることができる。善界坊は、行動一辺倒の人物ではない。「かかる迷ひ」とあるように、この異形の者は、仏法と魔道の間で揺れ動いている。「降魔の利剱を待つこそはかなかりけれ」は、不動明王の持つ剣によって退治されるのを待つばかりなのが浅ましいという意味である。「はかなかりけれ」という言葉の裏には、自分を見つめるもう一人の自分がいる。作者竹田法印定盛《じょうせい》は、《善界》に自らのアイデンティティーの悩みを託した。小林健二氏の言う「魔道に堕ちた苦悩者としての諦観」「魔性の者になりきれない悩める魔物」は、どちらも、自分は何物なのかという根元的な懊悩を示すものである。

なお、地謡《じうたい》が謡う「待つこそはかなかりけれ」は、シテが最終的に敗れ去ることを観衆に予測させる伏線になっている。そして、悩める善界坊に実行を促すのは、先程まで弱気だったはずの、日本の天狗太郎坊である。

太郎坊　かくては時刻移りなん。いざ諸共《もろとも》に立ち出《い》でて、比叡《ひえ》の山辺《やまべ》のしるべせん。
善界坊　法《のり》の為《ため》、今ぞ愛宕《あたご》の山の名に、頼みを懸《か》けて思ひ立つ、雲の懸橋《かけはし》うち渡り、
（善界坊）我が名や外《よそ》に高雄山《たかをやま》、東《ひがし》を見れば大比叡《おほびえ》や、
善界坊　横川《よかは》の杉の梢《こずゑ》より、
（善界坊）南に続く如意《によい》が嶽《だけ》、
（語り手）鷲《わし》のお山の雲や霞も、嵐と共に失せにけり。嵐と共に失せにけり。　［中入《なかいり》］

後場の時と場所

中入《なかいり》では、アイ比叡山の能力《のうりき》が登場する。僧正の命令で都に急いでいた能力は、行く手が急に暗くなったので、怯《おび》えて引き返したのだった。後場《のちば》ではまず、ワキ飯室《いむろ》の僧正《そうじょう》と、二人のワキツレの従僧が舞台に出る。ただし、謡曲のテクストにワキ僧の名前は見られず、中入の間《あい》狂言によって明かされる形をとっている。飯室の僧正の名は、《善界》の典拠『是害房絵』（鎌倉時代末期）にも見られるから、後世の間狂言作者が独自に付け加えた設定ではなく、初演当初からのものと考えて良いだろう。これは、尋禅《じんぜん》（九四三〜九九〇）という実在の人物である。能の時代背景を示す手がかりは、間狂言にのみあり、謡曲本文では明示されていない。

僧正ら　勅《ちょく》を受け、我が立つ杣《そま》を出《い》でながら、急ぐも同じ名に高き、大内山《おほうちやま》の道ならん。

僧正　かくて漸《やうや》う大比叡《おほびえ》を、下《お》りつつ行けば不思議やな。あれに見えたる下《さが》り松の、

（僧正）梢《こずゑ》の嵐吹きしをり、梢の嵐吹きしをり、雲となり雨となる。山河草木《さんかさうもく》震動し、天に輝く稲光《いなびかり》、大地に響く雷《いかづち》は、肝魂《きもたましひ》を昏《くら》まかす。こはそも何《なに》の故《ゆゑ》やらん。こはそも何の故やらん。

ワキ飯室の僧正は、天皇の命を受けて、比叡山中から内裏《だいり》（大内山）へ赴く途上にある。間狂言の言葉によれば、「勅」とは次のような内容のものだった。天狗の善界坊が「都にて色々悪事をなし申す間《あひだ》、僧正へ勅使あつて、急ぎ御出《おんい》であつて御《ご》祈禱あれかしとの御事《おんこと》なり」（『謡曲大観』）。つまり、外国から来た

悪い天狗によって、すでに洛中に災《わざわ》いがもたらされており、これを鎮圧するために、比叡山の高僧が呼ばれたのだった。後場《のちば》冒頭の時点で、僧正や従僧は、善界坊の存在をすでに知っていたことになる。

では、後場の舞台は、どこなのだろうか。「大比叡を下《お》りつつ行けば」とあるから、比叡山麓「下《さが》り松」付近なのだが、飯室《いいむろ》は滋賀県側の中腹にある。ここから山を下ると、琵琶湖に出てしまう。しかしそれでは、末尾の文章と整合しない。「東を見れば山王権現《さんわうごんげん》、南に男山《をとこやま》、西に松の尾、北野や賀茂の」とある以上、京都府側の山麓とするのが順当と思われる。枝が下がった松を意味する「下《さが》り松」は、『是害房絵』に描かれており、『日本古典文学全集』『新日本古典文学大系』の注は、京都の一乗寺《いちじょうじ》下《さが》り松を想定している。

地謡《じうたい》部分にある「雲となり雨となる」は、神・鬼・霊の出現の予兆を示す表現である。《須磨源氏《すまげんじ》》にも、同様の用例が見られる。三宅晶子《みやけあきこ》『歌舞能の系譜』によれば、この言葉には三種類の用法があり、人の死を意味する場合や、神や鬼・霊が昇天する場面にも使われる。《船橋《ふなばし》》《松山鏡《まつやまかがみ》》《定家《ていか》》、あるいは《融《とおる》》《金札《きんさつ》》などに見られる詞章である。素人作者定盛《じょうせい》は、先行曲の表現を上手に取り入れたのだろう。

比叡山と室町幕府

ではそもそも、なぜ竹田法印定盛《じょうせい》は、比叡山の僧正をワキに設定したのだろうか。延暦寺は、幕府としばしば対立した。天狗の襲撃から比叡山を守る《善界》は、時期によっては、将軍を天狗になぞらえた幕府批判と受け取られかねない。もちろん、御用《ごよう》医師がそのような不穏《ふおん》な能を作るとは考えられない。この曲は、どのような政治的環境下で創作されたのだろうか。

室町時代、比叡山は絶大な力を持っていた。当時の延暦寺は、単なるお寺ではなかった。近江《おうみ》などに広大な荘園を持つ領主であり、琵琶湖の水運に津料《つりょう》を課す物流利権者であり、高利貸《こうりがし》の土倉《どそう》や酒屋に資金を提供する投資銀行でもあった。これらの既得権益を守るため、僧兵という戦闘集団を維持していた。

幕府は、強大な軍事力を持つ延暦寺と二回戦った。第一回は、足利義教《よしのり》（一三九四～一四四一）治世下、永享《えいきょう》七（一四三五）年の山門騒動で、定盛は数え年十五歳だった。将軍は比叡山の使者を斬《き》り殺した。幕府軍が圧力をかけた結果、根本中堂が焼けている。延暦寺との二度目の戦闘は、管領細川政元《かんれいほそかわまさもと》（一四六六～一五〇七）による明応《めいおう》八（一四九九）年七月二十日の焼き討ちで、定盛は数え年七十九歳。第十一代将軍足利義澄《よしずみ》（一四七九～一五一一）の時代である。権力者に仕えた医師竹田法印定盛が《善界》を創作したのは、室町幕府と比叡山の関係が良好な期間に限られる。ワキの設定が、能の成立時期を推定する重要な手がかりになるのである。

まず、六代将軍の在世中に《善界》が作られることはなかったと考えられる。足利義教は比叡山を攻撃した当本人なので、曲の成立は、嘉吉《かきつ》元（一四四一）年に義教が暗殺された後でなければならない。この事件は、定盛二十一歳の時のことだった。また、細川政元が比叡山を焼き討ちした明応八（一四九九）年以降の制作でもないだろう。細川政元は、永正《えいしょう》四（一五〇七）年に謀殺されたが、竹田法印定盛が亡くなったのは、その翌年永正五（一五〇八）年である。

注目すべきは、文亀《ぶんき》三（一五〇三）年九月十九日に、室町殿で「是害」が上演されている事実である（『実隆公記《さねたかこうき》』）。文献上最初の《善界》演能記録である。管領細川政元批判と受け取られかねない本曲を、権力の中枢で演じることができたのは、《善界》が旧作だったからだろう。仮に初演であったならば、政治諷刺の作品とみなされ、定盛の立場は危うくなる。馴染みのある定番曲ゆえに、安心して舞台に上げることができたに違いない。当日は「猿楽十二番」が演じられたが、「狭衣《さごろも》」に「新作之能也《なり》」と注記される一方、「是害」は演目名のみが記されている。この事実は、文亀三年の時点で、「是害」が新作ではなかったことを強く示唆している。

あくまでも仮説に過ぎないが、竹田法印定盛は、嘉吉三（一四四三）年九月二十三日の禁闕《きんけつ》の変を念頭に、この作品を書いた可能性もあるのではないか。内裏《だいり》に火をつけ、比叡山に逃げ込んだ南朝勢力の残党を、延暦寺が討ち取った。朝敵を比叡山の僧が撃退したのである（中村直勝《なおかつ》『東山殿《ひがしやまどの》義政私伝』）。定盛は二十三歳。青年の心には、この騒動が深く心に刻まれたことだろう。ただし、事件直後の創作とは限るまい。後年、能を制作した時に、過去の記憶が作用したといった程度だったかも知れない。宮中で暴れる兇徒《きょうと》。これを討つ比叡山の僧兵。このような状況は、《善界》の世界と政治的に符合している。

善界坊と僧正の思想対決

前場《まえば》で山伏姿だったシテは、中入《なかいり》で装束を改め、天狗の出立《いでたち》で再び舞台に現れる。ツレ太郎坊は登場しない。ワキ座には車の作り物が据えられており、ワキ飯室《いむろ》の僧正と二人のワキツレ従僧がいる。善界坊とワキ僧の対決場面だが、詞章をよく読むと、この部分は思想対立の表現にもなっている。後《のち》シテの善界坊は、もはや悩める存在ではなく、強い意志を持つ天狗である。天狗の登場にあたっては、能の冒頭部と同様、「雲」が描かれる。

善界坊　そもそもこれは、大唐の天狗の首領善界坊とは、我が事なり。あら物々《ものもの》しや。いかに御坊《おんぼう》。

今更何《いまさらなに》の観念をかなせる。それ若作《にやくさ》障碍《しやうげ》即有《そくう》一仏《いちぶつ》魔境《まきやう》と説《と》けり。あら傷《いた》はしや。欲界の内に生まるる輩《ともがら》は、

（善界坊）悟《さと》りの道やそのままに、魔道の巷《ちまた》となりぬらん。

（僧正）不思議や雲の中《うち》よりも、不思議や雲の中よりも、邪法《じやはふ》を唱《とな》ふる声すなり。本《もと》より魔仏一如《まぶついちによ》にして、凡聖不二《ぼんしやうふに》なり。自性《じしやう》清浄《しやうじやう》天然《てんねん》動きなき、これを不動と名づけたり。［立廻《たちまわり》］

僧正　聴我説者得大智慧《ちやうがせつしやとくだいちゑ》、吽多羅吒干満《うんたらたかんまん》。

（語り手）その時御声《みこゑ》の下《した》よりも、その時御声の下よりも、明王《みやうわう》現れ出《い》で給へば、矜迦羅制多迦《こんがらせいたか》十二天、各々《おのおの》降魔《がうま》の力を合はせて、御先《みさき》を払つておはします。［働《はたらき》］

シテ善害坊の唱える「若作《にやくさ》障碍《しやうげ》即有《そくう》一仏《いちぶつ》魔境《まきやう》」は、出典不明とされている。もし魔物が来て修行の妨害をしたならば、その魔境にも一仏がいる、という意味である。魔仏一如《まぶついちによ》、対立するものも結局は一つだという、典型的な中世の発想である。だから、悟りを捨てて魔道に入るのではなく、「悟りの道やそのままに、魔道の巷《ちまた》となりぬらん」となる。

前場で善界坊は、仏道と魔道の間で悩み、揺れ動いていた。しかし、魔仏一如であるならば、もはや懊悩する必要はない。ありのままの魔道の自分で良いことになる。あなたはあなたのままでいいんだよ、という思想である。このような考えに到達した善界坊からすれば、僧正は気の毒な存在であり、「あら傷《いた》はしや」という発言につながる。

一方ワキ僧は、「本《もと》より魔仏一如」の思想を善界坊と共有しつつも、この考え方を利用して人を魔道に

引き入れようとする天狗の行為を「邪法」とする。そして、前場で善界坊が恐れていた不動明王の名を唱える。すると、不動明王ばかりか、矜迦羅童子《こんがらどうじ》、制多迦童子《せいたかどうじ》、さらには十二天まで出現し、天狗を攻撃にやってくる。善界坊のありのまま主義の論理は、高僧には通用しなかった。両者は、魔仏一如の価値観を前提としつつ、全く正反対の結論を導き出している。

神々出現の意味するもの

《善界》の作者は、曲の最後で、『是害房絵』には見られない日本の神々を登場させる。伊藤正義《いとうまさよし》氏が、「神々の威力を付加し」「是害坊説話の新たな変型を作り出している」（『新潮日本古典文学集成』）と指摘する通りである。ここには、定盛《じょうせい》独自の工夫がある。混血二世の竹田法印定盛は、物語を天狗対仏法という枠組みではなく、日本対チャイナという国際意識の中で理解し、描き出したことになる。

善界坊　明王諸天《みやうわうしよてん》はさて置きぬ。
（善界坊）明王諸天はさて置きぬ。東風《こち》吹く風に東を見れば、
善界坊　山王権現《さんわうごんげん》、
（語り手）南に男山《をとこやま》、西に松の尾、北野や賀茂の、山風神風《やまかぜかみかぜ》吹き払へば、さしもに飛行《ひぎやう》の翅《つばさ》も地に落ち、力も槻弓《つきゆみ》の八洲《やしま》の波の、立ち去ると見えしが、また飛び来《きた》り、「さるにても、かほどに妙《たへ》なる仏力神力《ぶつりきしんりき》、今より後《のち》は来《きた》るまじ」と、言ふ声ばかりは虚空《こくう》に残り、言ふ声ばかり虚空に残つて、姿は雲路《くもぢ》に入《い》りにけり。

善界坊をこのように日本から追い払っても、天狗は大陸で悪事を働くだろう。本来なら、この魔物を仏道にひき入れるか、存在自体を滅ぼすべきだった。ところが作品では、日本の神々までが加勢し、東シナ海の向こう側へ退散させることで、大団円を迎える。すなわち《善界》の語り手は、大唐がどうなろうと知ったことではないという立場に立っている。これは混血二世の作者定盛が、仏魔の対立よりも、日本とチャイナの二項対立をより重視していることを示す語りである。異国の天狗を国外に追い払うという結末は、身も心も日本人として生きたいという、竹田法印定盛の無意識の意思表示と解釈したい。

能《善界》は、このようにして幕を下ろすのだが、では物語の最後には、どのような日本とチャイナが残されるのだろうか。ワキ飯室《いむろ》の僧正を始め、諸仏や日本の神々の力によって、聖地比叡山は守られた。我が国は依然として、仏法の栄える素晴らしい国のままである。一方大陸は、「大国」であることに変わりはないが、天狗善界坊の暗躍により、「魔道の巷《ちまた》」と化している。国中に悪がはびこり、神聖なはずの「育王山《いわうざん》 青龍寺《しやうりゆうじ》、般若台《はんにやたい》に至るまで」、魔の力に支配されている。日本は良い国、チャイナは悪い国。両国の明暗や優劣は極めて対照的である。

そして、このような対外観は、竹田法印定盛のチャイナ観でもあった可能性が高い。京都・元竹田町《ちょう》にあった彼の屋敷には、薬剤や医書など、明国《みんこく》のモノと情報が満ち満ちていた。当時の日本において、特権的と言っても良いくらい、海外の文物に親しんでいたはずの定盛が、このような両国の対比を描いた事実は、極めて興味深い。

《善界》の三名の登場人物は、互いにアイデンティティーを異にしている。シテ善界坊は大唐を「我が国」とする天狗であり、ツレ太郎坊はチャイナの仏敵に協力する売国的な天狗である。そして、ワキの僧正は、神々や諸仏に守られた生粋《きっすい》の日本人だった。これらは、みな混血二世定盛の分身と言えよう。語り手は、後場《のちば》から裏切り者のツレを消し去り、大陸から来た悪い善界坊を追放することで、物語を終結させた。《善界》は、作者一人の内面の葛藤を、複数の人物の対立の形で表現したドラマと言えよう。

後場での太郎坊不在

ところで、能が終わっても、私たち観客には一つの疑問が残されたままである。ツレ太郎坊は、後場《のちば》での比叡山攻撃に加わっていたのか。それとも、シテ善界坊を延暦寺まで道案内した後、こっそり姿をくらませてしまったのか。前者ならば、太郎坊は天狗仲間の連帯を重んじて、チャイナから来た首領に全面協力したことになる。後者の場合は、日本の天狗として、異国から来た善界坊とは違う道を選んだことになる。ツレは、中入《なかいり》で幕に入ったまま、二度と姿を表さない。これをどう解釈すべきか。

曲の出典『是害房絵』には、二人が共に比叡山の僧と戦う場面が描かれている。また、中入直前のツレ太郎坊の言葉に、「いざ諸共《もろとも》に立ち出《い》でて、比叡《ひえ》の山辺のしるべせん」とある。さらに、前場《まえば》で善界坊は、「自他の本意を達し給へ」と、太郎坊に比叡山攻撃を唆《そそのか》している。仏法を妨げたいという太郎坊の目的を「達し給へ」と、善界坊が勧めているのである。つまり、比叡山攻撃の主体は、太郎坊であるはずだ。後場にツレ太郎坊が登場すべきところではないだろうか。それなのになぜ、ツレが出ないのか。

右の疑問は、一曲の主題をどう読み解くかにかかわってくる。《善界》の本質は、天狗と仏法の対決物語ではなく、日本を害しようとする異国の者を撃退した愛国物語なのである。ところが、前場と後場には、いささか構想のずれがある。前場は主として天狗対仏法、後場は日本対チャイナという構造になっている。二種類の対立軸の存在が、後場での太郎坊不在を生み出し、太郎坊が比叡山攻撃に参加したかが不明になるという矛盾を生み出した。私はそう考えている。

間《あい》狂言に興味深い台詞《せりふ》がある。「その上太郎坊などは、日本《にっぽん》の事をよく知られ、今まで聊爾《れうじ》なる事を召されぬに、いかに善界坊の申さるればとて、同心申さうずるとあるは、ちと太郎坊の分別違ひかと存ずる」（『日本古典文学全集』）。この箇所からは、日本で比叡山と太郎坊が、立場を越えて共存していたことがわかる。それが日本の国柄である。いくら天狗でも、同じ日本人ではないかというのだ。太郎坊は延暦寺に対し、「聊爾なる事」、つまり乱暴はしていなかった。日本国内のこの平和均衡状態を崩しに来たのが、大唐の天狗善界坊だった。従来は、僧侶と天狗が折り合いをつけ、相互に尊重し合う中で共存を実現していた。比叡山の能力《のうりき》には、天狗を殲滅《せんめつ》しようという意図はない。チャイナから来た善界坊こそが、日本的平和秩序の破壊者なのである。

これは、後場の比叡山攻撃の場面に太郎坊が登場しない事実と整合している。《善界》の観客は、そして作者も、チャイナの天狗と日本の天狗が協力して比叡山を攻める場面など、見たくないだろう。定盛《じょうせい》は、意図的にツレを後場に登場させなかったと考えられる。太郎坊は、日本を「我が国」と呼んでいる。異国の天狗による比叡山攻撃に、最終的には参加しなかったと考えるのが、自然な解釈である。太郎坊は外国の天狗に唆《そそのか》されたが、実行は一切しなかった。そう理解すべきだ。《善界》のテクストでは、大唐の天狗だけが、最終的な悪者として退けられたのだった。

創造力の源泉

以上《善界》を、混血二世の作者竹田法印定盛《じょうせい》の自己同一性をめぐる葛藤の劇として読み解いてきた。

そもそも、芸術の創作者が良い作品を生むには、何が必要だろうか。それは、作者が自らの無意識の力を動員することである。冷静な計算や巧みな技術だけで、良い作品を書くことは難しい。《善界》は名作であり、人気曲である。江戸幕府開府以前だけでも、四十五回の上演記録が存在する。定盛がたった一曲だけで後世に名を残し得たのは、自分の心の底に沈んでいる激しいアイデンティティーの葛藤を、無意識の領域から掘り起こし、形を変えて表現し得たからだろう。

芸術の作り手は、必ずしも自分の作品を客観視できるとは限らない。定盛自身、《善界》を、自らの自己同一性の問題を扱った曲とみなしていなかった可能性も考えられる。天狗の話を材料にして、面白そうな能を書いてみただけだと思っていたかも知れない。しかし、わずか一作であっても、秀作を生み出すことができたのは、それが優れた心理表現になっていたからである。中世にあって、《善界》は一種の近代的な自己表現を実現している。苦悩が深ければ深いほど、作品には不思議な力が宿り、享受者に魅力を感じさせる。《善界》は、アイデンティティーの問題に苦しんだ混血二世の手による、優《すぐ》れた心のドラマなのである。

第六章

《岩船》

——日本中心型華夷観

一、島津元久の上洛

日本中心の華夷観に基づく曲

日本人は一体いつから、中華世界に特別な権威を認めなくなったのだろうか。またいつから、チャイナを低く見るようになったのだろうか。

明治の時期が、尊敬から軽侮《けいぶ》への転換点だったと言われることがある。荻生徂徠《おぎゅうそらい》のような徳川時代の儒学者らには、孔子を礼賛し、漢土を敬慕する傾向があった。これと比較するならば、日清戦争前後に湧き上がった国民的規模の支那侮蔑《ぶべつ》は、確かに日本人の対外観の一大変化であるように思われる。しかし、そのような見立ては、やや単純にすぎるだろう。前近代は憧憬、近代は蔑視と、図式的に二分することはできない。古代から近世までを唐土《とうど》崇拝一色で塗りつぶすのは、かなり一面的である。チャイナを日本の下位に位置付ける価値観は、近代以前から存在したのではあるまいか。伏流水の源は、さらに川上の方にあるに違いない。

このような疑問を持ちつつ、日本の歴史をふりかえる時、室町時代の能成立期が注目される。我が国を上位国とし、大陸を含む周辺国を属国視する、日本中心の世界観。その水源の一部は謡曲にもある。本章では、能《岩船《いわふね》》を取り上げ、作品にあらわれた日本中心型華夷観について考えてゆきたい。

一三六八年に明朝《みんちょう》が成立すると、洪武帝《こうぶてい》・建文帝《けんぶんてい》・永楽帝《えいらくてい》は、中華思想に基づく華夷秩序を推し進め、対外威圧政策を実行した。我が国も、これに取り込まれた。三代将軍足利義満《あしかがよしみつ》は、明の皇帝から日本国王に冊封《さくほう》され、臣下の立場で朝貢《ちょうこう》を行った。義満の対明従属的な外交姿勢が、当時の日本人の顰蹙《ひんしゅく》を買ったことは、「はじめに」で触れた通りである。

では、室町時代の日本人は、反発を覚えながらも、差別的な華夷思想を唯々諾々《いいだくだく》と受け入れたのだろうか。いやむしろ、当時の人々の反応は、より創造的だった。能《岩船》に典型的に見られるように、日本人は中華思想を換骨奪胎し、日本中心型華夷観ともいうべき新しい言説を生み出していった。

橋本雄《はしもとゆう》氏は『中華幻想』で、足利将軍「室町殿は（通説の言うように）「国王」になりたかったのではなく、むしろ「皇帝」にこそなりたかったのだという結論に逢着した」と述べる。非常に鋭い指摘である。橋本氏はさらに、朝鮮使・琉球使・明使に対する外交儀礼を分析しつつ、これらの使節が「《仮想の朝貢使節》と見なされていたことはほぼ確実だ」と論じている。周囲の国々が、貢《みつ》ぎ物を持って日本にご挨拶に来た、という発想である。東アジアの外交的軋轢《あつれき》が激しい時代だったからこそ、大陸の自国至上主義的な価値観が伝播《でんぱ》し、日本を頂点とする地理意識が展開した。北京中心の華夷秩序を相対化する、新たな国際認識の誕生である。

ただし、日本を中央に位置づける世界観は、橋本雄氏も指摘するように、現実に構築された体制ではなく、「仮想の国際関係」「仮想の対外観」にすぎなかった。能《岩船》にあらわれた日本中心型華夷観もまた、あくまでも「観」であって、舞台上に作られた一種の虚構である。そこで以下、まず能《岩船》の成立事情を考察し、詞章を丁寧に読むことから始めたい。

初演は応永十七年六月二十九日

《岩船》は世阿弥の作で、応永《おうえい》十七（一四一〇）年六月二十九日に、京の島津邸で初めて演じられた。私はそう考えている。当日の演目記録は存在しないが、脇能《岩船》の詞章自体が、この場の政治的文脈とぴたりと符合する。謡曲のテクストの分析から、この日の初演が強く推定されるのである。

応永十六（一四〇九）年、島津元久《しまづもとひさ》（一三六三〜一四一一）は、四代将軍足利義持《よしもち》（一三八六〜一四二八）から、薩摩の守護職を認められた。元久は、翌応永十七年六月、琉球経由で入手した厖大《ぼうだい》な量の舶来品を携えて上京した。将軍への挨拶が目的である。奥州家《おうしゅうけ》島津氏の元久は、総州家《そうしゅうけ》島津氏との争いを経て、薩摩半島南部の貿易港坊津《ぼうのつ》を獲得する。南海交易の拠点を押さえたことが、奥州家に有利に働いた。海路を経て堺に入港した島津元久は、応永十七年六月十一日、義持と対面する。

その十八日後の六月二十九日、元久は答礼として、都に新築した屋敷に将軍や管領《かんれい》らを招待し、「観世太夫《たいふ》」世阿弥の能で盛大にもてなした。当日は立秋だった。《岩船》には、「頃も秋立つ夕月の」という一節がある。この曲の物語が立秋の日に設定されているのは、決して偶然ではない。寛大なパトロン島津元久の屋敷での演能を意識した、世阿弥の細やかな配慮であったに違いない。島津氏による将軍義持饗応《きょうおう》の経緯について、吉田賢司《よしだけんじ》氏は『足利義持』で、次のように簡潔に説明している。

［島津］元久は、応永一六［一四〇九］年に薩摩守護職を義持から安堵され、三か国守護職を公認されたのを機に翌年六月、おびただしい数の唐物《からもの》を手土産《てみやげ》に上洛を果たした。元久は総州家との抗争過程で南薩《なんさつ》最大の貿易港だった坊津《ぼうのつ》を掌握しており、上洛時に多種多様な交易品を見せつけて、南九州

が南海貿易の拠点であることを誇示しようとしたのである。堺に到着した島津元久は、赤松義則《あかまつよしのり》の取りなしで「京都ノ仁儀礼法」を教わり、六月一一日に三条坊門第《だい》に出仕して義持に拝謁、同二九日には京都に新造した屋形に義持・諸大名を迎え、世阿弥の演能を催して盛大に歓待した。ここで義持と義嗣《よしつぐ》に献上された中国産の鎧白糸《よろいしらいと》・緞子《どんす》・毛氈《もうせん》・染付鉢《そめつけはち》は、同じく進物の麝香《じゃこう》・沈香《じんこう》・南蛮酒・砂糖とあわせて、琉球からの輸入品であった。管領畠山満家《かんれいはたけやまみついえ》・細川満元《ほそかわみつもと》・赤松義則《よしのり》ら大名や、伊勢貞《いせさだ》経《つね》・畠山持清《もちきよ》・同相模守《さがみのかみ》ら近習《きんじゅう》にも麝香臍《じゃこうほぞ》が贈られた。このとき畠山持重《もちしげ》・同満煕《みつひろ》・同出羽守《でわのかみ》ら畠山一族の多くが、既述のように義持の親衛隊として随行していた。その一人の畠山将監《しょうげん》が座興に「島津殿の荷駄《にだ》を探して、麝香を取らなくては」と冗談を言うと、元久は気前よく残りの麝香を盆に盛って座敷に出したので、義持の座前にもかかわらず近習らがこれを奪いあう騒ぎになった。

この記述からは、《岩船》の次の部分が連想される。「運ぶ宝や高麗百済《こまくだら》、唐土舟《もろこしぶね》も西の海」「宝の御舟《みふね》をつけ納め、数万《すまん》の捧《ささ》げもの、運び入るるや心の如く、金銀珠玉は降り満ちて、山の如くに津守《つもり》「積もり」の浦の」。遠来の船で海外の財宝が献上されるという《岩船》の構想は、島津元久海路上洛の事実と照応している。世阿弥が能を演じたのは、高価な舶来《はくらい》の唐物《からもの》が島津邸に満ちていた、この日この時この場なのであった。

演能当日の様子

吉田賢司氏の文章の主要な典拠は、『山田聖栄自記《やまだしょうえいじき》』である。東京大学史料編纂所編『大日本史料』に基づいて読み下し、現代語訳を添える。

一、御所《ごしよ》の御目《おめ》を懸《かけ》られ候《さうら》ふ旁々《かたがた》には、何《いづ》れも太刀《たち》一腰《ひとこし》、料足《れうそく》百貫、都合千貫なり。管領《くわんれい》の御酌《おしやく》にて、御酒御給候《ごしゆおんたまひさうらふ》。進上物《しんじやうもの》、赤松殿《あかまつどの》子息の中《なか》、一々《いちいち》取り上げ申さる。夫《それ》より、種々興共《しゆしゆきやうども》御座《ござ》候《さうら》ひけるに、畠山将監殿《はたけやましやうげんどの》仰《おほ》せけるは、「御近習《ごきんじふ》、若御旁々《わかごかたがた》、嶋津殿《しまづどの》の荷《に》をさがされ候《さうら》ひて、この麝香《じやかう》を取られ候《さうら》はでは」と仰《おほ》せられける程に、御前《ごぜん》の御旁々《おんかたがた》へも、時《とき》の興なれば、同前に候《さうらふ》の処《ところ》、御前《ごぜん》も御笑《おわら》ひ候《さうら》ひける程に、余《あまり》に荷《に》なども見苦敷候《みぐるしくさうらふ》。如何《いか》に元久思《もとひさおぼ》し召《め》して、麝香《じやかう》の残り、また御家来《ごけらい》に御尋《おたづ》ね候《さうら》へば、一つ二つづつ置けるは、盆につみて御《お》座敷に出《いだ》さる。其時《そのとき》、御近習《ごきんじふ》の畠山将監殿《はたけやましやうげんどの》を始《はじ》めとして、思《おも》ひ思《おも》ひに奪ひ取り、御前《ごぜん》を忘られ候程《さうらふほど》に、興も出来《いでき》候《さうらひ》けると、下向《げかう》の御供《おとも》の旁々《かたがた》、物語るを承り伝へ候《さうら》ひ畢《をは》んぬ。その後《のち》、御《ご》用意たくはへの弓と矢を、取り出《い》で取り出《い》で、同じく征矢《そや》、箭櫃《せんひつ》よりいだき出《いだ》し、末座落《まつざおち》の間《ま》に出《いだ》され候《さうらふ》。「是《これ》は何《いづ》れに」と上意《じやうい》下さる。元久《もとひさ》、「国に於《お》いて合戦仕《かつせんつかまつ》る用意に候《さうらふ》、舟中《しうちゆう》の用心に候《さうらふ》」と、畠山将監殿《はたけやましやうげんどの》に対し仰《おほ》せられ候《さうら》へば、弓の中より撰《えら》びにて取られ候《さうらふ》。二三《にさん》張《はり》、五六張《ごろくはり》、取られ候方《さうらふかた》も有り。御所《ごしよ》の御前《ごぜん》を憚《はばか》らざる様候《さまさうら》ひける事は、島津殿屋形《やかた》の位《くらゐ》に御成《おな》り候《さうらふ》の故《ゆゑ》、忝《かたじけな》くも上聞《じやうぶん》に御叶《おんかな》ひ候《さうらふ》。赤松方《がた》の取り成し候《さうらふ》の上《うへ》は、題目、かく謂《い》ひ候《さうら》ふか。猿楽観世太夫《たいふ》、参り、能仕候《つかまつりさうらふ》、嶋津殿《しまづどの》より、七尺《ななしやく》に余《あま》る丸貫《まるぬき》の大太刀《おほだち》を給《たまは》る。その外《ほか》、料足《れうそく》風情は、書き付《つ》くるに及ばざる処《ところ》なり。

【現代語訳】

一、島津元久《しまづもとひさ》殿は、将軍足利義持様がお目をかけておられる重臣の皆様に、それぞれ太刀《たち》一振《ひとふ》りと金銭百貫ずつ、合計千貫分を献上されました。将軍は、島津元久殿に酒をお勧めになられました。島津元久殿にお酌をしたのは、管領畠山満家《かんれいはたけやまみついえ》殿でした。赤松義則《あかまつよしのり》殿のご子息様たちは、島津元久殿の贈り物のなかから、銘々《めいめい》好きな物をお取りになりました。その後、いろいろな余興が行われました。管領畠山満家殿は、冗談でこうおっしゃいました。「ご近習《きんじゅう》も若君《わかぎみ》の皆様も、島津元久殿の荷物を漁《あさ》って、この麝香《じゃこう》を盗み取らないといけませんね」。すると島津元久殿は、将軍の御前《ごぜん》におられた全ての方々へも、その場の勢いで、先程と同じように贈り物をされました。そのため、将軍もお笑いになってお られましたが、座敷に取り広げられた荷物類の多さは、むしろ見苦しいほどでした。島津元久殿は何を思ったのか、「余った麝香は要りませんか」と、将軍のご家来たちに尋ねられたのですが、先程は一つ二つと置いたものを、今度はお盆に山盛りにして座敷に出されました。その時、ご近習の管領畠山満家殿をはじめとしたお歴々が、われがちにこれを奪い合いました。将軍の面前であることすら忘れるほどで、大変愉快なことでした、とのことでございます。島津屋敷から退出したお供の方々から、このような話を伝え聞いたのでございます。その後、島津元久殿は、たっぷりとご用意されていた弓や矢を、次々と取り出し、また、実戦用の矢を箱から抱きかかえるように出して、末席の部屋に出されました。将軍足利義持様は、「これは誰に差し上げるものか」とお尋ねになりました。島津元久殿は、「領国で合戦をする準備でございます。船の旅の用心のためでもございます。」と、管領畠山満家殿に申し上げられたところ、管領畠山満家殿は、弓の中から好きなものを選んで、自分のものになさいました。二三張り、五六張りと取られた方もございました。将軍の前であることすら気にせず、贈り物を分け合う鷹揚なことになったのも、島津元久殿が、お屋敷を構える程の高い身分になられた、お目出度い場だったからでございます。島津氏が北朝に靡《なび》いたことは、後小松《ごこまつ》天皇の御心《みこころ》にもかなうことでございます。赤松義則殿が島津元久殿を将軍にご仲介なさったために、進上品の名目を、あえて「領国で合戦をする準備」とか「船の旅の用心のため」などと表現なさったのでしょうか。猿楽師の世阿弥がやって来て、能を上演しました。世阿弥は島津元久殿から、二メートルを越える大きな毛抜形太《けぬきがたた》刀《ち》を与えられました。そのほかにも、金銭類が世阿弥に下賜《かし》されたのは、記すまでもないことです。

世阿弥が拝領した「七尺に余る丸貫《まるぬき》の大太刀《おほだち》」について、表章《おもてあきら》氏は『観世流史参究《さんきゅう》』で、次のように述べている。「小男だったと伝えられる世阿弥がこの大太刀をどうもて扱ったものか、想像するだにほほえましい。小男と聞き知って選択した禄物ではなかったろうか」。この日の演能は、右のような極めて政治的な場で行われたと考えられる。

二、《岩船》を読み解く

代替貿易を模索していた義持

脇能《岩船》の内容は、島津元久上洛の政治的文脈と、どのように照応し、どのような寓意として機能しうるのだろうか。以下、島津邸での将軍饗応《きょうおう》と、曲の言葉とを比較しつつ、両者の対応関係を論じてゆきたい。現行観世流《岩船》は、本来の形を大幅に省略した半能形式なので、引用は宝生流の現行詞章に依り、断続的に全文を引用した。なお、現存する最古の《岩船》謡本である観世元頼《もとより》本（一五五四年）以降、本文の異同は比較的少ないとされている。

勅使・従者　げに治まれる四方《よも》の国、げに治まれる四方の国、関《せき》の戸さざで通はん。

勅使　抑是《そもそもこれ》は、当今《たうぎん》に仕《つか》へ奉る臣下なり。偖《さて》も我が君、賢王にましますにより、吹く風、枝をならさず。民《たみ》、戸ざしをささず。誠にめでたき御代《みよ》にて候《さうらふ》。さる間《あひだ》、摂州住吉《せつしうすみよし》の浦に、始めて浜の市《いち》を立て、高麗唐土《こまもろこし》の宝を買ひ取るべしとの宣旨《せんじ》にまかせ、唯今《ただいま》、津の国住吉の浦に下向《げかう》仕《つかまつ》り候。

この冒頭部分で、「当今《たうぎん》」たる天皇は、「高麗唐土の宝を買ひ取るべしとの宣旨」を勅使に下している。ワキ勅使は、舶来品入手のため、「摂州住吉の浦に始めて浜の市を立て」るべく出発する。もちろん、日本人ばかりが市場に集まっても、「高麗唐土の宝」などもたらされない。港には、外国からの船に来てもらう必要がある。

一方この頃、足利義持は、国際貿易上の難題に直面していた。「はじめに」や第一章「《白楽天《はくらくてん》》――華夷秩序を拒絶」で述べたように、将軍は対明断交を決行する方針だった。応永十六（一四〇九）年に来日した永楽帝使節周全《しゅうぜん》の帰国に合わせ、日本側の使者堅中圭密《けんちゅうけいみつ》を派遣、明に国交断絶の意志を伝えようとした。対する明朝は、一貫して海禁政策を採用し、対外貿易を朝貢形式に限定している。皇帝に臣下の礼をとらなければ、大陸から文物を輸入することはできない。室町幕府にとって、唐物《からもの》入手の代替貿易ルート開発が急務になっていた。
そこにあらわれたのが、島津元久である。薩摩は、独自の対外交易を行っていた。応永十七（一四一〇）年六月、琉球や朝鮮からの船来品を、島津氏経由で入手できる可能性が開けてきたのである。再び吉田賢司『足利義持』から引用しよう。

琉球との交渉も、明と断交中の応永二〇年（一四一三）ごろから活性化しており、日明貿易の代替ルートとしての役割を期待され本格化した。（中略）この時期に義持が琉球との交易に着目した背景には、応永一七年に薩摩から上洛した島津元久との引見があったと考えられる。（中略）薬種など東南アジア産の必需品は、これまで中国から間接的に日本に輸入されてきたのだが、琉球ルートによって確保できる見通しが立ったのである。応永二一年一一月二五日、義持は琉球使節の持参品を「進上物」として受け、中山王《ちゅうざんおう》の尚思紹《しょうししょう》に遣使をねぎらう国書を送った。琉球に出した室町幕府文書で、これは確認できる最古のものである。これを機に義持の時代には、毎年のように琉球使船が往来するようになり、島津氏は琉球使節の保護・警護役を担うことになった。

珍宝を満載した船を日本の港に寄せる琉球の使節、異国船を積極的に受け入れる島津氏、献上品を持参した使者を歓迎する足利将軍という構造である。これは、「高麗唐土の宝」をもたらす岩船、船を守護する龍神や天《あま》の探女《さくめ》、宝を捧《ささ》げられる「我が君」の三者の関係を強く連想させる。

「四つの海」と華夷観

「高麗唐土《こまもろこし》の宝を買ひ取るべし」という天皇の命令を奉じるワキ勅使・ワキツレ従者は、引き続き次のような道行《みちゆき》を謡《うた》う。

勅使・従者　何事も、心に叶《かな》ふ此時《このとき》の、
従者　心に叶ふ此時の、
勅使・従者　例《ためし》もありや日《ひ》の本《もと》の、国ゆたかなる秋津洲《あきつす》の、浪《なみ》も音なき四つの海、高麗唐土《こまもろこし》も残りなき、
貢《みつき》の道の末《すゑ》ここに、津守《つもり》の浦に着きにけり。津守の浦に着きにけり。

「浪も音なき四つの海」は、謡曲の定番表現だが、ここでは特に重要な意味を帯びている。「四つの海」すなわち「四海」は、華夷秩序の世界観に基づき、明朝国書で使用された言葉なのである。足利義満宛の永楽帝書状には、次のようにある。「天地の中は、華夷一体にして、帝王の道は、遠邇《ゑんじ》［遠い所も近い所も］仁《じん》を同じくす。昔者《むかし》、虞《ぐ》［伝説上の古代王朝］の徳誕《おほい》に敷《し》きて、外《そと》四海に薄《いた》るまで、咸《みな》、五長《ごちやう》［各地の諸侯］を建《た》つ」（『善隣国宝記《ぜんりんこくほうき》』巻中⑤）。

そもそも中華思想は、天命思想・華夷秩序・徳治主義・易姓革命の四つの要素で成り立っている。立派な人徳を備えた皇帝には、天帝の天命によって地上統治権が委託され、天子と呼ばれる（天命思想）。中華の四方《しほう》東西南北には、文明の遅れた「化外《けがい》の民《たみ》」、東夷《とうい》・南蛮《なんばん》・西戎《せいじゅう》・北狄《ほくてき》が住む（華夷秩序）。周辺国からは、皇帝の徳を慕って朝貢使節がやってくる。彼らは皇帝の徳に感化され、初めて文明の恩沢《おんたく》に浴する

（徳治主義）。しかし、万一皇帝が徳を失えば、天帝は皇帝に与えた地上支配権を取り消し、他の者に与え直す（易姓革命）。これら一連の虚構の物語が、中華思想を支えている。興味深いことに、この古い思想は、現代の中華人民共和国の外交にも少なからぬ影響を及ぼしている。

《岩船》の冒頭部分には、中華思想の四要素のうち、徳治主義と華夷秩序の二つの側面が見られる。「当《たう》今《ぎん》」たる天皇は、「賢王にまします」（徳治主義）と称賛され、「吹く風、枝をならさず。民、戸ざしをささず」と、統治も順調で、「誠にめでたき御代《みよ》」である。その権威は周辺諸国「四つの海高麗唐土」にまで及び、「浪も音なき」平和が実現している。「我が君」天皇の徳を慕って、「高麗唐土」などの海外諸国から、余すことなく（「残りなき」）朝貢の使者が来る（華夷秩序）。なお、中華思想のもう一つの要素たる天命思想については、後場《のちば》での「天《あま》の岩船《いわふね》」の降臨がかかわってくることになる。

日本中心型華夷観の鍵となる「四海」「四つの海」は、謡曲に頻出する語彙である。《岩船》冒頭の次第に、「げに治まれる四方《よも》の国」とあるのも、これに近似した文言と言えよう。「四海」「四つの海」の用例には、以下のようなものがある。いずれも、為政者の治世を言祝《ことほ》ぐ内容をともない、海彼《かいひ》にまで及ぶ天皇の徳治を語っている。

「四海波静かにて、国も治まる時つ風、枝を鳴らさぬ御代《みよ》なれや」《高砂《たかさご》》
「国富み民の竈《かまど》まで、賑《にぎは》ふ鄙《ひな》の御調船《みつきぶね》、四海の波も静かなり」《放生川《ほうじょうがわ》》
「万機《ばんき》の政事《まつりごと》おだやかにして、慈悲の波四海に普《あまね》く、治めざるに平《たひ》らかなり」《難波《なにわ》》
「四海八州《やしま》の外《ほか》までも、波の声万歳《ばんぜい》の響きはのどけかりけり」《志賀《しが》》

「四つの海、波静かなる時なれや、波静かなる時なれや、八洲《やしま》の雲もをさまりて」《弓八幡《ゆみやわた》》

そのほか、《采女《うねめ》》《大社《おおやしろ》》《木曽《きそ》》《金札《きんさつ》》《小鍛冶《こかじ》》《鷺《さぎ》》《正尊《しょうぞん》》《代主《しろぬし》》《草子《そうし》洗《あらい》小町《こまち》》《土車《つちぐるま》》《羅《ら》生門《しょうもん》》などに、「四海」の用例がある。

普天の下王土に非ざるは莫し

中華思想の特徴は、「四海」に象徴される全世界を皇帝のものと考え、全人類を皇帝の臣下とみなす点にあった。チャイナのこの尊大な思想を端的にあらわす言葉が、「普天《ふてん》の下《した》、王土に非《あら》ざる莫《な》く、率土《そつと》の浜《ひん》、王臣に非《あら》ざる莫《な》し」（普天之下、莫非王土、率土之浜、莫非王臣）である。天下に皇帝の所有でない土地はなく、陸上の人間で皇帝の臣下でない者はいないとする、この独善的かつ侵略的な言葉は、現在でも、華語圏の人々に成句として広く知られている。『詩経』「小雅」など、多くの漢籍で使われたこの表現は、複数の謡曲に取り入れられている。

「普天の下、率土の内に、王威をいかでか軽んぜんと」《国栖《くず》》
「普天率土の勅命に依《よ》れり」《小鍛冶《こかじ》》
「普天の下、率土の内は王地《わうぢ》ぞと」《鷺《さぎ》》
「普天の下、率土の内、何処王地《いづくわうぢ》にあらざるや」《田村《たむら》》
「率土四海の内は、王土にあらずと云《い》ふ事なし」《雷電《らいでん》》

重要なのは、これらの用例が一つとして、中華皇帝を念頭に置いていないことだろう。右の引用で、「王」は、例外なく日本の天皇を指している。本来は、チャイナを中心とする中華思想の言葉であったものが、天皇の権威を示す文言として、換骨奪胎されているのである。世界の中央に我が国の天皇が据えられており、日本がチャイナの属国であるなどという発想は、微塵も見られない。佐成《さなり》謙太郎《けんたろう》『謡曲大観』が依拠する元禄本《岩船》のテクストにいたっては、むしろ朝鮮や唐土《とうど》を明確に属国視している。「治めぬ国もおのづから、靡《なび》き従ふ四方《よも》の国、運ぶ宝や高麗百済《こまくだら》、唐土《もろこし》船も西の海」と、高麗・百済・唐土を我が国より下位に位置づけるのである。

このような日本中心型華夷観は、能の言説だけに存在したのではない。『群書類従《ぐんしょるいじゅう》』所収の一条《いちじょう》経嗣《つねつぐ》「北山殿《きたやまどの》行幸《ぎょうこう》記《き》」には、足利義満の統治に関して、次のように書かれている。後小松《ごこまつ》天皇の御代《みよ》が素晴らしいのは、義満が「世をまつりごち給《たまひ》て、君をたすけ民をなづる御《おん》めぐみ、こまもろこしまでも従《したがひ》たてまつるほどの御《おん》勢ひなれば、聖運武運もいよいよ栄えましますにこそ」とある。その後百数十年を経て、豊臣秀吉が朝鮮・明朝征服を企てた文禄《ぶんろく》・慶長《けいちょう》の役《えき》は、「こまもろこしまでも従《したがひ》たてまつるほどの御《おん》勢ひ」という修辞を、文字通り現実化しようとした戦いだったと言えるだろう。

しかしながら、足利義満時代には、日本中心型の国際秩序など、実際には全く存在しなかった。それどころか、三代将軍義満は、臣下として明に朝貢し、自ら進んで属国の国王の地位に甘んじた。室町幕府は、国内すら統一できておらず、「こまもろこしまでも従《したがひ》たてまつる」など、全くの夢想に過ぎなかった。日本中心型華夷観は、所詮は「観」であり、単なる空想上の見立てなのである。

ひるがえって、能《岩船》では、住吉の市に到着したワキ勅使の前に、シテの童子が姿をあらわし、天皇の治世を讃美する。ここにも「高麗唐土《こまもろこし》」が登場する。後場《のちば》の詞章も考え合わせるならば、次の引用部分に見られる二例目の「隔てなき」は、天皇の徳が遠く朝鮮半島や大陸にまで及んでいることを示唆する表現と言えよう。先に引用した永楽帝国書の、「華夷一体」に相当する発想である。

童子　松風も、長閑《のどか》に立つや住吉の、市《いち》の巷《ちまた》に出《い》づるなり。それ円満十里の外《ほか》なれども、ここは所も住吉の、神と君とは隔てなき、誓《ちか》ひぞ深き瑞籬《みづがき》の、久しき代々《よよ》の例《ためし》とて、ここに御幸《みゆき》を深緑《ふかみどり》、松にたぐへて千代までも、ただしき君の御旅居《おんたびゐ》、いづくも同じ日《ひ》の本《もと》の、もれぬ恵《めぐみ》ぞ有難《ありがた》き。いざいざ市《いち》に出汐《いでしほ》の、月面白き松の風、伊勢島《しま》や、汐干《しほひ》に拾《ひろ》ふたまたまも、汐干に拾ふたまたまも、待ち得にけりな此御代《このみよ》に、鸚鵡《あうむ》の玉かづら、かかる時しも生れ来て、民ゆたかなる楽しみを、何にたとへん秋津洲《あきつす》や、高麗唐土《こまもろこし》も隔てなき、宝の市に出《い》でうよ。宝の市に出でうよ。

島津上洛と徳治思想

一方《岩船》には、中華思想の四要素の一つである徳治主義もあらわれている。薩摩から上京し、高価な貢《みつ》ぎ物を持参して将軍に拝謁した島津元久の行動は、治者足利義持の徳を慕ったものと解釈できるからである。世阿弥は、島津氏の行動を、寓意として《岩船》に取り入れたと思われる。次のようなワキ勅使とシテ童子の問答は、徳治思想の理念によくかなっている。

勅使　不思議やな。これなる市人《いちびと》を見れば、姿は唐人《からひと》なるが、声は大和詞《やまとことば》なり。又銀盤《またぎんばん》に玉《たま》を据ゑて持ちたり。そも御身《おんみ》はいかなる人ぞ。

童子　さん候《ざうらふ》。かかる御代《みよ》ぞと仰ぎ参りたり。又これなる玉は、私《わたくし》に持ちたる宝なれども、余りにめでたき御代なれば、龍女《りゆうによ》が宝珠《ほうじゆ》とも思《おぼ》し召され候へ。是《これ》は君に捧物《ささげもの》にて候。

勅使　有難《ありがた》し。ありがたし。それ治まれる御代のしるしには、賢人《けんじん》も山より出《い》で、聖人も君に仕《つか》ふといへり。

「かかる御代ぞと仰ぎ参りたり」とあるように、シテ童子がワキ勅使の前に姿をあらわしたのは、天皇の素晴らしい治世の徳を慕ってのことだった。童子は、「姿は唐人《からひと》なるが、声は大和詞《やまとことば》」と描写されている。外国風の服装をして日本語を話すシテの設定から、私は、異国の装束を身にまとった元久の姿を想像したくなる。

童子は、個人所有の宝物「私《わたくし》に持ちたる宝」を、「君に捧物《ささげもの》にて候」と言いつつ献上する。島津邸における将軍饗応《きょうおう》で、元久が唐物を気前よく献上した事実を強く連想させる一節である。これに対しワキ勅使は、徳治主義の言説で語りかける。天皇の徳を慕って、「賢人も山より出《い》で、聖人も君に仕ふ」というのだ。これは、シテ童子を、「賢人」「聖人」になぞらえるものであり、島津上洛の寓意においては、作者世阿弥から元久への讃辞となる。舞台上では、シテが「是《これ》は君に捧物にて候」と言いつつ、ワキ勅使に近づき、玉を手渡す。

能《岩船》は、島津元久の上洛と将軍義持への唐物《からもの》献上という、生々しい政治的文脈の中で成立したと考えられる。ところが、作品が古典化し、繰り返し上演されてゆく中で、曲の政治的背景は、まもなく忘却されていった。その一方で、《岩船》が捧《ささ》げ物と深い関わりがある作品であることは、後の時代に別な形で再発見された。

小林英一《こばやしえいいち》氏に、「《西王母《せいおうぼ》》《岩船》の「捧物《ささげもの》」」という論文がある。これによれば、室町後期から江戸前期にかけて、本願寺の「門主《もんしゅ》周辺に慶事があった翌年には、謡初《うたいぞめ》の脇能に《西王母》もしくは《岩船》が演じられ、そこで「捧物」と呼ばれる特殊演出がとられることもあった」。《西王母》の場合、シテがワキに捧げるはずの「盃台は、本来桃を捧げられるべきワキの穆王《ぼくおう》の前を素通りして「見所《けんしょ》にいる」門主のもとへゆく」。

本願寺関係者は、《岩船》誕生の歴史的事情を知っていたわけではない。しかし、《岩船》の内容から、この曲が宝物の献上と深い縁のあることを感じ取り、上演の場を、門主への「捧物」の機会としたのである。本願寺の謡初におけるこのような特殊演出は、元来《岩船》が、島津元久による将軍への貢《みつ》ぎ物進上を契機として作られたことを暗示するものだろう。

買い取るのか捧げられるのか

《岩船》のテクストが内包する問題の一つは、「宝を買ひ取るべし」と「宝を捧《ささ》ぐる」の非整合である。作品の冒頭でワキ勅使は、「高麗唐土《こまもろこし》の宝を買ひ取るべし」と語っている。本来は、お金を支払って購入する予定だった。ところが、途中からなぜか、無償で献上される話にすり替わってしまう。テクストに裂け目が存在するのである。どうしてこのような破綻が起こったのだろうか。

この矛盾は、当時の政治外交状況の寓意という視点で説明できる。四代将軍義持は、需要の多い唐物《からもの》を入手するため、明との朝貢貿易に代わる、新たな貿易ルートの開拓を模索していた。もちろん、商取引として「買ひ取る」話である。ちょうど時機を同じくして、薩摩から島津元久が上洛し、高価な唐物を大量に進上した。島津邸での演能を委嘱された作者世阿弥が、この双方の要素を寓意として曲に取り入れたため、ちぐはぐな部分が残ってしまったに違いない。続く次の一節では、天皇への貢《みつ》ぎ物「かかる宝」の性質が明かされる。

勅使　然《しか》れば、御身《おんみ》は誰なれば、かかる宝を捧《ささ》ぐるやらん。委《くは》しく奏聞《そうもん》申すべし。
童子　あらむつかしと問ひ給ふや。唐土合浦《もろこしかつぽ》の玉《たま》とても、宝珠《ほうじゅ》の外《ほか》に其《その》名は無し。これも津守《つもり》の浦の玉、心の如《ごと》しと思《おぼ》し召せ。
勅使　心の如しと聞《きこ》ゆるは、偖《さて》は名におふ如意宝珠を、我が君に捧げ奉るか。
童子　運ぶ宝や高麗百済《こまくだら》、
勅使　唐土舟《もろこしぶね》も西の海、
童子　檍《あをき》が原の波間より、
勅使　現れ出《い》でし住吉の、
童子　神も守りの、
童子・勅使　道すぐに、
（童子）ここに御幸《みゆき》を住吉の、神と君とは行き合《あひ》の、まのあたりあらたなる、君の光ぞめでたき。

※「(童子)」は地謡《じうたい》部分。以下同じ。

「唐土合浦《もろこしかつぽ》の玉」「運ぶ宝や高麗百済唐土舟《こまくだらもろこしぶね》」とある通り、この宝は舶来品である。実際に島津元久は、地元薩摩の産品ではなく、琉球経由で入手した唐物《からもの》を持参したのだった。宝物たる「合浦の玉」の「合浦」は、大陸の地名で、広西《こうせい》チワン族《ぞく》自治区にある。現代日本人には馴染みのない地だが、観世流のみの現行曲に《合浦《かつぽ》》がある。唐物に夢中になった室町期の人々にとって、合浦という土地の名は、奇譚や珍宝に満ちた幻想的空間として、記号的な意味を帯びていたと言えよう。

厚往薄来を実行しない室町将軍

《岩船》では、日本中心型華夷観に基づく語りが展開するが、右に引用した部分には、大陸の中華思想とは根本的に異なる側面もあらわれている。中華思想において、皇帝は朝貢使節に対し、献上品の数倍もの回礼品を与えることで、「徳」を示す。これを「厚往薄来《こうおうはくらい》」と言う。ところが《岩船》では、玉を捧《ささ》げる童子に何の返礼品も与えていない。天皇の代理人たる勅使は、もらう一方なのである。島津氏上洛も同様だった。『山田聖栄《しょうえい》自記』には、将軍が島津氏に莫大な褒美を与えたとは書かれていない。はっきりしているのは、せいぜい義持が元久に酒を勧めたことくらいである。橋本雄氏は、『中華幻想』で次のように述べる。

ほんらいの意味の中華意識・華夷思想とは、世界の中心たる「華」が、東夷《とうい》・西戎《せいじゅう》・南蛮《なんばん》・北狄《ほくてき》の「四夷」・「蕃族」を「徳化」により包摂《ほうせつ》していくという、オープンかつ広やかな世界観であった。ところが、室町幕府の国際交流の実際を見てみると、果たして真の意味での中華を本当にめざしていたのか、訝《いぶか》しく思われてくる。（中略）朝鮮王朝からは大蔵経《だいぞうきょう》、琉球王国からは銭や香料などを輸入することにばかり、幕府は汲々《きゅうきゅう》としていたように見受けられる。幕府みずから、何か外国人たちに恩徳を施したり、「厚往薄来」を実現したり、というようなことが一度でもあっただろうか。（中略）漢＝中華になろうとした和＝室町殿が、ついに漢にはなりきれなかった、と。やはり、現実の中華と《幻想》の《中華》とは、完全に別物として捉《とら》えなければならないのである。

中華思想の本場たる大陸では、皇帝を中核とする華夷秩序を積極的に構築しようとした。洪武帝《こうぶてい》・建文帝《けんぶんてい》・永楽帝らは、「厚往薄来」の原則に従って、朝貢に来た国王の使節に、貢《みつ》ぎ物の数倍に相当する回礼品を惜しみなく与え、帰国させた。大陸の皇帝らが推進したこの階層的国際秩序を、京都中心に見立て直したものが、日本中心型華夷観である。しかしこれは、実態のある体制ではなく、一種の修辞学的比喩であり、仮想であり、幻想であった。華夷「秩序」ではなく、華夷「観」の字を使用する所以《ゆえん》である。

住吉の宝の市

《岩船》では、住吉の「宝の市《いち》」が、曲の下敷きとなっている。そして、話は再び「売る」「買ふ」の商取引の話に戻ってゆく。住吉大社の言い伝えによれば、宝の市は、神功皇后《じんぐう》が三韓征伐より帰国した際、朝鮮半島からの貢ぎ物などをもって市を立てたことに始まるとされる。毎年秋に行われ、江戸時代には枡《ます》が盛んに売られていた。松尾芭蕉の発句に、「升《ます》かふて分別替《かは》る月見哉《かな》」がある。「津守《つもり》」氏が代々神主を勤めてきた住吉大社は、かつては海岸にあり、海や航海と関係が深い。この意味でも、《岩船》にふさわしい場所である。

（勅使）千代までと、菊売る市《いち》の数々に、菊売る市の数々に、四方《よも》の門辺《かどべ》に人騒ぐ、住吉の浜の市、宝の数を買ふとかや。

童子　春の夜《よ》の一時《ひととき》を、千金をなすとても、たとへはあらじ住吉の、松風《しょうふう》あたひなき、金銀珠玉いかばかり。

（勅使）千顆万顆《せんくわばんくわ》の玉衣《たまぎぬ》の、浦は津守《つもり》の宮柱《みやばしら》、

童子　立つ市館《いちやかた》数々に、

（勅使）籬《まがき》もつづくかたそぎの、

童子　御戸代錦《みとしろにしき》あや衣《ごろも》、

（勅使）頃も秋立つ夕月の、影に向ふや淡路潟《がた》、

童子　絵嶋《ゑしま》が磯はななめにて、

（勅使）松の隙《ひま》行く捨小舟《すてをぶね》、

童子　寄るか、

（勅使）出《い》づるか、

童子　住吉の、

（童子）岸打つ波は茫々たり。松吹く風は切々として、ささめごと、かくやらん。其《その》四つの緒の音《ね》をとめし、潯陽《しんやう》の江《え》と申すとも、これにはよもまさじ。面白の浦の景色や。

ここで思い起こされるのは、島津元久が、兵庫ではなく堺に船を寄せた事実である。堺は住吉から程近く、住吉大社信仰のお膝元である。世阿弥が《岩船》の舞台を敢えてこの地に設定したのは、島津氏来港の事実を寓意したものではないだろうか。

当時、日本の貿易の拠点は兵庫にあった。足利義満などは、頻繁に兵庫の港に出かけている。ところが、応仁《おうにん》の乱（一四六七〜一四七七）以降、堺が対外交易の中心地となり、堺商人が台頭する。応永十七（一四一〇）年の島津氏による寄港は、時期的に早く、非常に興味深い。世阿弥が《岩船》の舞台を住吉にするにあたっては、島津元久の堺入港も作用したと推測したい。

三種類の世界観の混在

売買から献上へ、献上から売買へと二転した語りは、再び献上の話へと回帰する。注目すべきは、ここで突然、曲中に仏教的宇宙観や、日本神話の世界認識が登場してくることだろう。日本中心型華夷観も加え、合計三種類の世界観が混在しているのである。いずれにせよ、チャイナを地上の中心とみなす中華思想は、注意深く取り除かれている。

童子　又岩船《いわふね》のより来《きた》り候。

勅使　そも岩船の寄り来《く》るとは、御身《おんみ》は如何《いか》なる人やらん。

童子　げに旅人はよも知らじ。天《てん》も納受《なふじゆ》、「喜見城《きけんじやう》の宝を君に捧《ささ》げ申さん」と、天《あま》の岩船、雲の波に、高麗唐土《こまもろこし》の宝の御舟《みふね》を、只今《ただいま》ここによすべきなり。

（童子）今は何をかつつむべき。其《その》岩船を漕ぎ寄せし、天《あま》の探女《さくめ》は我ぞかし。飛びかける、天《あま》の岩船たぐへてぞ、秋津嶋根《あきつしまね》は宮柱、

（語り手）住吉の松の緑の空の、嵐と共に失せにけり。嵐と共に失せにけり。　［中入《なかいり》］

「高麗唐土の宝の御舟《みふね》を只今《ただいま》ここによすべきなり」は、日本中心型華夷観に基づいている。一方、「喜見城」は、仏教的宇宙観による詞章である。また、「岩船を漕ぎ寄せし天《あま》の探女《さくめ》」は、日本神話に依拠している。このちぐはぐな世界観は、いったい何なのだろうか。

既に述べたとおり、華夷秩序において、地上の中心は皇帝のいる中華である。その四周には「化外《けがい》の民」が住み、それぞれ東夷・南蛮・西戎《せいじゆう》・北狄《ほくてき》と呼ばれる。これを日本の天皇中心に再編成したのが、日本中心型華夷観である。一方、仏教的宇宙観では、世界の中央たる須弥山《しゆみせん》の山頂に喜見城があり、帝釈《たいしやく》天《てん》が住む。須弥山の周囲の海には四大洲《しだいしゆう》があり、南贍部洲《なんせんぶしゆう》（閻浮提《えんぶだい》）に天竺《てんじく》（インド）や震旦《しんたん》（チャイナ）が位置する。南贍部洲の東に浮かぶ島々が日本とされる。また、日本神話の世界観では、天上の高天《たかま》が原に天照大神《あまてらすおおみかみ》をはじめとする神々が住み、天孫降臨によって地上に皇祖が下ったとされる。

謡曲はかつて「綴錦《つづれにしき》」と呼ばれた。様々な美辞麗句をつぎはぎした作品として、否定的な含意で使われた言葉である。三種類もの世界観が混在する《岩船》の右の一節は、まさに「綴錦」の言説になっている。

日本中心型華夷観・仏教的宇宙観・日本神話の世界観という、相反する三つの原理が、無節操に並べられている。

一貫しているのは、皇帝を世界の中心とする中華思想が排除されていることだろう。「綴錦」のパッチワークでありながら、チャイナ中心主義は徹底的に拒否されている。《岩船》の核心がここにある。四代将軍足利義持は、日本を属国扱いする永楽帝の華夷秩序を断固拒絶した。《岩船》の作者世阿弥は、そのような権力者の意向を受けて、中華思想の世界認識を排しているのである。

ワキ勅使に捧げられるのは、仏教の須弥山《しゅみせん》「喜見城の宝」である。そして、喜見城の宝を天皇の使者に献上するのは、日本神話の女神「天の探女《あまのさくめ》」である。神仏習合を思わせる関係が、曲中に展開する。このように、仏教的世界観と日本神話が動員されることで、チャイナは単なる異国「高麗唐土《こまもろこし》」の一つとして相対化されてしまう。中華の属国であるはずの「高麗」も、中華たる「唐土」も、ひと括りになっている。《岩船》の語り手は、「唐土」の中心性を認めず、あくまでも異国の一つという扱いを貫いている。

一方で、岩船が天上から降《くだ》るのは、天による地上の支配者の承認という点で、中華思想の天命思想を連想させる。「当今《たうぎん》」たる天皇は、「天《あま》の岩船」の出現により、神々が住む高天《たかま》が原から権威づけられる。高天が原の神々が天の岩船を降下させ、天皇に宝を与えたのは、現代が「余りにめでたき御代《みよ》」「賢王」の御代だからであった。ここには、中華思想の徳治主義の影響が見られるだろう。天帝が皇帝の徳を認め、地上の支配を託するという考え方である。

古い演出と現在の演出

後場《のちば》冒頭の左の場面では、シテ龍神が登場する。ところが古い演出では、天《あま》の探女《さくめ》も出ていたらしい。一人しか舞台に現れないのでは、「我は又」が不自然である。そもそも、登場人物が一人称で謡い出すのではなく、地謡《じうたい》が第三者の語り手として「久方《ひさかた》の天の探女が」と声を上げること自体、奇妙な印象を受ける。

（語り手）久方《ひさかた》の、天《あま》の探女《さくめ》か岩船を、とめし神代《かみよ》の幾久《いく》し。
龍神　我は又下界に住んで、神《しん》を敬《うやま》ひ、君を守る、秋津嶋根《あきつしまね》の龍神なり。
（龍神）或《ある》ひは神代《かみよ》の嘉例《かれい》をうつし、
龍神　又は治まる御代《みよ》に出《い》でて、
（龍神）宝の御舟《みふね》を守護し奉り、勅も重しや。勅も重しや。此《この》岩船。　〔働《はたらき》〕

小田幸子《おださちこ》氏の論文「作品研究『岩船』」によれば、《岩船》は「本来は後場《のちば》に二人の神霊が登場する本格的な脇能として作られた」。現在はワキ勅使のほか、前シテの童子と後シテ龍神しか登場しないが、「原作では、前場《まえば》に老人（シテ）と女（ツレ）が、後場には天探女《あまのさくめ》（ツレ。天女出立《いでたち》）と龍神（シテ）が登場し、後シテは作り物の船を引く演技を見せたと推定される」。一方、樹下好美《きのしたよしみ》氏は、論文「〈岩船〉の構想」で、《岩船》は天の探女が登場する女体神能が本来の形で、龍神は単なる修辞であった可能性があると主張する。いずれも室町期に行われなくなった演出で、現在後場に登場するのは、龍神のみである。

（龍神）宝をよする波の鼓、拍子を揃《そろ》へてえいや、えいや、えいさら、えいさ。

龍神　引けや岩船、

（龍神）天《あま》の探女《さくめ》か、
龍神　波のこし鼓、

（龍神）丁東《ていとう》の拍子を打つなりや。ささら波、江《え》めぐり廻《めぐ》りて、住吉の松の風、吹き寄せよ。えいさ、えいさら、えいさと、

（語り手）おすやから艪《ろ》の、おすやから艪の、潮《うしほ》の満ちくる浪《なみ》に乗つて、八大龍王は、海上《かいしやう》に飛行《ひぎやう》し、御舟《みふね》の綱手《つなで》を、手にくりから巻き、汐《しほ》に引かれ、波に乗つて、長居《ながゐ》もめでたき住吉の岸に、宝の御舟《みふね》をつけ納め、数も数万《すまん》の捧《ささ》げもの、運び入るるや心の如く、金銀珠玉は降り満ちて、山の如《ごと》くに津守《つもり》の浦の、君を守りの神《かみ》は千代まで、栄うる御代《みよ》とぞなりにける。


応永十七（一四一〇）年六月二十九日に島津邸で《岩船》が上演された時、能を見ていた貴顕らは、このめでたい結末部に大変満足したことだろう。祝言性に満ちたこの脇能で、将軍足利義持は、宝を捧げられる天皇になぞらえられている。島津元久は、自分の船が天《あま》の岩船として描かれ、喜んだに違いない。「栄うる御代とぞなりにける」は、作者世阿弥による、将軍・管領・近習・島津氏らへの祝意そのものである。貴人《きにん》の集まる場にふさわしい、政治的配慮の行き届いた脇能と言えよう。

足利義持時代の日明外交

応永十七（一四一〇）年六月二十九日、京の島津邸で四代将軍足利義持を迎えて上演されたと考えられる《岩船》は、当時の幕府の外交政策に寄り添った曲である。中華思想的世界観が徹底して排除され、日本が明の属国であるかのような屈辱的印象を与えることがない。むしろ、日本を世界の中核として印象付ける日本中心型華夷観が見られるのである。《岩船》は、中華思想を注意深く排した上に成り立っている作品といえよう。

しかしながら、《岩船》は反中華一辺倒ではない。むしろ、異国への積極的な関心もまた、大変強い。「高麗唐土《こまもろこし》の宝を買ひ取るべしとの宣旨」に見られるように、ワキ勅使は、天皇の命によって、海外からもたらされた珍奇な商品を、有償で買い取ろうとしている。室町時代の唐物《からもの》への強い関心がうかがわれる設定である。謡曲《岩船》の末尾では、日本を守る八大龍王が、自ら宝船を岸へと引っ張ってくる。貿易による唐物入手への全面的な肯定感を読み取ることができる。明への朝貢に否定的だった足利義持ですら、対外貿易に無関心ではいられなかった。

応永十七（一四一〇）年当時、日明関係は悪化していた。中華思想に取りつかれた永楽帝は、日本を属国にしようと企《たくら》んでいた。一方、四代将軍足利義持は、明朝に媚《こ》びた父義満の外交姿勢を全面否定し、対明断交を進めつつあった。このような政治環境下で制作されたと考えられる《岩船》は、中華思想を排除し、巧みな修辞を駆使して、日本中心型華夷観を展開してみせる。

能の舞台上では、日本と外国との関係は観念的に構成され、日本が上位に、「高麗唐土」が下位に置かれる。明が日本に「捧物《ささげもの》」をした事実など存在しないが、まるで日本が世界の中心であるかのように描かれたのである。それは、作者世阿弥による将軍への配慮であり、治世賛美という脇能の性格が生み出したフィクションに他ならない。

《岩船》に限らず、謡曲には、日本中心型華夷観やこれに似た発想があらわれている作品が存在する。我が国あるいは京を中心とし、東西南北の「夷」に言及する曲である。世阿弥作《右近《うこん》》には、「治まる都の花盛り、東南西北も音せぬ波の」という一節があり、世阿弥作《呉服《くれは》》には、「東南雲収まりて、西北に風静かなり」とある。《田村《たむら》》には、「東夷を平らげ」とある。

ここで特に注目したいのが、世阿弥の父観阿弥《かんあみ》がかかわった作品《金札《きんさつ》》である。この作品では、「四海を治めし」桓武《かんむ》天皇の居地「平安《たひら》の都」が、天下の中心とされ、東西南北の四方に野蛮な夷狄がいるという、日本中心型華夷観の地理認識が端的に示されている。

とても治まる国なれば、なか〱なれや君は船、臣《しん》は瑞穂《みづほ》の国も豊かに、治まる代《よ》なれば、東夷《とうい》西《せい》戎南蛮北狄《じゅうなんばんほくてき》の恐れなければ、弓を外し、剣《つるぎ》を納め、君もすなほに民を守りの御札《みふだ》は、宮にをさまり給へば、影さし下《おろ》す玉簾《たますだれ》、影さし下す玉簾の、揺《ゆる》がぬ御代《みよ》とぞなりにける。

能は虚構の演劇であるから、言葉の上で日本中心型華夷観を舞台上に実現するのは容易だった。チャイナの中華思想では、我が国を周辺国とみなし、「東夷」に位置づける。しかし《金札》では、日本を中心に据える。中華思想を基にして、日本型華夷観が生み出されたのである。

一三六八年に建国したばかりの明は、中華思想的世界観を前面に押し出した。この発想に触れた将軍は、京都にいる自らを中華とみなし、辺境の政治状況を「東夷西戎南蛮北狄」にたとえるのを好んだのであろう。将軍の御用役者観阿弥は、権力者の志向を踏まえながら、花の御所の落成を祝う能《金札》において、「東夷西戎南蛮北狄」という言葉を使った。これによって、舞台上の桓武天皇は、足利義満の寓意となり、京都・室町の花の御所が、世界の中心に位置づけられることになる。当代賛美という、脇能の祝言性にかなった構想である。繰り返しになるが、これは現実の国際政治の反映ではない。中華世界を日本中心に見立て直した一種の比喩であり、仮想なのである。《岩船》では、「高麗唐土《こまもろこし》」も、日本中心型華夷観の周辺として取り込まれている。

三、作者と成立

成立時期について

最後に、能《岩船》の成立と作者について検討しておきたい。既に述べた通り、《岩船》は世阿弥作で、応永十七（一四一〇）年六月二十九日に京の島津邸で初演されたというのが、私の説である。

これについては、樹下好美《きのしたよしみ》氏の論文が問題となる。氏は論考「龍神物の能の成立」で、「龍神物の能は、世阿弥以後の誰かが、能の世界に取り入れたのだと考えざるを得ない」とし、「世阿弥時代には、少なくとも世阿弥の周辺には龍神という風体は存在しなかった可能性がある」と述べている。仮にこの主張が正しいとするならば、龍神が登場する《岩船》は世阿弥の作品でなく、また、応永十七年頃に誕生するはずがないことになる。

はたして、本当にそう断言できるだろうか。樹下氏の論拠は二つある。第一は、龍神物の能の上演記録初出が、世阿弥没後の寛正《かんしょう》六（一四六五）年三月九日であること。第二は、世阿弥が「龍神に関して何の言及も残して」いないことである。とするならば、正確には次のような結論を下すべきではなかろうか。世阿弥の伝書や、世阿弥作であることが確実な曲に、今のところ龍神は見当たらない、と。

世阿弥がどのような能を作ったかは、部分的にしか明らかになっていない。現時点で判明している範囲において、確実な世阿弥作品に龍神物が含まれていないことを理由に、龍神物が当時全く存在しなかったと断定することはできない。資料の限界を踏まえた、より慎重な検討姿勢が望まれる。要するに、樹下好美論文は、《岩船》の世阿弥作者説を否定する十分な根拠にはなり得ないのである。

樹下氏自身が指摘しているように、貞和《じょうわ》五（一三四九）年の田楽能《廉承武《れんしょうぶ》》には龍神が登場したと考えられる。この曲の世界は、後に《絃上《けんじょう》（玄象《げんじょう》）》として再生された。世阿弥以前から、能に龍神物が存在していたのである。また、古作の能《海士《あま》》の後《のち》シテは龍女である。世阿弥作《白楽天》の詞章には、「八大龍王」が登場する。世阿弥時代を龍神物の空白期と断定するのには無理がある。樹下好美氏の説は、かなり危ういのである。

文献上確認できる《岩船》の最古の上演記録は、寛正七（一四六六）年三月二十五日である（『飯尾宅御成記《いのおたくおなりき》』）。少なくともこの年には、龍神が登場する《岩船》は存在していた。樹下好美説によれば、龍神物は一三四九年には存在し、一四一〇年頃には消え失せており、一四六〇年代なかばに再び姿をあらわしたことになる。本当だろうか。今日発見されている資料のみを根拠にした、不確実な議論ではあるまいか。

作者はやはり世阿弥

《岩船》は、末尾の語り手部分が比較的長い。世阿弥作品では、第三者の語り手の言葉が、他の作者の曲と比較して短い傾向がある。これを根拠に、《岩船》は世阿弥的でないという批判があり得るかも知れない。この点についても、私の見解を述べておきたい。

一般に能の詞章は、登場人物の台詞《せりふ》に相当する部分と、第三者の語り手による叙述部分とに大別される。たとえば世阿弥作《頼政《よりまさ》》結末部の地謡《じうたい》は、次のように謡われる。

跡弔《あとと》ひ給へ御僧《おん》よ。仮初《かりそめ》ながらこれとても、他生《たしやう》の種の縁に今、扇の芝の草の蔭に、帰るとて失せにけり。立ち帰るとて失せにけり。

この間、シテは舞台上で黙っているのだが、内容としては、「とて」までがシテ源頼政の言葉、「とて」以降の「失せにけり」が語り手の言葉である。「そう言って、頼政の亡霊は姿を消したのだった」と、第三者の語り手が最後に顔を出す。観世信光《かんぜのぶみつ》（一四五〇〜一五一六）作品など、世阿弥以降の能には、語り手部分が極めて長く続くものがある。これに対し世阿弥作品では、第三者による叙述部が比較的短い。一方《岩船》では、末尾の叙述部分が、「おすやから艪の」から「栄うる御代とぞなりにける」まで続いている。現行宝生流では、拍数にして百八十三拍と、確かに長めである。この意味で、《岩船》は、世阿弥的な特徴を顕著に示していないように見える。

しかしこれは、《岩船》が世阿弥作でない根拠にはならない。世阿弥作品の中にも、やや長めの語り手部分を持つ曲が存在する。たとえば、《当麻《たえま》》の末尾は、現行観世流の詞章で百二十八拍、《清経《きよつね》》の中盤には百五十一拍、《錦木《にしきぎ》》の中入直前には二百四十九拍の第三者による叙述部がある。世阿弥作品の語り手部分が、例外なく極めて短いとは言えない。

　さらに、世阿弥作《高砂》と似た詞章が《岩船》に見られる点にも注目したい。両曲はともに、「西の海檍《あをき》が原の波間より現れ出《い》でし住吉の神」という和歌を引用している。他にも次のような類似表現が見られる。「浪《なみ》も音なき四つの海」《岩船》と「四海波静かにて」《高砂》。「松風も長閑《のどか》に立つや住吉の」《岩船》と「彼処《かしこ》は住吉《すみのえ》此処《ここ》は高砂松も色添ひ春も長閑《のどか》に」《高砂》。「神と君とは隔てなき」「神も守りの道すぐに」《岩船》と「神と君との道すぐに」《高砂》。「もれぬ恵《めぐみ》ぞ有難き」《岩船》と「君の恵みぞありがたき」《高砂》。「かかる時しも生れ来て民ゆたかなる」《岩船》と「かかる代に住める民とて豊かなる」《高砂》。両曲は、共に住吉を舞台とする脇能であり、しかも類似表現が多い。これは、単なる曲の性格の共通性以上のものがあるように感じられる。やはり、同一作者の手になる作品ではなかろうか。

　《岩船》は脇能であって、将軍の慶事などの機会に制作されたと考えるのが当然である。作詞にあたっては、祝い事の寓意や祝福の意を盛り込むことが必須である。祝賀の機会とも無関係なまま、《岩船》のような脇能が作られるとは考え難い。そして、《岩船》の新作上演に相応《ふさわ》しい機会と言えば、唐物《からもの》を満載した船が到着した時のほかに考えられない。しかも、「誠《まこと》にめでたき御代《みよ》にて候」「君を守りの神は千代まで栄うる御代とぞなりにける」とあるから、将軍にとって極めて目出度い行事である必要がある。これらの点から考えるならば、応永十七年六月二十九日の島津邸将軍饗応《きょうおう》能ほど、能の内容と上演環境の一致が見られる機会はない。この日が立秋に当たっており、《岩船》が「頃も秋立つ」立秋の日に設定されていることも、私の説を側面から支援する。

一方で、私の説が《岩船》の内容のみを根拠としており、上演記録や伝書での発言といった作品外の決定的な証拠、いわゆる「外部徴証《ちょうしょう》」が見あたらないことも事実である。結局、肯定説・否定説ともに決定打に欠ける一面がある。ただし、ここまで論じてきたような、《岩船》と島津氏上洛の照応関係や、日本中心型華夷観の反映を考えるならば、《岩船》上演の政治的環境は、応永十七年六月二十九日の状況にぴたりとあてはまる。《岩船》はやはり、世阿弥が島津元久上洛を機に作った曲なのである。以上、私の考えを述べた上で、後世の学究によるさらなる検証を待つことにしたい。

第七章

《春日龍神》

——最高聖地としての日本

一、日本中心の世界観

日本こそが世界の中心

《春日龍神《かすがりゅうじん》》は、愛国的な印象を与える能である。日本こそが、そして奈良の春日こそが世界の中心なのだ。仏教の最高聖地は日本の春日山《やま》であって、もはやインドの霊鷲山《りょうじゅせん》やチャイナの天台山《てんだいさん》・五台山《ごだいさん》ではない。だから、外国に行く必要などない。《春日龍神》の前《まえ》シテ宮守《みやもり》は、こう主張する。

仏跡《ぶっせき》を尋ねるために海外へ行くというワキ明恵上人《みょうえしょうにん》に対し、前シテは、「日本《にほん》を去り入唐渡天《にったうとてん》し給はん事、いかで神慮に叶《かな》ふべき。ただ思《おぼ》し召し止《とま》り給へ」と、計画撤回を強く迫る。なぜなら、「今は春日の御山《おんやま》こそ即《すなは》ち霊鷲山《りやうじゆせん》」であり、「天台山を拝むべくは、比叡山《ひえいさん》に参るべし。五台山の望みあらば、吉野筑波を拝すべし」だからである。このような春日中心的な考え方、日本中心主義的な価値観は、いったいどのような政治的・思想的文脈から生まれたのだろうか。作者が《春日龍神》を制作するにあたり、どのような国際的・国内的政治力学が働いていたのだろうか。

《春日龍神》の対外観については、古くから議論が行われてきた。大正四（一九一五）年十二月号の雑誌『能楽』に、座談会記事「謡曲に表はれたる排外思想」がある。本書で論じてきた《白楽天《はくらくてん》》《善界《ぜがい》》《岩《いわ》船《ふね》》《春日龍神》《絃上《けんじょう》（玄象《げんじょう》）》が扱われている。俳人内藤鳴雪《ないとうめいせつ》（一八四七～一九二六）は、これらの曲について、「足利の末季《まつき》に於《おい》ても、此様《このやう》な愛国心があつたのかと思ふと、聊《いささ》か心強い様な心持《こころもち》がします」と述べている。時あたかも、第一次世界大戦下であった。

　また、野上豊一郎《のがみとよいちろう》は、『能の再生』（一九三五年）所収「能と日本主義思想」で、「明確な日本主義意識を以《も》つて書かれたと思はれる若干の能が存在」していると指摘する。《春日龍神》は、「仏教信仰の点に於いても、支那だけでなく印度までも重視するに及ばないことを説いたもの」だと述べる。さらに、三宅襄《みやけのぼる》は、大東亜戦争下の昭和十九（一九四四）年十月号『能楽』所収「謡曲に現れたる対外思想」で、《春日龍神》《絃上》を「唐土崇拝者の夢を醒ますための警鐘」としている。

　三氏いずれの論も、戦前の政治思想を如実に反映している一面がある。大正から昭和にかけての政治的文脈の中で、《春日龍神》に内在する日本中心的な価値観が注目されたのである。しかし、《春日龍神》を戦前流の愛国主義的作品と見なすのは、やや大雑把である。作品を誕生した当時の文脈に置き、様々な側面から検証する必要があるだろう。

《春日龍神》誕生の背景

　《春日龍神》が成立したのは、日本が明朝《みんちょう》に朝貢していた時期のことだった。上演記録の初出は、『親《ちか》元日記《もとにっき》』寛正《かんしょう》六（一四六五）年三月九日の条。将軍足利義政《あしかがよしまさ》（一四三六〜一四九〇）が仙洞《せんとう》御所を訪れた際、音阿弥《おんあみ》が演じた「明恵上人」が本曲で、作者は金春禅竹《こんぱるぜんちく》（一四〇五〜一四七〇頃）と推定されている。やや慎重に判断するならば、これらの能の成立時期は、禅竹二十歳の一四二五年から一四六五年までの四十年間が想定される。これは、明《みん》王朝（一三六八〜一六四四）の中期に相当する。《春日龍神》は、日明間の公式な朝貢貿易が継続していた時期の産物にもかかわらず、チャイナに行くなというメッセージを発している。これは、室町幕府の積極的な遣明船派遣政策と、一見矛盾している。

問題は、これらの作品の対外観に目を奪われる余り、批評者が、作品の根幹にある思想の読み取りを怠っていることだろう。作者禅竹がこの曲を通して実現したかったのは、自らの金春座を含む、大和猿楽の故地春日を、世界の本源に据えることだった。春日こそが世界最高の聖地だという認識を構築することが、《春日龍神》の制作意図なのである。チャイナやインドに関する対外観は、その派生物に過ぎない。この能に見られる「春日賛仰《さんぎょう》」の世界観は、「翁」を万物の根源とする禅竹の伝書『明宿集《めいしゅくしゅう》』の思想にも通じている。

そこで以下、《春日龍神》の詞章を丁寧に読みつつ、作品を支える思想や背景について、複数の視点から考えてゆきたい。まず宗教理論の面では、根葉花実論《こんようかじつろん》、反本地垂迹《はんほんじすいじゃく》説、吉田神道が問題となる。寺社勢力の面では、新仏教と旧仏教の対立が注目される。演劇面では、京に根拠地を置いた観世座と、大和に本拠地を置き続けた金春座の問題がある。また、対外観に関しては、日本中心型華夷観や明朝の衰退が関連している。

二、《春日龍神》を読み解く

虚構の道行

能《春日龍神》は、ワキ明恵上人が春日大社に向かうところから始まる。入唐渡天の旅に出るに際し、別れを告げるためだった。ここで注目したいのは、京都・栂尾《とがのお》から奈良への道行《みちゆき》が、歴史的事実に反する虚構だということである。テクストは現行観世流謡本《うたいぼん》に依拠し、断続的に全文を引用した。

明恵・従僧　月の行方《ゆくへ》も其方《そなた》ぞと、月の行方も其方ぞと、日の入《い》る国を尋ねん。
明恵　これは栂《とが》の尾《を》の明恵《みやうゑ》法師《ほつし》にて候《さうらふ》。我入唐渡天《われにつたうとてん》の志あるにより、御暇乞《おんいとまごひ》の為《ため》に、春日の明《みやう》神《じん》に参らばやと思ひ、只今南都《ただいまなんと》に下向仕《げかうつかまつ》り候。
明恵・従僧　愛宕山《あたごやま》、樒《しきみ》が原《はら》を外《よそ》に見て、
従僧　樒が原を外に見て、
明恵・従僧　月に双《ならび》の岡の松、緑の空も長閑《のどか》なる、都の山を後《あと》に見て、これも南の都路《みやこぢ》や、奈良坂《ざか》越えて三笠山《みかさやま》、春日の里に着きにけり。春日の里に着きにけり。

仏跡訪問の志を抱いた明恵《みょうえ》（一一七三～一二三二）が、春日大明神の託宣で渡航を断念したのは、建仁《けんにん》三（一二〇三）年及び元久《げんきゅう》二（一二〇五）年のこと。一方、上人が後鳥羽院《ごとばいん》から栂尾・高山寺《こうざんじ》の地を賜ったのは、建永《けんえい》元（一二〇六）年十一月の出来事だった。したがって、明恵上人が「栂の尾」から「御暇乞《おんいとまごひ》の為に春日の明神に」参詣するというのは、歴史的にはあり得ない話である。

もちろん、《春日龍神》の素材群『僧成弁高弁願文《そうじょうべんこうべんがんもん》』『春日権現験記《かすがごんげんげんき》』『古今著聞集《ここんちょもんじゅう》』『沙石集《しゃせきしゅう》』『金玉要集《きんぎょくようしゅう》』などにも、明恵が京都や栂尾から奈良に向かったとは明記されていない。すなわち作者金春禅竹は、何らかの意図を持って、京から南都に赴く虚構の道行を創作したことになる。それは、大和の国を拠点に活動を続けた作者金春禅竹が、都を意識しつつ、この曲を作ったことを暗示しているように思われる。

大和四座《よざ》の一つ観世座は、活躍の場を早くから京都に移し、都の武士や公家を新たな顧客として取り込んだ。その一つのきっかけが、足利義満《よしみつ》に世阿弥が見いだされた今熊野《いまぐまの》の能だった。これに対し禅竹の金春座は、根拠地を大和に置き続けた。もちろんこの地方は、興福寺《こうふくじ》の統治下にある。当時の興福寺は、単なる宗教施設ではなく、軍事力を保持し、大和の国を支配した領主である。《春日龍神》は、この地に本拠地を据え、京への移転を実行しなかった金春座の、一つの立場の表明でもある。

金春座の本拠地としての大和

ここで思い起こしたいのは、禅竹の義父世阿弥が、大和で活動する金春座・金剛座の芸風に、極めて否定的だったことである。世阿弥は、都会風・貴族風の優美さを追求し、幽玄を美意識の根底に据えた。そして、金春や金剛の能を、洗練されない田舎風と切り捨てた。『中楽談儀《さるがくだんぎ》』から引用しよう。

> 一、田舎の風体《ふうてい》。金春権守《ごんのかみ》・金剛権《ごん》の守《かみ》、つゐに出世なし。京中の勧進［の能］にも、将軍家御成《おなり》なし［ご臨席されない］。金春、京の勧進、二日して下る［不評のため二日で中止になった］。金剛、南都にては、立合《たちあひ》の時も、一番にてさてをかる［一曲演じた時点で上演が打ち切られた］。（中略）彼《かの》両人のこと、ひそかに聞《きき》しことなれ共《ども》、京・田舎、善悪をわきまへん為《ため》に、書き置く所也《なり》。

金春座・金剛座は芸質が低く、評判が悪い。あんな大和の「田舎」の能は「悪」であるとまで述べている。しかしながら、松岡心平《まつおかしんぺい》氏が『能　大和の世界』で指摘するように、晩年の世阿弥には、奈良への回帰が見られた。六十歳を過ぎてから、奈良県を舞台にした曲を多く作り、大和への愛着を示しているのである。《野守《のもり》》《井筒《いづつ》》《当麻《たえま》》《布留《ふる》》、あるいは《采女《うねめ》》である。この動きの延長線上に、金春禅竹の《春日龍神》を置いてみよう。世阿弥の娘婿《むすめむこ》禅竹が、自分たちの原郷を改めて見つめ直し、その領主興福寺・春日社を礼賛する作品を書いたのは、ごく自然なことと思われる。金春座にとって春日は、大和猿楽揺籃《ようらん》の地として特別な意味を持っていた。

「春日の御山《おんやま》こそ即ち霊鷲山《りやうじゆせん》」とあるように、本曲では、春日山《やま》が仏教の最高聖地とされている。また、「鹿野苑《ろくやをん》も此処《ここ》なれや。春日野に起き臥すは、鹿の苑《その》ならずや」と、鹿の暮らすこの地こそ、釈迦《しやか》が初めて説法を行った鹿野苑だと主張する。春日は、仏教の本質にかかわる場と位置付けられている。当地は、猿楽発祥の原点でもある。

禅竹は、明恵上人の渡唐断念の逸話を題材に用いつつ、春日を、天竺《てんじく》や唐土よりも優れた宗教の本場、世界の最高聖地とした。今やインドの霊鷲山は、単なる空っぽの「古跡」であり、聖なるものは存在しないと、謡曲は言う。その背後には、徹底して目の前の現実を肯定する天台本覚《てんだいほんがく》思想の影響も感じられる。また、春日社・興福寺賛美という政治的目的も見て取れる。天野文雄《あまのふみお》氏は『能楽手帖《てちよう》』で、本作品の主題を「春日賛仰」とする。《春日龍神》は、能のパトロン興福寺を礼賛するために作られ、この寺で初演された可能性がある。私はそう考えている。

能の冒頭の次第《しだい》や道行《みちゆき》は、作品の大きな枠組みを設定するものである。禅竹が、歴史的事実に反してでも、ワキ明恵を「都の山を後《あと》に見て」「春日の里」へ移動させたのは、右のような制作意図に基づいている。

春日社を言祝ぐ

《春日龍神》が作られた十五世紀、春日社は神仏習合によって、藤原氏の氏寺《うじでら》興福寺と一体化していた。春日大社の四祭神のうち、天児屋根命《あめのこやねのみこと》は、藤原一族の祖先とされる。この名門貴族につながる血筋を持つ明恵が、春日社に旅立ちの挨拶に来たのは、上人が南都の旧仏教と深くかかわっていたためでもある。明恵は、平重衡《たいらのしげひら》の焼き討ち（一一八〇年）で荒廃した南都の復興に力を尽くした。また、勃興しつつあった鎌倉新仏教を批判し、旧仏教を擁護する活動も行った。明恵の『摧邪輪《ざいじゃりん》』は、法然《ほうねん》（一一三三〜一二一二）の教義を徹底的に非難した書である。

舞台では、ワキ座に着した明恵一行の前に、前シテの宮守が登場する。シテの謡《うたい》では、春日社が本地垂迹説のもと、長く繁栄していることが強調される。ただし、仏教を明示する言葉は全く使われていない。

宮守　晴れたる空に向へば、和光の光あらたなり。それ山は動《どう》ざる形を現じて、古今《ここん》に至る神道《しんたう》を表し、里は平安の衢《ちまた》を見せて、人間長久《ちやうきう》の声満《み》てり。実《まこと》に御名《みな》も久方《ひさかた》の、天《あま》の児屋根《こやね》の代々《よよ》とかや。月に立つ、影も鳥居の二柱《ふたばしら》、御社《みやしろ》の、誓ひもさぞな四所《よところ》の、誓ひもさぞな四所の、神の代《よ》よりの末うけて、澄める水屋《みづや》の御影《みかげ》まで、塵にまじはる神ごころ、三笠の森の松風も、枝を鳴らさぬ景色かな。枝を鳴らさぬ景色かな。

春日社の宮守が語る「神道」「天の児屋根」「鳥居」「御社」「神の代」「神ごころ」は、みな神社にかかわる語彙である。ただし、仏教が神道の愛国主義により排除されているわけではない。「和光の光あらたなり」「塵にまじはる神ごころ」は、神仏習合を意味する「和光同塵」の考え方を示している。春日社は、仏教の本地垂迹説によって意味付けられている。

　この一段でさらに重要なのは、春日の永遠性が強調されていることである。「古今」「長久」「久方の」「代々」「神の代よりの」といった、長い時間にかかわる表現が多用されている。春日の「山」も「里」も神聖で神々しく、「三笠の森の松風も枝を鳴らさ」ない。天下泰平を意味する謡曲の定番表現「枝を鳴らさぬ」は、為政者を賛美する文脈で使われる。大和の国の統治者興福寺・春日社を言祝《ことほ》ぐ意図があったと思われる。

人間を頼りにする神

　舞台は引き続き、ワキ明恵と前シテ宮守の問答へと進むが、二人の出会いの場面は、やや特異な形になっている。《春日龍神》は、能の定型とやや異なるのである。

明恵　いかにこれなる宮つ子に申すべき事の候。
宮守　や。これは栂《とが》の尾の明恵上人《しやうにん》にて御座《ござ》候《さうらふ》ぞや。只今《ただいま》の御参詣、さこそ神慮に嬉《うれ》しく思《おぼ》し召し候らん。

　ワキ明恵がシテ宮守に話しかけると、宮守がただちに、「や。これは栂の尾の明恵上人にて御座候ぞや」と答える。三宅襄《みやけのぼる》氏が『能の鑑賞講座二』で指摘するように、「多くの曲では、シテとワキとは初対面の間柄《あいだがら》で、何処《どこ》ぞの人ぞと訊《たず》ねられて、自分は何某《なにがし》と名のるのだが、これは、宮守の方から」「馴染《なじみ》の挨拶をする」。春日明神が明恵上人を頼りにし、来訪を待ちもうけていたことを示す工夫である。似た趣向の問答は、《白楽天》にも見られる。ここで春日の神は、信者の明恵を頼みにしており、随分と立場が低い。この奇妙な関係は、次の部分で一層明瞭になる。

明恵　さん候《ざうらふ》。只今《ただいま》参詣申す事、余《よ》の儀《ぎ》にあらず。我入唐渡天《われにったうとてん》の志あるにより、御暇乞《おんいとまごひ》の為《ため》に、只今参りて候。

宮守　これは仰《おほ》せにて候へども、さすがに上人の御事《おんこと》は、年始《ねんし》より四季折々の御参詣の、時節の少し遅《ち》速《そく》をだに、待ちかね給ふ神慮ぞかし。されば上人をば、太郎と名づけ、笠置《かさぎ》の解脱《げだつ》上人をば次郎と頼み、双《さう》の眼《まなこ》、両《りやう》の手の如くにて、昼夜《ちうや》各参《かくさん》の擁護《おうご》、懇《ねんごろ》なるところこそ承りて候に、日本《にほん》を去り入唐渡天し給はん事、いかで神慮に叶《かな》ふべき。ただ思《おぼ》し召し止《とま》り給へ。

興福寺を守護する春日社の神は、何やら心細く不安そうだ。信者である二人の上人の来訪を、「時節の少し遅速をだに待ちかね給ふ」様子で、今か今かと心待ちにしている。奇妙なことに、神が人間を「頼み」にしているのである。平家による焼き討ちで、奈良の寺は灰燼《かいじん》に帰した。興福寺は、勃興しつつある新宗教勢力とも闘わなければならない。そんな時に、肝腎の明恵上人が外国に行くと言い出した。泣面《なきつら》に蜂と言うべき状況である。春日明神も、必死にならざるを得ない。明恵「上人をば太郎と名づけ、笠置の解脱上人をば次郎と頼み」とある所以《ゆえん》である。

守勢にあった興福寺

さらに次の箇所では、驚くべきことに、春日明神が人間に頭を下げている。右の引用に続く部分を読んでみよう。

明恵　げにげに仰《おほ》せはさる事なれども、入唐渡天《につたうとてん》の志も、仏跡《ぶつせき》を拝まん為《ため》なれば、何《なに》か神慮に背《そむ》くべき。

宮守　これ又仰せとも覚えぬものかな。仏在世《ほとけざいせ》の時ならばこそ、見聞《けんもん》の益《やく》もあるべけれ。今は春日の御山《おんやま》こそ、即《すなは》ち霊鷲山《りやうじゆせん》なるべけれ。その上《うへ》上人初参《しよさん》の御時《おんとき》、奈良坂《ざか》のこの手を合はせて礼拝《らいはい》する、人間は申すに及ばず、心なき、

（宮守）三笠の森の草木《さうもく》の、三笠の森の草木の、風も吹かぬに枝を垂れ、春日山《やま》、野辺に朝立つ鹿までも、皆ことごとく出《い》でむかひ、膝を折り角を傾け、上人を礼拝する。かほどの奇特《きどく》を見ながらも、真《まこと》の浄土は何処《いづく》ぞと、問ふは武蔵野の、はてしなの心や。ただ返す返す我が頼む、神のまにまに留《とど》まりて、神慮をあがめおはしませ。神慮をあがめおはしませ。

※「（宮守）」は地謡《じうたい》部分。以下同じ。

ここで違和感を覚えるのは、神の立場の異様な低さである。明神は、明恵が初めて春日を訪れた時、わざわざ「奈良坂」まで出迎え、人間に向って「手を合はせて礼拝」したという。さらに、草木も上人の前

で「枝を垂れ」、神の使いの鹿までもが「出《い》でむかひ、膝を折り角を傾け、上人を礼拝」している。この部分は、《春日龍神》の作者の独創ではなく、素材類にすでに見られる逸話である。その背後には、荒廃した南都を、明恵や解脱上人貞慶《じょうけい》（一一五五〜一二一三）が復興させた歴史がある。また、浄土宗などの新興鎌倉仏教の阻止に、二人が力を尽くした点もかかわっている。

一方、《春日龍神》が誕生した室町時代になると、興福寺や延暦寺《えんりゃくじ》などの旧仏教は、新興の禅宗とも敵対した。能成立時の仏教界内部の勢力抗争も、曲の文脈にかかわっていると思われる。作品の素材となった明恵の入唐断念は、十三世紀初頭の話であり、曲が生まれる二百年以上昔にあたる。これが能の題材として持ち出されると、古い逸話は、新しい文脈の中で、別な意味を帯びることになる。

十五世紀の渡唐僧の大半は、禅宗の人物だった。海外との強固なつながりが、臨済宗《りんざいしゅう》の一つの特徴である。遣明使派遣でも、主導的な役割を果たした。天龍寺《てんりゅうじ》や相国寺《しょうこくじ》は、自ら資金を集めて船を建造し、これに参加した。室町幕府の外交文書の作成も、五山僧が担当している。南禅寺《なんぜんじ》を始めとする諸寺院は、経済的にも室町幕府と深く結びついていた。禅門は、将軍の手厚い庇護下にあった。観世座などは、その室町将軍と密接だった。

一方、旧仏教勢力の興福寺や比叡山《ひえいざん》に、海外留学経験者は乏しい。経済基盤も国内的なものだった。また、南都北嶺《なんとほくれい》は、荘園や関所などの経済利権をめぐって、新興の五山勢力と激しく争っていた。会計や徴税能力に優れた五山・東班衆《とうばんしゅう》の活躍により、旧仏教勢力は荘園を奪われつつあった。その上、延暦寺や興福寺は、室町幕府との確執も抱えていた。興福寺は守勢である。そのお膝元奈良を舞台とする《春日龍神》は、入唐を否定する点で、禅宗勢力を牽制し、南都北嶺の側を賛美する作品として機能し得る内容を備えている。

世界最高聖地としての春日

《春日龍神》の素材文献群で、春日明神は仏法を守護する神にすぎない。重要な宗教施設を警備するガードマンの位置付けである。その春日社が守るのが、興福寺だった。もちろん、仏が主、神が従である。『古今著聞集』で春日明神は、「我《われ》仏法を守護せんがためにこの国に跡《あと》を垂れり」と位置づけられている。あくまでも仏を守るための神であり、仏教の本場から、遅れた周辺国にやってきた垂迹《すいじゃく》の立場である。日本の神の地位は低い。『古今著聞集』ではさらに、明神が人に取り憑《つ》き、明恵上人の前に姿を現す。上人は、「この事信ぜられず」「うたがひあり」と疑問に思い、ためしに『華厳経《けごんぎょう》』について質問する。明恵はその答えに感動して、ようやく明神が本物であると信じ、渡唐を断念した。神は仏典の秘義を披歴することで、自分が偽物でないことをわざわざ証明しなければならなかった。

ところが能《春日龍神》では、春日社の位置付けが著しく上昇している。ワキ明恵上人は、明神が本物かどうかを疑ったりはしない。また、前シテ宮守は、春日こそが仏教の至高聖地だと主張する。神はもはや、仏法を守る存在故《ゆえ》に尊重されるのではない。春日山《やま》それ自体が神聖なのである。前場《まえば》には、宮守が日本の優越性を語る、次のような段がある。

明恵　尚々《なほなほ》当社の御事《おんこと》、委《くは》しく御《おん》物語候へ。

宮守　然《しか》るに入唐《にったう》渡天《とてん》と云《い》つぱ、仏法流布の名をとめし、

（宮守）古跡《こせき》を尋ねん為《ため》ぞかし。天台山《てんだいさん》を拝むべくは、比叡山《ひえいさん》に参るべし。五台山《ごだいさん》の望みあらば、吉野筑波を拝すべし。

宮守　昔は霊鷲山《りやうじゆせん》、

（宮守）今は衆生《しゆじやう》を度《ど》せんとて、大明神と示現し、この山に宮居《みやゐ》し給へば、

宮守　即《すなは》ち鷲《わし》の御山《みやま》とも、

（宮守）春日のお山を拝むべし。「我を知れ、釈迦牟尼《しやかむに》仏《ほとけ》世に出《い》でて、さやけき月の世を照らすとは」の、御神詠《ごしんえい》もあらたなり。然《しか》れば誓ひある、慈悲万行《まんぎやう》の神徳の、迷ひを照らす故《ゆゑ》なれや。小機《せうき》の衆生の益《やく》なきを、悲しみ給ふ御姿《おんすがた》、瓔珞細軟《やうらくさいなん》の衣《ころも》を脱ぎ、麁弊《そへい》の散衣《さんえ》を著《ちやく》しつつ、四諦《したい》の御法《みのり》を説き給ひし、鹿野苑《ろくやをん》も此処《ここ》なれや。春日野に起き臥すは、鹿の苑《その》ならずや。

宮守　そのほか当社の有様の、

（宮守）山は三笠に影さすや。春日《はるび》そなたに現れて、誓ひを四方《よも》に春日野の、宮路《みやぢ》も末あるや曇《くも》りなき、西の大寺《おほてら》月澄みて、光ぞ増《まさ》る七《しち》大寺、御法《みのり》の花も八重桜の、都とて春日野の、春こそのどけかりけれ。

春日山《やま》・比叡山《ざん》・吉野山《やま》・筑波山《さん》などの我が国の霊地は、チャイナの天台山《さん》や五台山《さん》はもとより、インドの霊鷲山《りようじゅせん》よりも神聖だとされている。春日の里は、もはや仏法伝播《でんぱ》の辺土ではない。天竺や唐土から遥かに遠い辺陬《へんすう》の地ではなく、仏教の聖地へと位置付け直された。これは、世界観の根幹にかかわる変更である。宗教的地理観の大転換と言っても良い。

なお、春日社に度々参詣している明恵が、「尚々当社の御事、委《くは》しく御物語候へ」と、まるで初めて訪れた人のように神社の由来を尋ねるのは、極めて不自然である。これは観世流のみの詞章で、宝生流にはない。また、下掛《しもがかり》（金春流・金剛流・喜多流）では次のようになっている。「それ仏法東漸《とうぜん》とて、五後《ごご》の時代《ときよ》に至りつつ、三国《さんごく》流布の妙道、今わが朝《てう》の時節とかや」。この形では、「仏法東漸」「わが朝の時節」によって、日本が仏教の中心であることが、一層明確に示されている。

神主仏従への転換期

《春日龍神》が誕生した室町時代、思想の世界には大きな変化が生まれつつあった。神仏習合の変質である。従来、我が国固有の神道は、融和的な神仏習合論によって外来宗教との対立を避け、自らを仏法の下に位置付けることで折り合いをつけた。平安時代には、神道に対する仏教の優位は明らかだった。神社に併設された神仏混淆《こんこう》の神宮寺《じんぐうじ》は、しばしば仏が神を救済するために存在する形をとった。さらに、迷える神が仏に救いを求める物語すら作られたのである。能《三輪《みわ》》《葛城《かずらき》》にはその名残がみられる。

神仏習合が進むと、神の地位がやや向上し、仏教の守護神として祀《まつ》られるようになる。我が国は天竺からも唐土からも遠い辺境の地で、仏に直接救済されない。そんな周縁国日本を憐れみ、仏が仮に神の姿をとって出現した。そう理論付けられた。本地垂迹の考えのもと、仏が本質、神は仮の姿とされた。先に引用した曲中に「誓ひある慈悲万行《まんぎやう》の神徳の」とあるように、春日明神の本体の一つが慈悲万行大菩薩だった。本地垂迹説では、あくまでも仏が主、神が従なのである。

一方、十四世紀初頭には、仏主神従から神主仏従へ、本地垂迹説から反本地垂迹説への変化の萌芽がみられる。光宗《こうじゅう》編『渓嵐拾葉集《けいらんしゅうようしゅう》』（一三一八年）には、「我が国は大日《だいにち》の本国」とあり、また、吉田兼好《よしだけんこう》の兄弟とされる慈遍《じへん》（生没年未詳）の『旧事本紀玄義《くじほんぎげんぎ》』（一三三二年）には、「本は神国にあり、唐は枝葉を掌《つかさど》り、梵《ぼん》は菓実を得《う》」とある。日本の神を根とし、チャイナやインドを枝や葉や実とするこの根葉花実《こんようかじつ》論は、吉《よし》田兼倶《だかねとも》（一四三五～一五一一）に引き継がれた。『唯一神道名法要集《ゆいいつしんとうみょうほうようしゅう》』（一四八四年頃）には、「我が日本は種子を生じ、震旦《しんたん》は枝葉に現はし、天竺は花実を開く」とある。このような発想が、日本中心主義的な吉田神道の根幹にある。

　つまり、仏主神従から神主仏従への転換が、能の大成期に進行していたのである。根葉花実論の吉田兼倶は、金春禅竹より三十歳若く、観世信光より十五歳年長である。第五章「《善界》――混血二世の葛藤」で取り上げた竹田法印定盛《たけだほういんじょうせい》（一四二一～一五〇八）は、吉田兼倶とも面識があった。吉田兼倶から禅竹への直接の影響は考えにくいが、両者は共に、思想の変革期を生きていた。禅竹の伝書が中世神道説と深く関係していることは、伊藤正義《いとうまさよし》『金春禅竹の研究』や高橋悠介《たかはしゆうすけ》『禅竹能楽論の世界』でも指摘されている。

　重要なのは、《春日龍神》に、神主仏従への移行期の発想が見られることである。「今は春日の御山《おんやま》こそ、即ち霊鷲山《りやうじゆせん》なるべけれ」の一節に、それが集約されている。ここには、「仏在世《ほとけざいせ》」の釈迦の時代と、明恵上人の中世初期「今」の対比がある。しかし私は、本地垂迹説と反本地垂迹説の今昔対立の可能性も胚胎《はいたい》しているように思う。昔はインドの霊鷲山が主であり、日本の春日山《やま》は従だった（本地垂迹説）。ところが「今は」、春日山が主であり、霊鷲山が従なのである（反本地垂迹説）。これこそ、室町期に広がりつつあった新しい思想にほかならない。

　本地垂迹説では、春日山の神は仏の仮の姿にすぎず、あくまでも霊鷲山が本場である。しかし、聖なる存在はもはやインドにはおらず、仏跡は空っぽで、仏は「今は」「この山に宮居」している。だからこそ、明恵上人の「入唐渡天」は無意味なのだ。これは、神主仏従の反本地垂迹説に近い考え方であり、吉田神道とも響き合う。思想に敏感だった禅竹は、同時代の新思潮をいち早く感じ取り、作品の構想に取り入れたものと思われる。ただし《春日龍神》は、あくまでも仏主神従・本地垂迹説の枠内で、天竺と日本の立場を逆転させている点に注意したい。

禅竹の思想との共通性

前場《まえば》の最後の部分で、シテ宮守はワキ明恵に一つの提案をする。入唐渡天を断念すれば、釈迦の一生を見せてやろうと言うのである。明恵上人のインド渡航の目的は、「仏跡を拝まん為」だったから、不満のあろうはずはない。この一節で特に重要なのは、「三笠の山に五天竺を移し」である。

明恵　げにありがたき御事《おんこと》かな。即《すなは》ちこれを御《ご》神託と思ひ定めて、この度《たび》の入唐《にったう》をば思ひ止《とま》るべし。
さてさて御身《おんみ》は如何《いか》なる人ぞ。御名《おんな》を名のり給ふべし。

宮守　入唐渡天《とてん》を止《とど》まり給はば、三笠《みかさ》の山に五天竺《ごてんじく》を移し、摩耶《まや》の誕生、伽耶《がや》の成道《じやうだう》、鷲峯《じゆぶ》の説法、

（宮守）双林《さうりん》の入滅まで、悉《ことごと》く見せ奉るべし。暫《しばら》く此処《ここ》に待ち給へと、

（語り手）木綿四手《ゆふしで》の神の告《つげ》、「我は時風秀行《ときふうひでゆき》ぞ」とて、かき消すやうに失せにけり。かき消すやうに
失せにけり。［中入《なかいり》］

前シテ宮守の論理によれば、今、インドの仏跡は空っぽになっている。釈迦が生きていた時代はともかく、今は春日こそが世界最高聖地なのである。この考え方が、「三笠の山に五天竺を移し」という詞章の根幹にある。「五天竺」はインドの五つの地方を意味するから、全インドの神聖性が三笠山に宿っていることになる。常識的に考えれば、奈良県が世界の中心だというのは、とてつもなく奇妙な思想に思われる。しかし中世には、春日曼荼羅《まんだら》も盛んに制作されていた。大和を活動の根拠地とし続けた金春禅竹にとって、《春日龍神》は郷土礼賛・自己肯定の表明でもあっただろう。

春日を仏教の本源地とみなす《春日龍神》は、金春禅竹の思想的著作とも通じ合っている。この謡曲の言説には、物事の根元や本質を探求しようとする禅竹の伝書『明宿集《めいしゅくしゅう》』（一四六五年頃）と、共通の志向がある。『明宿集』の成立が、《春日龍神》の文献上の初出と同時期であることも興味深い。金春禅竹はこの理論書で、万物の根源を、能《翁《おきな》》に登場する神聖な存在「翁」に求め、さらにこれを春日と一体だと述べる。

抑《そもそも》、翁《おきな》の妙体、根源を尋《たづね》たてまつれば、天地開闢《かいびやく》の初《はじめ》より出現しましまして、人王《にんわう》の今に至るまで、王位を守り、国土を利し、人民を助け給ふ事、間断なし。

『明宿集』の冒頭で、翁の「根源」をこのように規定した禅竹は、さらに一歩進めて、春日社の祭神天児屋根命《あめのこやねのみこと》と翁は一体だと主張する。また、春日という漢字は「二つの大日《だいにち》」と読めるとし、仏教における宇宙の中心尊格たる大日如来と、強引に結びつける。「我が国は大日の本国」と述べた『渓嵐拾葉集』を強く連想させる一節である。

一、春日・翁、御《ご》一体之御事《のおんこと》。それ春日と申《まう》したてまつるは、宗廟社稷《そうべうしやしよく》の大祖［国家の重臣藤原氏の祖先］として、天照大神《あまてるおほんがみ》の近神、天下輔佐《てんがふさ》の神［天児屋根命《あめのこやねのみこと》］にてまします。翁御《おきなご》一体にてましますこと、秘注秘々注の大事、口伝《くでん》・灌頂《くわんぢやう》別にこれ有り。然《しかれ》ば、天地と同じくして、師となり、範となり、影と形のごとくなるべし。又、春日と書ける文字は、二つの大日《だいにち》の心と知るべし。

金春禅竹は、翁・大日如来といった本源的な存在を、自分の活動拠点大和の春日と何とか結びつけようとしている。春日山《やま》こそ霊鷲山《りょうじゅせん》、春日野こそ鹿野苑《ろくやおん》とする能《春日龍神》の世界は、『明宿集』の思考様式と同一線上にある。

明朝の国力低下

ここで視点を変えて、《春日龍神》を、文献初出記録がある一四六五年以前の、東アジアの国際情勢の中に置いてみよう。すると、どのような景色が見えてくるだろうか。

当時、明朝は急速に衰退しつつあった。中華の力は、意外と早く揺らぎだした。対外侵略に積極的だった永楽帝《えいらくてい》は、一四二四年に亡くなる。世阿弥が『花鏡《かきょう》』を元雅《もとまさ》に相伝した年のことである。この時、金春禅竹は数え年で二十歳だった。一四四九年には、オイラートが明を攻撃し、正統帝《せいとうてい》を生け捕りにする（土《ど》木《ぼく》の変）。禅竹は四十五歳である。

明は、北方民族の侵入に備えるため、万里の長城の本格的な整備に着手した。しかし、この巨大建設プロジェクトは、国力を疲弊させる原因になった。こうなると、海外からの朝貢使節を、厚往薄来《こうおうはくらい》の原則に従って手厚くもてなす余裕はない。早くも一四三四年の宣徳要約《せんとくようやく》で、明国は日本からの来航に制限を加えている。入貢《にゅうこう》は十年に一回、人数は三百人、船数は三隻のみとされた。この永享《えいきょう》六（一四三四）年は、世阿弥が佐渡に流された年でもある。足利義教《よしのり》が永享四（一四三二）年に遣明使を再開してまもなく、困窮し始めたチャイナは、来朝使節の待遇を切り下げざるを得なくなった。資金の涸渇が、中華の権威低下を招いたのである。

一方、日本国内では、第六章「《岩船《いわふね》》——日本中心型華夷観」で論じたように、日本中心型華夷観という新しい世界観が萌芽していた。世界の中心は日本であり、朝鮮や唐土を周辺国とする見方である。当初これは、あくまでも舞台上の架空の話にすぎなかった。だが、新たに生まれた世界認識は、しだいに人々の心を捉え、広まっていったと思われる。我が国を中核に据えるこの発想は、反本地垂迹説にも通じている。

日本中心の地理意識は、明朝が推し進める中華思想の華夷観と、衝突せざるを得ない。北京の皇帝を地上の最高統治者とし、華夷秩序の発想で四周を低く見る考え方とは相容《あいい》れない。無論、日本こそが世界の中心だと唱えても、他国は決して納得しないだろう。しかし、時としてフィクションが現実を動かすことがある。豊臣秀吉《とよとみひでよし》（一五三七〜一五九八）による朝鮮を先導とした明朝征服計画「征明嚮導《せいみんきょうどう》」は、脳内の虚構が現実を生み出したものと言えよう。太閤秀吉《たいこう》は、ゴアのポルトガル総督府やマニラのスペイン総督府に書状を送り、日本への入貢を勧めた。これはまさに、日本中心型華夷観を現実化しようとする国家的行動だったと言ってよい。

さらに、第六章で引用した一条経嗣《いちじょうつねつぐ》「北山殿行幸記《きたやまどのぎょうこうき》」を思い起こしたい。足利義満の権力は、「こまもろこしまでも従《したがひ》たてまつるほどの御《おん》勢ひ」だという。もちろん、朝鮮・唐土を従属させるほどの勢力というのは、あくまでも比喩に過ぎない。実際義満は、国内すら満足に統一できていなかった。しかし、壮大な国際的想像力が、日本人の脳裏で働き始めていること自体に注目すべきだろう。

同時代の能作者も、日本中心型華夷観の思考様式を共有していた。そして、チャイナの日本に対する優位性を否定する物語を紡《つむ》ぎ始めた。この文脈の中に、春日を世界最高聖地とする《春日龍神》を置いてみると、両者が同じ方角を向いていることが理解できる。《春日龍神》は、反本地垂迹説への移行が暗示されている能であり、世界認識転換の力学が働いている作品なのである。チャイナは「日の入《い》る国」に過ぎず、インドはもはや空虚な「古跡」にすぎない。今や我が国の比叡山《ざん》・吉野山《やま》・筑波山《さん》は、天台山《さん》・五台山《さん》にまさる聖地であり、人々はとりわけ世界最高聖地「春日のお山を拝むべし」なのである。

吉田神道と《春日龍神》

《春日龍神》は、日本を天竺や唐土より上に置く点で、先に言及した吉田兼倶《かねとも》の元本宗源《げんぽんそうげん》神道（唯一神道・吉田神道）とも、軌を一にしている。また、万物の本源を日本の「翁」に求める『明宿集』の金春禅竹の考え方は、根源の追求という点で、吉田神道に通じる。ただし、《春日龍神》と吉田神道は、本質的に異なる点もある。それはこの曲が、春日の神聖性を、あくまでも仏教によって説明していることである。《春日龍神》は、吉田神道のような神主仏従ではなく、仏主神従の枠内に留まっている。後場《のちば》の冒頭は、次のように始まる。

明恵・従僧　神託正《まさ》にあらたなる、
　　従僧　神託正にあらたなる、
明恵・従僧　声の内より光さし、春日の野山金色《こんじき》の、世界となりて草も木も、仏体《ぶったい》となるぞ不思議なる。
　　仏体となるぞ不思議なる。

「神託正にあらたなる」とあるものの、やはり最終的には「仏体」が出現する。仏主神従である。「春日の野山」、つまり春日野や春日山《やま》は、「仏体と」なって「金色の世界」に一変する。この金ピカの色彩感覚は、神道の文化ではない。一方で「草も木も仏体」は、天台本覚《てんだいほんがく》思想に依拠している。本来の仏教において、植物は、悟りを得て成仏できる存在ではない。能の定番表現「草木国土悉皆《しっかい》成仏」は、あらゆるものに魂を認める日本化した仏教のあり方を示す。この意味で、能の世界は元来の仏教教義から外れて、神道的感性に近づいている。ただし、《春日龍神》は、あくまでも仏主神従の価値観内に収まっている。神主仏従の吉田神道に接近しつつも、その一歩手前で立ち止まっているのである。神仏習合の本地垂迹を意味する「和光同塵」を示す表現「和光の光あらたなり」が見られる点も、この曲が仏主神従の枠内にあることを示している。

舞台では、ここで後《のち》シテが一人で登場するのだが、詞章上は、八大龍王を始めとする大勢の仏教の尊格が集結する。シテがどの龍王なのかは、明示されていない。

（明恵）時に大地《だいぢ》震動するは、下界の龍神の参会か。
龍神　すは、八大龍王よ。
（語り手）難陀《なんだ》龍王、
龍神　跋難陀《ばつなんだ》龍王、
（語り手）娑伽羅《しやから》龍王、
龍神　和修吉《わしゆきつ》龍王、
（語り手）徳叉迦《とくしやか》龍王、
龍神　阿那婆達多《あなばだつた》龍王、
（語り手）百千眷属《けんぞく》、引き連れ引き連れ、平地《へいぢ》に波瀾を立てて、仏《ほとけ》の会座《ゑざ》に出来《しゆつらい》して、御法《みのり》を聴聞《ちやうもん》する。
龍神　その外《ほか》、妙法緊那羅《めうほふきんなら》王、
（語り手）また持法緊那羅《ぢほふきんなら》王、
龍神　楽乾闥婆《がくけんだつば》王、
（語り手）楽音乾闥婆《がくおんけんだつば》王、
龍神　婆稚阿修羅《ばちあしゆら》王、
（語り手）羅睺阿修羅《らごあしゆら》王の、恒沙《ごうじや》の眷属《けんぞく》、引き連れ引き連れ、これも同じく座列せり。

後場《のちば》ではこのように、春日龍神が明恵上人の前に現れる。この構想は、作者金春禅竹による独創で、素材となった文献には存在しない。諸尊が能の末尾で一同に会する設定は、あるいは《白楽天》の影響であるかも知れない。

日本中心の世界観

《春日龍神》は、次のような結末を迎える。釈迦の事跡の再現もまた、作者金春禅竹が独自に加えた構想である。

（語り手）龍女《りゆうによ》が立ち舞ふ波瀾の袖、龍女が立ち舞ふ波瀾の袖、白妙《しろたへ》なれやわだの原の、払ふ白玉《しらたま》立つは緑の、空色《そらいろ》も映る海原《うなばら》や。沖行くばかり、月の御舟《みふね》の、佐保《さほ》の川面《かはづら》に浮かみ出《い》づれば、

龍神　八大龍王、

［舞働《まいばたらき》］

龍神　八大龍王は、

（語り手）八つの冠《かむり》を傾け、所は春日野の、月の三笠の雲に上《のぼ》り、

（龍神）飛火《とぶひ》の野守《のもり》も出《い》でて見よや。

（語り手）摩耶《まや》の誕生、鷲峯《じゆぶ》の説法、双林《さうりん》の入滅、悉《ことごと》く終りて、

（龍神）これまでなりや。明恵上人、さて入唐《につたう》は。

明恵　止《とま》るべし。

（龍神）渡天《とてん》は如何《いか》に。

明恵　渡るまじ。

（龍神）さて仏跡《ぶつせき》は。

明恵　尋ぬまじや。

（龍神）尋ねても尋ねても、この上嵐の、

（語り手）雲に乗りて、龍女《りゆうによ》は南方に飛び去り行けば、龍神は猿沢《さるさわ》の池の青波《あをなみ》、蹴立《けた》て蹴立てて、その丈千尋《たけちひろ》の大蛇《だいじや》となつて、天にむらがり、地に蟠《わだかま》りて、池水《ちすい》をかへして失せにけり。


このキリの場面で、龍神は釈迦の一生を再現する。摩耶夫人《まやぶにん》の右脇から誕生し、右手で天を、左手で地を指さし、天上天下唯我独尊《てんじょうてんげゆいがどくそん》と言った「摩耶の誕生」。霊鷲山《りょうじゅせん》で『法華経』の教えを説いた「鷲峯《じゅぶ》の説法」。大勢の人や動物に囲まれながら、沙羅双樹《さらそうじゅ》の下で亡くなった「双林の入滅」。これらを見せた上で、シテ春日龍神はワキ明恵上人に対し、それでもお前はチャイナやインドに行くのか、「さて入唐は」「渡天は如何に」と詰問《きつもん》する。明恵は、「止るべし」「渡るまじ」と、渡航を直ちに断念する。それは、海外に行っても春日社以上の霊地はないからである（「尋ねても尋ねてもこの上嵐（あらじ）」）。かくして日本の春日は、世界最高聖地と位置づけられたのだった。

チャイナに行くなというメッセージを発しているこの曲には、根葉花実論、反本地垂迹説、吉田神道、日本中心型華夷観、明朝の衰退、新旧仏教の対立、大和回帰といった、同時代の様々な動きがかかわっている。それは、作者金春禅竹が、極めて哲学志向の強い人物であったことに由来する。

《春日龍神》では、周辺国意識からの精神的脱却が語られている。これは、日本こそが世界の中心だとする吉田神道に非常に近い考え方である。六世紀の仏教伝来以来、在来の素朴な神道は、思想的に苦闘し続けてきた。外来宗教である仏教は、高度に発達した仕組みを備えていた。数多くの経典、洗練された儀式、立派な美術品、壮麗な建築様式。これに対し神道は、あまりに単純で原始的だった。文字に書かれた教えはなく、建物は質素、儀礼も単純。到底仏教にかなうはずもなく、身を縮めて外来宗教の僕《しもべ》となることで、存在意義を守ってきた。しかし、《春日龍神》の誕生した十五世紀、吉田神道の理論によって、はじめて神道が世界の中心に据えられた。

もちろん《春日龍神》は、吉田神道そのものではない。春日が最高聖地なのは、そこに神として垂迹した仏がおり、インドやチャイナに仏がいないからである。しかし、仏教の枠内に留まっているこの考え方も、日本を「真《まこと》の浄土」として世界の中心に位置付ける点で、吉田神道に非常に近い所まで来ている。思想に深い関心を抱いていた金春禅竹は、当時の画期的な世界観の転換を感じ取り、これを能に取り入れた。それはまさに、日本中心の神道思想の一歩手前にまで迫るものだった。

三、作者と成立

最後に、《春日龍神》の作者と成立について考証しておきたい。私はこの曲を、金春禅竹作と断言して良いと思う。禅竹作説の根拠として、従来次のような指摘がなされてきた。

天野文雄氏は『能を読む③元雅と禅竹』で、「春日明神賛仰の色彩が強い点」を指摘する。京で活躍した世阿弥とは異なり、禅竹は大和にとどまった。当時、大和地方のほとんどの土地を所有していたのが、春日社と一体化していた興福寺である。第二に、曲の末尾で嵐が起こっていることである。天野氏は、金春禅竹の能に「「嵐」あるいは「風」によって醸《かも》される情調がある。いずれも終曲部に認められる」と述べ、《小塩《おしお》》《芭蕉《ばしょう》》《龍田《たつた》》《玉鬘《たまかずら》》《西行桜《さいぎょうざくら》》《野宮《ののみや》》《松虫《まつむし》》を例示している。西野《にしの》春雄《はるお》氏も『新日本古典文学大系』で、「八大龍王が姿を顕《あらわ》してパノラマが展開する趣《おもむき》のラストシーンの描写」を挙げる。伊藤正義氏は『謡曲雑記』で、禅竹特有の表現「はてしなの心」「四方《よも》に春日野」が見られる点を指摘している。

樹下《きのした》好美《よしみ》氏は論文「龍神物の能の成立」で、複数の根拠を挙げる。まず、『法華経』の内容をそっくり利用する手法が、禅竹作《鍾馗《しょうき》》に通じる点。また、祖父金春権守《ごんのかみ》にかかわる作《海士《あま》》の構想に学んだ要素を持つ点。義父世阿弥の作品《野守《のもり》》の構想に学んでいる点などである。

私はこれらに加え、すでに指摘したように、世阿弥作《白楽天》の影響が見られる点も挙げておきたい。また、《春日龍神》の末尾の語り手の言葉が非常に長いことも参考になる。謡曲では、語り手の言葉が、「難陀龍王」以下、最後の「池水をかへして失せにけり」まで、断続的に続いている。この事実は、《春日龍神》が少なくとも世阿弥の手になるものではないことを意味する。世阿弥作品は、語り手の言葉が比較的短いという特徴を持つからである。さらに、金春禅竹の『明宿集《めいしゅくしゅう》』に通じる発想が存在する点も、《春日龍神》が禅竹作であることを物語っている。

成立時期についてはどうだろうか。すでに述べた通り、《春日龍神》の上演記録の初出は、寛正六（一四六五）年三月九日である。ただし、これよりやや早い『親元《ちかもと》日記』同年二月二十三日の条にも、観世座の「用意分」として「明恵上人」の曲名が見える。したがって、この日が、《春日龍神》の制作時期の下限ということになる。ただし、「用意分」であるから、新作ではない。初演はこれよりさかのぼるはずである。

一方、成立の上限は、六代将軍足利義教が暗殺された嘉吉《かきつ》の乱（一四四一年）の時点として良いのではないか。海外渡航に否定的なこの能は、遣明使の派遣に積極的だった義教の前で演じるには相応《ふさわ》しくない。六代将軍の没後に作られたと考えるべきだろう。すなわち《春日龍神》は、義教が亡くなった嘉吉元（一四四一）年六月二十四日以降、寛正六（一四六五）年二月二十三日までの間に成立した。私はそう判断している。

第八章

狂言《唐相撲》

——異国趣味の政治学

一、チャイナ蔑視の作品か

狂言《唐相撲《とうずもう》》の観客は、眼前で展開する異国趣味の面白さに強い印象を受ける。和泉《いずみ》流では《唐人相撲《とうじん》》、大蔵《おおくら》流では《唐相撲》と称するこの演目には、極めて大人数の立衆《たちしゅう》が登場する。通常の狂言が持つ簡素な美とは異なり、派手な装束《しょうぞく》を着た人物が、橋掛《はしがかり》までぎっしり立ち並ぶ。まるでお祭りを見ているような気分である。様々な手での相撲の取り組みを含め、視覚的な要素が著しく強い。演劇としての魅力の大部分は、非言語的な要素によっている。また、台本が至って簡略なため、実際の上演形態は多様である。それぞれの家や時々の方針によって、様々な舞台が作られてきた。

一方で、流儀や演出に左右されにくい本質的な部分もある。無敵の日本人相撲取りが渡唐し、皇帝に抱えられていること。唐人が次々と相撲に負け、最後は帝王自らが相撲を取って敗れ去ること。そして、各種の唐音《とういん》（荒唐無稽な唐人言葉）で観客を楽しませることである。あるいは、アド日本人相撲取りがシテ帝王に帰国許可を願う点、帝王が取り組みに際して楽《がく》を舞い菰《こも》を身にまとう点も揺るがない。いったいこの特異な狂言は、当時の日本人のどのような対外観に基づいているのだろうか。また、《唐相撲》は、一体何を物語っているのだろうか。

政治的正しさが重視される現代の言論空間では、少しでも否定的に見える異文化表象は、差別として糾弾される傾向がある。そのため近年では、《唐相撲》を槍玉に挙げる研究者もいる。たとえば橋本朝生《はしもとあさお》氏は、論文「狂言の当代性」で、この演目を豊臣秀吉《とよとみひでよし》の朝鮮出兵と強引に結びつけ、次のように述べる。「大陸侵攻を支える空気が民衆レベルであったのではないか。それを〈唐相撲〉という狂言は示している」。まるで、昭和の支那事変について語っているかのような文章である。判断根拠が示されておらず、結論ありきの議論と言わざるを得ない。戦後イデオロギーによる曲解である。

そもそも、《唐相撲》の成立は、文禄《ぶんろく》・慶長《けいちょう》の役《えき》より六十年以上前にさかのぼる。はたしてこの狂言は、日本人のチャイナ蔑視や対外的優越感を証言する作品なのだろうか。実際はむしろ、その正反対である。橋本雄《はしもとゆう》氏は、『中華幻想』で次のように論ずる。《唐相撲》は、「あこがれの対象であった《中華》を引きずり降ろし、何とか対等な地位にまで持っていきたい、という思惑の産物であった」。これこそが、歴史の文脈に即した正確な計量であろう。《唐相撲》は、チャイナに対する日本人の長年の劣等感の産物なのである。

誤解を恐れずたとえれば、《唐相撲》は、日本のプロレスラー力道山《りきどうざん》が、白人レスラーに空手チョップを食らわせた試合（一九五四年）のようなものである。この興行《こうぎょう》が大成功した背景には、敗戦後の日本人の、西洋に対する憧憬や劣等感がある。決して、欧米人蔑視や対外的優越感の表現ではない。国際的な側面を持つ狂言《唐相撲》は、中世の歴史的文脈にしっかり据えて考える必要がある。前の時代から《唐相撲》へと流れこんだ要素、そして《唐相撲》独特の新しい発想。それらを順に検討してゆくことにしよう。

二、四つの話型

皇帝との知恵比べの話型

《唐相撲》は、先行する四つの話型を引き継いで作られている。その第一が、皇帝と日本人との知恵比べの話である。このような話の型は、少なくとも平安時代の『枕草子《まくらのそうし》』までさかのぼることができる。第一章「《白楽天《はくらくてん》》――華夷秩序を拒絶」で取り上げた『枕草子』「社《やしろ》は」を、再び引用したい。これは神社を扱った段で、次に引用する部分は、蟻通明神《ありどおしみょうじん》について語る箇所に置かれている。

唐土《もろこし》の御門《みかど》、この国［日本］の御門《みかど》をいかではかりて［何とか計略に陥《おとしい》れて］、この国打ち取らむとて、常にこころみ、あらがひをして［もめ事を起こして］送りたまひけるに、（中略）後《のち》になむ、日本《ひのもと》はかしこかりけりとて、後々《のちのち》さる事もせざりける。

天皇に難題を吹っかけ、日本を奪い取ろうとした中華皇帝のたくらみを、中将《ちゅうじょう》が知恵の力で防いだ、という趣旨の話である。中略の部分では、三つの逸話が語られている。第一話では、削った二尺の木のどちら側が枝先に近い方だったかと、皇帝が天皇に問う。中将は木を川に投げ入れ、流れてゆく方向で本末《もとすえ》を判断した。第二話では、蛇の雌雄《しゆう》を答えよと、皇帝が天皇に迫る。中将は、蛇の背後から真っ直ぐな若枝を近づけ、動かない方がメスだと判断した。第三話では、複雑な形の玉の穴に糸を通せと、皇帝が天皇に要求する。皇帝は、唐人なら誰にでもできる簡単なことだと嘯《うそぶ》いた。そこで中将は、蟻に糸をつけ、反対側の出口に蜜を塗ることで、これを見事に成し遂げた。かくして、我が国はチャイナの侵略を見事に防いだというのである。

この『枕草子』の皇帝表象を、中華思想の皇帝像と比較してみよう。中華思想において、皇帝は「徳ある」存在とされている。帝王は、周辺の諸民族に「道徳的」感化や金銭的恩恵を施す。そんな「有徳の」

天子を慕って、東夷《とうい》・西戎《せいじゅう》・南蛮《なんばん》・北狄《ほくてき》が、貢《みつ》ぎ物を献じるために「自ら進んで」北京などの都にやってくる。これが、括弧《かっこ》付きの「理想」の皇帝像である。ところが『枕草子』「社は」の皇帝は、全く逆である。意地悪で、高圧的で、侵略的。計算高く、悪意に満ち、謀略に巧み。それが、清少納言《せいしょうなごん》の描くチャイナの最高権力者のイメージである。『枕草子』は、中華思想に基づく華夷秩序の語りを共有していない。

これを朝鮮などと比較すると、日本の独自の位置が明確になる。一般化した議論に過ぎないが、高麗《こうらい》王朝や朝鮮王朝は中華思想を受け入れ、皇帝の「徳」を慕って、チャイナの首都に朝貢使節を送り続けた。皇帝は、何よりも心服すべき対象であった。朝鮮という補助線を引くことで、我が国の『枕草子』の立脚地がより鮮明になる。日本人は、中華への警戒感をより強く抱く傾向があったと言えるだろう。

『江談抄』と『吉備大臣入唐絵巻』

皇帝との知恵比べの話型は、『江談抄《ごうだんしょう》』第三「吉備入唐間事《きびにったうあひだのこと》」にも見られる。『江談抄』は、大江匡房《おおえのまさふさ》（一〇四一～一一一一）の談話をまとめた作品で、十二世紀初頭に成立した。『枕草子』より一世紀ほど後である。この『江談抄』に基づき、平安時代末期から鎌倉時代初期に成立したのが、第一章でも言及した『吉備大《きびだい》臣入唐絵巻《じんにっとうえまき》』である。皇帝との知恵比べの話型は、『江談抄』を経由してこの絵巻物に引き継がれた。

吉備真備《きびのまきび》（六九五～七七五）は、奈良時代の漢学者である。遣唐使に加わり、霊亀《れいき》三（七一七）年に阿倍仲麻呂《あべのなかまろ》（六九八～七七〇）らと入唐、十八年近く滞在して、天平《てんぴょう》七（七三五）年に帰朝した。天平勝宝《てんぴょうしょうほう》三（七五一）年に遣唐使副使となり、再渡航の後、天平勝宝六（七五四）年に帰国している。『吉備大臣入唐絵巻』は、実在人物吉備真備に仮託した伝奇物語で、粗筋《あらすじ》は次のようになっている。

遣唐使として大陸に渡った吉備真備は、鬼が出る高楼に幽閉され、数々の試練を与えられる。唐人たちはまず、難解な『文選《もんぜん》』をこの日本人に読ませ、間違いを笑ってやろうと待ち構える。しかし、これを察知した吉備は、鬼となった阿倍仲麻呂の助けもあり、飛行《ひぎょう》の術を使って宮中に潜入、『文選』を暗記してしまった。次に唐人らは、囲碁で吉備真備を打ち負かそうとする。ところが彼は、高楼の天井の格子を碁盤に見立て、たちまち碁を会得する。対局は白熱するが、吉備は相手の黒い碁石を一つこっそり呑み込み、勝利する。ところが、碁石が足りないことに気付かれ、下剤を飲まされた。吉備真備は何とか碁石を体内にとどめ、難を逃れたのだった。現存の『吉備大臣入唐絵巻』はこれで終了するが、『江談抄』には、さらなる難題と、日本人主人公の最終的な帰国が描かれている。

『枕草子』『江談抄』『吉備大臣入唐絵巻』に見られる知恵比べの話型は、能《白楽天》でも活用されている。これについては、すでに第一章で論じた。この曲では、ワキ白楽天とシテ漁翁（住吉明神）が、漢詩と和歌を競うように詠み合う。結局、唐王朝のスパイ白楽天は、神風に追い払われたのだった。言葉によるチャイナへの対抗という点では、慈円《じえん》（一一五五～一二二五）の和歌「から国やことのは風の吹きくればよせてぞかへす和歌のうら浪」も思い起こされる。

この話型の広がりは、日本人が中華の圧迫をひしひしと感じ続けていたことを示すものだろう。大陸からの侵略や抑圧を、何とか跳ね返したい。日本人のそのような思いが、物語に込められている。チャイナの皇帝は、我が国を試す悪意を持った存在であり、日本に恩恵を施す贈与者としては描かれてはいない。

狂言《唐相撲》は、両国の知恵比べの話型を引き継いで創作された。日本に無事帰国することで物語が終結する点も、『江談抄』と同様の構造になっている。頭脳を駆使した知恵比べが、体を張った相撲の力比べに置き換わっている点は、いかにも狂言らしい。ただし、日本人が皇帝の難題に苦戦する三作品に対し、アドの日本人相撲取りがやすやすと勝利している点は、先行文献とやや性格が異なっている。

国内を極めた上での渡唐

《唐相撲》が踏まえている第二の話型は、国内を極めた上での渡唐である。日本では得られない高い水準のものを求めてチャイナに渡航する、という語りである。能狂言には、入唐日本人が登場する曲が、いくつか存在する。《春日龍神《かすがりゅうじん》》の明恵《みょうえ》法師や《絃上《けんじょう》（玄象《げんじょう》）》の藤原師長《ふじわらのもろなが》は渡唐を断念するが、《石橋《しゃっきょう》》では、ワキ大江定基《おおえのさだもと》（寂昭《じゃくじょう》法師）が冒頭ですでに唐土に到着している。《龍虎《りょうこ》》でも、ワキ諸国一見の僧が日本から大陸への道行《みちゆき》を行う。興味深いのは、次の引用にあるように、《龍虎》のワキ僧が、日本国内を見尽くしたと述べていることである。《唐相撲》の日本人相撲取りの設定に通じるものがある。観世流の詞章を引用したい。

これは諸国一見の僧にて候《さうらふ》。我若年《われじやくねん》の時よりも、諸国修行の志あるにより、日《ひ》の本《もと》をば残らず見廻《みめぐ》りて候。また承り及びたる仏法流布の跡を尋ね、入唐渡天《にったうとてん》の望みあつて、この間《あひだ》は九州博多の津《つ》に候処《ところ》に、よき便船《びんせん》の候間《あひだ》、この春思ひ立ち渡唐仕《つかまつ》り候。

《龍虎》のワキ僧は、日本を「残らず見廻《みめぐ》りて候」と述べる。これが動機の一つとなって、諸国一見の僧は大陸へと向かう。そういう話の型である。登場人物が渡唐しない《絃上（玄象）》でも、同様の語りが展開する。藤原師長が入唐を断念したのは、後《のち》シテ村上天皇が見事な琵琶の演奏をしたからである。自分より優れた名人が日本にいる以上、異国に赴く必要はないという結論になる。国内に匹敵する者がいないので渡唐するという論理を反転させた形である。また《春日龍神》では、今は春日山《かすがやま》こそが仏教の聖地霊鷲山《りょうじゅせん》だと認識した明恵が、入唐渡天を中止する。最高聖地が日本にある以上、海外渡航は必要ないことになる。同様に、《唐相撲》の日本人相撲取りも、外国に来たのは、国内に自分よりも強い者がいなかったため、という設定になっている。

大蔵虎明本《おおくらとらあきらぼん》（一六四二年）には、「我朝《わがてう》に於て、某《それがし》に続く相撲が御《ご》ざなひに依《よつ》て、渡唐仕《つかまつ》つてござれども」とある。渡航の目的は、日本国内にはいないような、強い相手を求めるためであった。その前提として、大陸には日本以上のものがあるはずだという発想がある。日本人の持つチャイナに対する劣等感が、無意識裡に現れたものと思われる。一方、渡唐の動機に、オリエンタリズム的思考様式は全く見られない。遅れた国に文明を教えてやろうとか、奇妙奇天烈な出来事が日々起きている幻想の国を尋ねてみようといった、オリエンタリズム的発想はないのである。

渡唐と渡日の非対称

能には逆に、大陸から日本に渡ってくる人物が登場する曲もある。この場合唐人は、チャイナが日本より上だという前提で行動している。《白楽天》《善界《ぜかい》》では、日本を害する目的で、大陸から白楽天や善界坊がやってくる。それぞれ第一章・第五章で論じた通りである。

唐人が平和裡に来日する場合でも、日本は道教的な神仙の世界として、エキゾティックに描かれる。東海中の島「蓬莱《ほうらい》」としての日本のイメージは、神秘主義的な表象であり、一種の異国趣味的オリエンタリズムに基づいている。これは、国内を極めた上でより良いものを求めて渡航するという、日本人の渡唐話型と好対照である。能狂言においても、渡唐言説と渡日言説は非対称であり、両国の力関係を暗示している。

たとえば《楊貴妃《ようきひ》》では、「玄宗《げんそう》皇帝に仕《つか》へ申す方士《はうじ》」が、「蓬莱の国《とこよ》」にやってくる。詞章上は蓬莱が日本だとは明記されていないが、中世には、熱田《あつた》神宮が蓬莱宮《ほうらいきゅう》だと考えられていた。能《富士山《ふじさん》》では、この霊峰自体が「蓬莱の仙郷」とされている。「われ日本《にほん》に渡り、この地《ぢ》の有様を見るに、山海草木《さんかいさうもく》土壌《どじやう》までも、さながら仙郷かと見えて」とあるように、我が国のイメージは、非合理的な神仙観と結びつけられている。日本をエキゾティックな異郷とする中華の対日オリエンタリズムを、日本人自身が受け入れているのである。また、《唐船《とうせん》》の祖慶官人《そけいかんにん》は、唐土に比べれば日本など「九牛が一毛」に過ぎないと言い放つ。この尊大な唐人は、日本人作者が作り出した人物像である。チャイナ優位、日本劣位という前提を、日本人は知らず知らずのうちに内面化していたと考えられる。

一方《唐相撲》は、日本はチャイナより劣っているはずだという先入観に、相撲で挑戦する。オリエンタリズムへの異議申し立てが、形而下の肉体的優劣に託されて語られている。本章冒頭で紹介した橋本雄氏の文章を再び引用するならば、《唐相撲》は、「あこがれの対象であった《中華》を引きずり降ろし、何とか対等な地位にまで持っていきたい、という思惑の産物であった」。中華思想的オリエンタリズムへの挑戦。《唐相撲》にはそのような日本人の思いが託されている。

皇帝に認められた日本人

《唐相撲》が踏まえている第三の話型は、皇帝に日本人が認められる逸話である。この狂言で、アド日本人相撲取りは、すでにシテ帝王のお抱えになっている。大蔵虎明《とらあきら》本の冒頭部分を引用しよう。本文は池田廣司《いけだひろし》・北原保雄《きたはらやすお》『大蔵虎明本狂言集の研究　本文篇上』に依拠し、読みやすく修正した。

罷出《まかりいで》たる者は、日本に住居《すまゐ》仕《つかまつ》る者で御《ご》ざる。我朝《わがてう》に於て、某《それがし》に続く相撲が御《ご》ざなひに依《よつ》て、渡唐仕《つかまつ》つてござれども、四百余州《しひやくよしう》に、私《わたくし》に勝つ相撲がござらぬ。さあるに依《よつ》て、唐土《もろこし》の帝王に召しおかれ、御《ご》馳走なさるれども、故郷《こきやう》なつかしうござ有程《あるほど》に、御《お》いとま申《まうし》て、帰朝仕《つかまつ》らふずると存処《ぞんずるところ》に、則《すなはち》今日《こんにち》は帝王の、この殿へ御幸《みゆき》なると申《まうす》。幸《さいはひ》の事で御《ご》ざるほどに、御《お》いとまを申さうずる間《あひだ》、帝王の御幸ならば、御《お》しらせあつて給《たまは》り候《さうら》へや。

相撲取りは、大陸の「四百余州」で最強だったため、皇帝に召し抱えられ、良い待遇（「御馳走」）を与えられている。興味深いことに、日本人が明《みん》の皇帝に力量を認められるこのような話が、中世後期から近世初頭にかけて、さかんに作られた。橋本雄『中華幻想』は、次の四例を紹介している。

まず、明朝初期に大陸に渡航した日本人僧仲方中正《ちゅうほうちゅうしょう》が、永楽通宝の銭文四文字を揮毫したという伝説である。二件目は、第五章「《善界《ぜがい》》――混血二世の葛藤」で取り上げた、竹田法印定盛《たけだほういんじょうせい》の祖父昌慶《しょうけい》の逸話である。洪武帝《こうぶてい》（在位一三六八～一三九八）の后《きさき》の難産を、日本人の昌慶が助けたとされる。三件目は、半井《なからい》明親《あきちか》が正徳帝《せいとくてい》（在位一五〇五～一五二一）の病気を治療し、驢馬《ろば》を下賜されたという話。そして四例目は、吉田宗桂《よしだそうけい》が嘉靖帝《かせいてい》（在位一五二一〜一五六七）の病《やまい》を治して医書を与えられたという逸話である。

これらの伝説について、橋本雄氏は、「中華文明にあこがれながらも、ただ称揚するだけでは済ませない――そんな日本人の心の葛藤が透けて見える」と述べる。私がさらにもう一例を加えるならば、金春禅竹《こんぱるぜんちく》の『六輪一露之記《ろくりんいちろのき》』に加注した、東大寺戒壇院《とうだいじかいだんいん》第十六代長老志玉《しぎょく》（一三八三〜一四六三）がいる。『伝律図源解集《でんりつずげんげしゅう》』によれば、永楽帝《えいらくてい》（在位一四〇二〜一四二四）の勅を奉じて『華厳経《けごんぎょう》』を講じ、普一国師《ふいちこくし》という名を賜ったとされる。

以上のような一連の類型に、《唐相撲》はすんなりと収まる。アド日本人相撲取りは、シテ帝王に実力を認められ、臣下として抱えられていた。右に挙げた逸話類と極めて似ていることに、改めて驚かされる。日本への帰国にあたり、相撲取りは帝王と取り組んで勝利する。知恵比べならぬ、力比べを行ったのだった。まず中華皇帝に認められ、最終的にはこれを打ち負かす。ここには、室町後期の日本人の集合的な願望が込められている。

もちろん、《唐相撲》のシテ帝王は、漢民族の明朝《みんちょう》（一三六八〜一六四四）皇帝をイメージしたものだろう。モンゴル人の元朝《げんちょう》や、辮髪《べんぱつ》をした満州人の清朝《しんちょう》ではあるまい。《唐相撲》の文献上の初出は、『証如上人日記《しょうにょしょうにんにっき》』の天文《てんぶん》五（一五三六）年一月二日の条である。これは、明の嘉靖帝の治世に当たる。

積極的に訴えを聞く統治者

《唐相撲》の源流となっている第四の話型は、人々の訴えに耳を傾ける統治者像である。中世日本の武家政権の役割の一つは、領地争いを裁くことだった。室町幕府は、弱体化した後もただちに打倒されることなく、案外長く存続した。それは全国の人々が、土地の権利を安堵する権威者を必要としていたからである。《唐相撲》では、訴えに積極的にかかわる日本の将軍のイメージが、皇帝に投影されている。

舞台では、日本人相撲取りに引き続き、通辞《つうじ》が登場する。通辞は、シテ帝王が進んで訴訟を受け付けると触れまわる。これを受けて、日本人相撲取りが皇帝に帰国を申し出る。大蔵虎明《とらあきら》本から引用したい。

帝王　《来序《らいじょ》にて出《いで》、台に上《あが》り、通辞に唐人詞《たうじんことば》にて言ひ付《つく》る。》
通辞　みなみなうけ給《たまは》り候へ。今日《こんにち》は帝王の此殿《このとの》へ行幸《みゆき》なされて、何にても訴訟の事あらば、奏聞《そうもん》申《まうし》候へ。其分《そのぶん》心得《こころえ》候へ。心得候へ。
日本人　いかに奏聞申候。
通辞　奏聞申さんとはいかやうなる者ぞ。
日本人　それがしは日本の相撲取《とり》で御《ご》ざるが、永々是《ながながこれ》に逗留仕《つかまつ》つてござれば、古郷なつかしうござある程に、御暇《おいとま》を下さるるやうに、奏聞あつて下されひ。
通辞　其《その》よし奏聞申さうずる間《あひだ》、それにしばらく待《まち》候へ。《唐人詞《ことば》にて言ひ上《あぐ》る。》
通辞　最前の者はいづ方《かた》にいるぞ。
日本人　是《これ》に候。
通辞　仰出《おほせいだ》さるるは、永く逗留仕《つかまつ》つた程に、御暇《おいとま》を下《くだ》されうずる。さあらば今一度相撲を御《ご》覧じられて、御暇《おいとま》をつかはされうずるとのお事《こと》じや程に、拵《こしら》へて取りませい。
日本人　畏《かしこまつ》てござる。

能《鉢木《はちのき》》では、執権北条時頼《ほうじょうときより》が、鎌倉に集まった家来衆を前にして、「当参《たうさん》の人々も、訴訟あらば申すべし。理非に依《よ》つてその沙汰《さた》致すべき所なり」と言う。《唐相撲》の「何にても訴訟の事あらば、奏《そう》聞申候《もんまうしさうら》へ」とよく似ている。能狂言の演目には、地方の人物が訴訟のため京に長期滞在する話がある。《砧《きぬた》》では、ワキ九州蘆屋《あしや》の何某《なにがし》が都に三年間逗留している。狂言《入間川《いるまがわ》》《鬼瓦《おにがわら》》などでも、登場人物が領地争いのため「長々在京」している。重要なのは、これが極めて日本的な場面設定であることだろう。

そもそも、中華皇帝が臣下の領地争いを裁くことはあり得ない。能《田村《たむら》》は、「普天《ふてん》の下《した》、率土《そつと》の内、何処王地《いづくわうぢ》にあらざるや」と、『詩経』の一節を引く。この『詩経』の言葉が示すように、地上は全て皇帝の所有地であって、地方官僚は天子の代理人として、期間を限って派遣される存在に過ぎない。両国には、封建領主制と中央集権制という、政治体制の本質的な相違がある。《唐相撲》は異国を舞台にしているが、中央集権的なチャイナの政治体制を反映しておらず、極めて日本的な内容になっているのである。

三、異国趣味

次々と負ける唐人たち

以上述べてきたように、狂言《唐相撲》は、先行する四種類の話型を踏まえて作られた。皇帝と日本人との知恵比べ。国内を極めた上での渡唐。皇帝に認められる日本人。積極的に訴えを聞く統治者。これらは、前の時代から《唐相撲》へと流れ込んだ要素である。一方この作品には、独自の新しい異国趣味的発想も存在する。それは第一に、弱い唐人のイメージであり、第二に荒唐無稽な唐音《とういん》である。

《唐相撲》は、両国人の知恵比べが描かれている先行作品『枕草子』『江談抄』『吉備大臣入唐絵巻』などと、大きく異なる面がある。それは、唐人が戯画化されていることである。この狂言では、アド日本人と唐人たちとの相撲が行われるが、唐人はみなだらしなく負けてしまう。動きが主体の部分なので、台本（大蔵虎明《とらあきら》本）には、「拵《こしら》へ、肩衣《かたぎぬ》脱ぐ。一人づつ呼び出《いだ》し、取らせて、唐人みな負くる。行司は通辞なり。王腹立てて、主《ぬし》が取らふと言ふ。始め終りまで、王は唐詞《たうことば》なり。」としか書かれていない。しかし、ここが《唐相撲》の最大の見せ場である。

相撲の型には、昔から伝わる伝統的な形式と、時々の役者の身体能力に応じた新しい演出がある。『能楽大事典』によれば、定まった型に次のようなものがみられる。逆立ちして向こうへ倒れる「杉立ち」。相撲取りの息に吹き飛ばされる「吹き散り」。二人が両手足を組み合いゴロゴロと回転する「俵《たわら》返し」。下官が数珠つなぎになり引っ張って行かれる「百足《むかで》」。私自身も、立衆《たちしゅう》として百足を経験したが、苦しい姿勢が長く続き、体力的にかなりきつかった。また、臆病者が逃げて柱によじ登ったり、一畳台に上って帝王に叱られたりするのも、古い型であるらしい。いずれによせ、登場するのは、敗れ去る弱い唐人ばかりである。

なお、「江戸末期の江戸城奥能の番組を見ると総員一〇人前後の〈唐相撲〉が再々演じられており、今日のような大規模な演出になったのは、明治後期に茂山千五郎《しげやませんごろう》家で上演して以来であるように思われる」（『能楽大事典』）という。

臆病で滑稽な皇帝

《唐相撲》では、皇帝も戯画化されている。臣下が次々と負けるのを見た皇帝は、自ら相撲を取ろうと言い出す。そうは言ってみたものの、シテ帝王は、強い日本人相撲取りとの取り組みを、子供のように嫌がる。人間らしく、等身大の人物像である。怖じ気付いた帝王は、一畳台から下りかけて足をあげるソラオリの型をする。能《邯鄲《かんたん》》のパロディーだろう。これは、登場人物が異人ゆえに政治的に許容された、滑稽な権力者の表象である。天皇をこのように描くことは、憚られたに違いない。

シテ帝王がお囃子《はやし》に合わせて楽《がく》を舞うと、相撲の取り組みが始まる。ところが皇帝は、近づいてくるアド日本人を、通辞に追い払わせてしまう。身分の低い者が玉体に触るのは汚《けが》らわしい、というのである。相撲を取ろうとしているにもかかわらず、自分の体に触れさせまいとするのだった。この場面には、含み笑いを生む秘かなユーモアがある。

通辞　仰《おほせ》らるるは、一段と見事相撲を取まらした。今度は帝王の取らふと仰《おほせ》らるるが、取りまらせうずるか。

日本人　それはあまり慮外にはござれ共《ども》、宣旨《せんじ》次第でござる。

《それから衣裳脱ぐうちに、楽《がく》なり、一色《ひといろ》づつ、次々へ渡し、襦袢《じゆばん》・軽衫《かるさん》になり、台に腰をかくると、其《その》まま。》

通辞　さあらば是《これ》へ出《いで》よ。

《又取る。相撲取り、王に取り付《つく》。いやがりて逃ぐる。通辞に云付《いひ》くる。》

通辞　やいやい聞きまするか。汝《なんぢ》らがやうなる者の、玉体に触《さは》る事むさう思《おぼ》し召す程に、御身《おんみ》に荒薦《あらこも》を巻ひて取らふと仰《おほせ》らるる程に、其間《そのあひだまち》待まらせひ。

日本人　畏《かしこまつ》てござる。

《舞台の中に、荒薦を二人して引つ張る。楽《がく》にて両の手をさしこみ、身に着て、さて取る。》

シテ帝王は、楽《がく》のお囃子《はやし》に乗って、二人の臣下が用意した菰《こも》を身にまとう。アド相撲取りに直接体を触らせないためである。これはもちろん、大陸の習慣ではなく、我が国の天皇の事例を受け継いだものと考えられる。橋本朝生《あさお》氏は論文「狂言の当代性」で、御醍醐《ごだいご》天皇などの先行例を紹介している。

かくして、狂言《唐相撲》は、アド日本人相撲取りの勝ち、シテ帝王の負けとなり、終演を迎える。大蔵虎明《とらあきら》本には、「王負くるを、転ばぬ内に抱《いだ》きて、足手を取《とり》、寄つて舁《か》ひて入《はひ》るなり。其時《そのとき》はしやぎり也《なり》。」とある。なお現在、退場音楽はシャギリではない。また、相撲取りは、「勝ったぞ勝ったぞ」と言いつつ、先に幕に入る。台詞《せりふ》には明示されていないが、日本人は無事日本に帰国できたのである。文字通りの「日本回帰」である。

《唐相撲》の唐音

《唐相撲》の観客に強い印象を与えるのが、デタラメ中国語「唐音《とういん》」である。これは、狂言《茶子味梅《ちゃさんばい》》《唐人子宝《とうじんこだから》》でも使われている。現行の《唐相撲》の唐音は、大きく三種類に分かれる。一つは、それぞれの家で伝承されてきた言葉、もう一つは、アドリブとして臨機応変に加えられるもの、そして、近年創作された新しい台詞《せりふ》である。

私自身が確認した即興の唐音に、「ワンタンメン」「チンゲンサイ」等の中華料理用語、「ダイサンゲンドラドラ」などの麻雀《マージャン》用語、「タメタメ（ダメダメ）」等の日本語由来の表現があり、観衆の笑いを誘う。また、比較的最近に現代中国語から作られたものとしては、野村万作《のむらまんさく》家の「一二三四《イーアルサンスー》」「再見 再見《ツァイチェンツァイチェン》、一路平安《イールーピンアン》」（二〇一七年）のようなものがある。野村万蔵《のむらまんぞう》家の《唐人相撲》には、より本格的な現代中国語の導入が見られる。井関義久《いぜきよしひさ》氏の論文「〝声の文化〟としての狂言」より引用しよう。

通辞「奏上《ツォシャン》、日本相撲人《ニッポンシャンプージン》、久在本朝《チョウツァイベンチャオ》、今番 相慕故郷《チンファンシャンムウグウシャン》、情願 回去《チンユェンフィチイ》。」
帝王「自然有理《ツウランヨウリイ》、訴他情願《スウターチンユェンチャオ》、教他相撲《チャオターシャンプー》、一番、為訴可也《イーファンウェイシィエクーイエ》。」

他方で、代々継承されてきた由緒正しい唐音として、『能楽大事典』の「茶子味梅《ちゃさんばい》」「唐音」の項目に、次の例が紹介されている。同書には、「江南地方の発音に基づきそれを大胆に変形したものという」とあるが、実証的な検証は困難と言わざるを得ない。

フウライ〱（うれしい）　チョウカチュウレイシ（飲もう）
ヤアライインヒンチウ（そのとおり）　アンライフウコウセイ（人にいうな）
チョウライカ（頂こう）　ケンランコウセイ（ならぬ）
チュクハン〱（おもしろい）　タブケ〱（いやだ）

チャサンバイ（茶を飲もう）　　キサンバイ（酒を飲もう）

さらに、茂山千五郎家に伝わっている《唐相撲》の謡《うたい》「唐音《とういん》」がある。これは、「若狭小浜《わかさおばま》の殿様の所に唐の歌として伝わっていたものを」（『狂言八十年』）、九世茂山千五郎正虎《まさとら》（一八一〇〜一八八六）が取り入れたものという。次の引用は、二〇〇二年二月七・八日の京都観世会館での上演を収録したＤＶＤ付属資料によりつつ、句読点を加えるなど、読みやすいように修正した。残念なのは、この謡の浮き浮きした面白さが、活字ではほとんど伝わらないことである。

阿《ぁ》んの長崎の。ひごろ恋すりゃ。君けんくる、けんくる。ばいたか、りんなんぎょう。あんら、よし那《（の）》や。音づれ、こいすりゃ。さいもう《モー》すが、すんぱかするとは。うんねんの、ずでれんず。がだら。志《し》く、志く、志て。おいてのあんぱん。ゆくはるも。あんのう《ノー》にのたられ。ふうれ《レー》へれ《レー》へ。おにし、おにし。さいわいこ、さいわいこ。ふだらいきょう、ふだらいきょうの。さんちゃ、こうちゃさ。せんそ、せんそ、せんそ。けんぽ、けんぽ、けんぽ。まっつぁ、かんきんつぁ。つさ、つさ、つゆ。こんけんぽんちょんのんちょんちんこんけんぽん、やんのふく。あんらづいづい。志《し》ょてと、ねしょか。志ょいたらだいて、ねしょか。あんないろに、けんないろ。けんぷく志ゃに、かんぷく。いきづい屋《や》。ちぃむ、ちぃむ、ちぃむ。雀の観音、やっきみ、ちゅんさいろ。れいれい、れいづのごんぎゃん、れいづのごんぎゃん。一《いっ》ぷく一《いっ》ちょんのんや。チンナン、チンナン、ステレケ、パアパア

異国趣味としてのチャイナ

《唐相撲》の唐音《とういん》は、後代の作品に影響を与えた可能性がある。近松門左衛門《ちかまつもんざえもん》（一六五三〜一七二四）の『大職冠《たいしょかん》』（一七一一年）や『国性爺合戦《こくせんやかっせん》』（一七一五年）には、唐音が出てくる。《唐相撲》は、以前から存在した古い話型を取り込む一方、後の近世演劇につながる要素を持っている。ただし、天正狂言本（奥書《おくがき》一五七八年）の「たふすまふ（唐相撲）」が、百字未満の極めて簡略な記述になっており、唐音が当初から活用されていたかを、文献上で確認できない。この点は、留保しておかなければならない。

『国性爺合戦』「平戸浜伝《ひらどはまづた》ひより唐土船《もろこしぶね》の段」で、船から降りてきた栴檀皇女《せんだんこうじょ》は、「なむきや《キャ》ら《ラ》ちよ《チョ》ん《ン》の《ノ》ふ《ー》、とらやあ《ヤー》やあ《ヤー》」と言う。禅宗でしばしば読誦《どくじゅ》される『大悲心陀羅尼《だいひしんだらに》』の冒頭「南無喝囉怛那哆羅夜耶《なむからたんのーとらやーやー》」を利用した唐音である。また、次のような台詞《せりふ》も見られる。「大明《たいみん》、ちんしん、によう《ニョー》ろ。君けんくる、めいたか、りんかんきう《キュー》。さいもう《モー》すが、すんへいする共《とも》、こんたか、りんとんな。ありして、けんさんはいろ。とらやあ《ヤー》、とらやあ《ヤー》」。「うすうす、うさすはもう《モー》、さきがちんぶり、かくさく、きんないろ。きんにやう《ニョー》、きんにやう《ニョー》」。また、「楼門の段」にも、「帰去来《きこらい》、帰去来。びんくはん《カン》、たさつ。ぶおん、ぶおん」というものがある。

これら唐音の導入が、はたして狂言《唐相撲》からの直接の影響かは不明である。あるいは、ほぼ同時代に行われていた岡島冠山《おかじまかんざん》（一六七四〜一七二八）の唐話学の影響があるのかも知れない。一方で、右に引用した茂山千五郎家の《唐相撲》「唐音《とういん》」の「君けんくる、けんくる。ばいたか、りんなんぎょう」が、『国性爺合戦』の「君けんくる、めいたか、りんかんきう《キュー》」と類似している点は、大変興味深い。異国趣味の面白さという面で、両者は共通している。どちらが先行するのかは不明だが、少なくとも唐音を演劇の趣向として扱ったのは、大蔵虎明《とらあきら》本（一六四二年）所収の狂言《唐相撲》が文献上初めてである。

エキゾティックな唐音を日本人が楽しむようになったのには、両国関係の変化が関係している。異国趣味は、一種の余裕の証である。漢文への敬意と、滑稽な唐音。同一言語でありながら、日本側の受容のあり方に多様性が生じている。権威ある世界標準言語《リンガ・フランカ》としての漢文と、何やら可笑《おか》しいチンプンカンプンなローカル言語としての唐音。庶民目線のチャイナ。異国趣味の対象としてのチャイナ。奇妙な他者を支那趣味《シノワズリー》として楽しむ余裕が、日本人の側に生まれていた。

古代以来、チャイナは尊敬すべき手本であり、また、警戒すべき大国であった。ところが《唐相撲》において、唐人は異国趣味的に描かれている。日本人の対外認識に、大きな変化が生じたのである。『枕草子』『江談抄』『吉備大臣入唐絵巻』に見られる知恵比べの話型を引き継ぎつつ、《唐相撲》は、奇天烈な唐音や弱い唐人という、新しい要素を加えた。

日本人は、文字を通して儒学や漢学に心酔する一方、生身の人間が生きているチャイナを、身近に感じ始めていた。中世の博多や近世の長崎で、日本人が唐人と日常的に接していたことも関係しているだろう。《唐相撲》に描かれているのは、必ずしも尊敬に値しない、弱く臆病な唐人たちであった。それは、中華に対する劣等感にさいなまれて来た日本人が、心の均衡を取り戻すために必要とした新しい表象だった。

天文五年という年

《唐相撲》を誰がいつ作ったのかは、全くわかっていない。すでに述べた通り、文献に初めてこの狂言が現れるのは、『証如上人《しょうにょしょうにん》日記』天文《てんぶん》五（一五三六）年一月二日の条である。演目題名として、「唐の皇すまひ」が出てくる。「すまひ《スマイ》」は相撲である。「唐の皇」は、おそらく「とうのみかど」と読むのだろう。現行の狂言の多くは、十六世紀後半の天正《てんしょう》狂言本や十七世紀の大蔵虎明《とらあきら》本まで、文献資料に登場しないが、《唐相撲》は、例外的に早くから存在を確認できる作品である。

上演記録を残した証如《しょうにょ》（一五一六〜一五五四）は、本願寺が好戦的な武装勢力だった戦国時代に、指導的な立場にあった僧である。天文《てんぶん》五年は、すでに山科《やましな》本願寺が攻め落とされ、本拠地は大坂の石山別院に移っていた。現在の大阪城付近である。時は旧暦一月二日、所は石山本願寺。新年早々の上演だから、「唐の皇すまひ」は、祝言的な性格を帯びていたと推定される。視覚的な華やかさという、この狂言の風流《ふりゅう》的性格も、場に相応《ふさわ》しいものだったに違いない。

興味深いのは、「唐の皇すまひ」が演じられた石山本願寺が、日明貿易に何らかの関わりを持っていたことである。伊川健二《いがわけんじ》『大航海時代の東アジア』によれば、管領細川晴元《かんれいほそかわはるもと》（一五一四〜一五六三）が関与していた幻の「堺唐船」派遣計画があった。「この船は『証如上人日記』にたびたび登場することから、石山本願寺の関与が連想される」。造船作業が始まったのは、天文《てんぶん》五年四月頃だった。同年一月二日の《唐相撲》の上演は、この流れの中にある。橋本雄氏は『中華幻想』で、次のように指摘する。「唐の皇すまひ」の「上演は、当地大坂や堺における《中国熱》の盛り上がりを直に受けたもの」であり、大陸の地で大内氏と細川氏が衝突した「寧波《ねいは》の乱（一五二三年）の約十二年後、大内氏が単独経営の遣明船をまさに支度《したく》しているさなかに」行われた。

《唐相撲》の背景には、おそらく遣明船の派遣がある。唐物《からもの》ばかりではなく、人もまた、東シナ海を行き来していた。そして、実際のチャイニーズに接した日本人の集合的な経験が、この狂言の誕生につながったものと思われる。

近代の政治的文脈の中で

能狂言は古い伝統芸能だが、一方で、現代に生きる演劇という側面も持つ。そのため《唐相撲》の上演や批評には、時々の政治社会情勢が反映されることがある。DVD『シリーズ現代の狂言 唐相撲』「解説トーク」、およびDVD『京都狂言・茂山千五郎家 唐相撲』「千作・千之丞対談」によれば、十世茂山千五郎正重《まさしげ》（一八六四〜一九五〇）は、ふと《唐相撲》の上演を思い立ったという。時あたかも、昭和六（一九三一）年の満州事変後まもなく。多くの兵隊さんたちが、大陸に出征中だった。日本人が弱い唐人を次々と倒す《唐相撲》は、「在満同胞慰問金募集の狂言会」（『狂言八十年』）の演目として、時宜にかなうものになった。武運長久を祈るという趣旨で、強い日本人相撲取りを日本の軍人に重ね合わせたのである。

その後、我が国が大東亜戦争に敗れると、「政治的正しさ」が反転する。演劇評論家北岸佑吉《きたぎしゆうきち》氏は、「「唐相撲」狂言というもの」で次のように証言している。「終戦後幾何《いくばく》もならぬ正月、玄恵法印《げんえほういん》記念狂言会でこれ［唐相撲］を見た時は、若《も》しMP［アメリカ軍憲兵］なり、その筋の不意の臨検でもあったなら、中国人をバカにするととられて、どんなお咎《とが》めを蒙《こうむ》るか知れないとヒヤヒヤしたものだった」。戦前と戦後で文脈は全く異なるものの、どちらの事例でも、《唐相撲》はいやおうなしに強い政治的磁場を生み出している。

そして話は、本書の「はじめに」で取り上げた、私自身の体験に戻る。平成九（一九九七）年、日中国交樹立二十五周年の歌舞伎座での上演に際し、野村万蔵家《唐人相撲》の結末部が改変されたことは、すでに述べた通りである。《唐相撲》は、両国のはざまにあって、常に国際関係や政治に左右されてきた。それは、この狂言の異文化表象自体が、強い政治性を帯びていることを物語っている。

おわりに

筑波大学在学中、僕は能・狂言研究会というサークルに入り、観世流銕仙会《てっせんかい》西村高夫《にしむらたかお》先生から、謡《うたい》や仕《し》舞《まい》を習った。その後は、和泉《いずみ》流の狂言師野村良介《のむらりょうすけ》先生（現・野村万蔵《まんぞう》先生）のお稽古場に通った。ただし、それはあくまでも趣味であって、能や狂言を研究するつもりは全くなかった。ところが、五十歳を越えてから、にわかに学問的興味をかきたてられ、こうして本を世に送り出すことになった。嬉しさ一入《ひとしお》である。撒《ま》いた種が実ったと、両師匠は思って下さるだろうか。

筑波大学には、能勢《のせ》朝次《あさじ》以来の能楽研究の伝統がある。能狂言サークルの顧問は、『狂言記の研究』の北原保雄《きたはらやすお》先生だった。高名な小西甚一《こにしじんいち》名誉教授が、学生の仕舞発表会をふらりと見に来られたこともあった。また、僕の卒業論文副指導教官は、『謡曲を読む』の田代慶一郎《たしろけいいちろう》先生である。今思えば、何と恵まれた環境にいたことか。当時は、そのありがたさに全く気付いていなかった。

駒場の東京大学大学院で比較文学を学んでいた時も、能は身近な所にあった。しかし、学術論文を書いてみようとは微塵も思わなかった。なぜなら、謡曲の比較文学的研究と言えば、アーネスト・フェノロサ（一八五三〜一九〇八）やエズラ・パウンド（一八八五〜一九七二）、ウィリアム・バトラー・イェイツ（一八六五〜一九三九）やアーサー・ウェーリー（一八八九〜一九六六）など、西洋人にかかわる話であって、専ら東アジアに関心を持っていた僕には、縁がないものと思い込んでいたからである。

それでも、比較文学比較文化研究室では、『謡曲の詩と西洋の詩』の平川祐弘《ひらかわすけひろ》教授が教鞭を取っておられ、先輩には『西洋の夢幻能』の成恵卿《ソンヘギョン》氏もいた。また、野村耕介《こうすけ》先生の大田楽プロジェクトのお手伝いをしていた時には、松岡心平《まつおかしんぺい》先生の姿をしばしばお見かけした。また、シンガポール国立大学滞在中は、観世信光《のぶみつ》研究のリム・ベンチューさんと知り合いになった。僕は、能狂言の学者に囲まれながら、研究者の卵として育てられたようなものである。

本書の執筆のために能の文献を渉猟《しょうりょう》し始めたのは、平成二十八（二〇一六）年秋のことだった。まず気付いたのは、この分野に優れた学者が非常に多いことである。一方、研究史を知るにつけ、近代の能楽研究の歴史が意外と浅いことにも驚かされた。吉田東伍《よしだとうご》の『世阿弥十六部集』（一九〇九年）を起点とすると、百十年余りになる。この一世紀の間、世阿弥の伝書などが次々と見つかり、大発見の興奮は戦後まで続いた。研究者は新資料の評価に忙しく、じっくりと謡曲を読み込むまでにはなかなか至らなかったようである。

現行曲を全て収めた注釈書と言えば、令和三（二〇二一）年の現在でも、昭和五・六（一九三〇・一九三一）年刊行の佐成謙太郎《さなりけんたろう》『謡曲大観』しかない。日進月歩の能楽研究の世界にあって、新たな注釈書は新知見を盛り込むのに忙しく、腰を据えて二百四十六番と向き合うような余裕はなかったのだろう。それならば、門外漢の僕にも何かできることがある。そう思えたのだった。

近年の文学研究の世界では、ポストコロニアリズムやカルチュラル・スタディーズなど、政治的な視点での作品分析が多い。ところが能狂言研究は、古い文献に埋もれる幸福に充ちているように見えた。そのようななかで、天野文雄《あまのふみお》氏の『世阿弥がいた場所』には、大きな刺激を受けた。今日一般に、幽玄を追求した伝統芸能と思われている能も、誕生した当初には、為政者を賛美するという明確な意図をもって作られていたことが、詳細に分析されている。僕は興奮しながら、この厚い本を舐めるように二回読んだ。そして、政治とかかわりつつ誕生した曲はまだまだあるはずだと確信した。

ちょうどその頃、《春日龍神》の謡《うたい》のお稽古をした。「チャイナに行くな」というこの曲のメッセージには、何か政治的な臭いが感じられた。さらに、《唐船》や《白楽天》といった能を知り、「室町時代の日明外交と能狂言」という主題が固まった。その後は、順調に執筆が進んだ。原稿が出来ると、関西の能楽研究者の集まり六麓会《ろくろくかい》で発表した。二〇一九年から二〇二〇年にかけては、在外研究でシンガポール国立大学に滞在し、リム・ベンチューさんのお世話で、英語発表の機会も得た。

能や狂言については、まだまだ不明な点が残されたままである。多様な視点からの読み込みが必要だろう。誰か、全曲注釈という大仕事に挑む人はいないだろうか。やるべきことの多い、豊かな世界である。

古典芸能は、関心を持つ多くの人たちに支えられて、はじめて継承が可能になる。演者はもとより、鑑賞者や研究者の役割も大きい。舞台を観て、お稽古をし、文章を書き、古い作品に新しい意味を吹き込んでゆく。古典はそのようにして生き続けてゆく。この一冊が、我が国の長い伝統にいささかでも貢献できるならば、これほど嬉しいことはない。

二〇二一年十月　西原大輔

参考文献

第一章

天野文雄『世阿弥がいた場所――能大成期の能と能役者をめぐる環境』ぺりかん社、二〇〇七年
天野文雄「能の「日本」はどう読まれてきたのか――《白楽天》《善界》を中心に」、『おもて　大槻能楽堂会報』第一〇五号、二〇一〇年
伊藤正義校注『新潮日本古典集成　謡曲集　下』新潮社、一九八八年
久米邦武「謡曲白楽天は傑作なり――雄大なる対外思想と応永の外寇」、『能楽』第十四巻第一号、一九一六年一月
スーザン・ブレークリー・クライン（Susan Blakeley Klein）著、荒木浩編訳「政治的寓意としての能――「白楽天」をめぐって」、『大阪大学大学院文学研究科紀要』第五十号、二〇一〇年三月
香西精『能謡新考――世阿弥に照らす』檜書店、一九七二年
佐成謙太郎『謡曲大観』第四巻、明治書院、一九三一年
高野辰之『日本演劇史』第一巻、東京堂、一九四七年
竹本幹夫『観阿弥・世阿弥時代の能楽』明治書院、一九九九年
張小鋼「白楽天と住吉明神との邂逅――十八世紀の日本人における中国文化受容の意識」、『名古屋大学中国語学文学論集』第十九号、二〇〇七年三月
内藤鳴雪ほか「謡曲に表はれたる排外思想」、『能楽』第十三巻第十二号、一九一五年十二月
西野春雄校注『新日本古典文学大系57謡曲百番』岩波書店、一九九八年

野上豊一郎「能と日本主義思想」、『能の再生』岩波書店、一九三五年
平川祐弘『謡曲の詩と西洋の詩』朝日新聞社、一九七五年
平川祐弘・鶴田欣也編『日本文学の特質』明治書院、一九九一年
三多田文恵「謡曲『白楽天』の成立とその背景」、『中国学論集』第四十二号、二〇〇六年三月
峰村文人「謡曲「白楽天」典拠考——「白楽天」と拾玉集との関係に就いて」、『観世』第十四巻第十号、一九四三年十月
三村昌義「能における白居易の受容」、『白居易研究講座』第四巻、勉誠社、一九九四年
三宅襄「謡曲に現れたる対外思想」、『能楽』第一巻第五号、一九四四年十月
横道萬里雄・表章校注『日本古典文学大系41謡曲集 下』岩波書店、一九六三年
吉田賢司『足利義持』ミネルヴァ書房、二〇一七年
Carl Sesar, "China vs. Japan: the Noh Play Haku Rakuten," J.I.Crump and William P. Malm ed. *Chinese and Japanese Music-Dramas*, Center for Chinese Studies, The University of Michigan, 1975
Leo Shingchi Yip, *China Reinterpreted: Staging the Other in Muromachi Noh Theater*, Lanham, Lexington Books, 2016

第二章

天野文雄『世阿弥がいた場所——能大成期の能と能役者をめぐる環境』ぺりかん社、二〇〇七年
天野文雄『能苑逍遥（中）能という演劇を歩く』大阪大学出版会、二〇〇九年
伊藤正義校注『新潮日本古典集成 謡曲集 下』新潮社、一九八八年
伊藤喜良『足利義持』吉川弘文館、二〇〇八年
梅原猛・観世清和監修『能を読む②世阿弥』角川学芸出版、二〇一三年
梅原猛・観世清和監修『能を読む④信光と世阿弥以後』角川学芸出版、二〇一三年

大谷節子『世阿弥の中世』岩波書店、二〇〇七年
佐伯弘次「応永の外寇と東アジア」、『史淵』第一四七号、二〇一〇年三月
佐成謙太郎『謡曲大観』第四巻、明治書院、一九三一年
清水克行『大飢饉、室町社会を襲う！』吉川弘文館、二〇〇八年
薗部寿樹「『看聞日記』現代語訳（一一）」、『山形県立米沢女子短期大学紀要』第五十三号、二〇一七年十二月
田中恆清『謎多き神 八幡様のすべて』新人物往来社、二〇一〇年
能勢朝次『能楽源流考』岩波書店、一九三八年
原田香織「誓ひの海の鱗類――作品研究『放生川』」、『文芸研究』第一四六集、一九九八年九月
二木謙一「石清水放生会と室町幕府――将軍上卿参向をめぐって」、『国学院大学日本文化研究所紀要』第三十輯、一九七二年九月
森茂暁『満済』ミベルヴァ書房、二〇〇四年
八嶌正治「作品研究「弓八幡」」、『観世』第四十五巻第一号、一九七八年一月
吉田賢司『足利義持』ミネルヴァ書房、二〇一七年

第三章

秋山謙蔵『日支交渉史話』内外書籍、一九三五年
網野善彦『日本中世の民衆像――平民と職人』岩波書店、一九八〇年
梅原猛・観世清和監修『能を読む②世阿弥』角川学芸出版、二〇一三年
大谷節子「天河大辨財天社所蔵「阿古父尉」の科学調査」、『特別企画公演「世阿弥」パンフレット』国立能楽堂、二〇一三年四月

柿坂神酒之祐・鎌田東二『天河大辨財天社の宇宙——神道の未来へ』春秋社、二〇一八年
鎌田東二「元雅と天河」、『能を読む③元雅と禅竹』角川学芸出版、二〇一三年
鎌田東二「神仏と能——神道と仏教から見た能の信仰世界（一）」、『観世』第八十五巻第十号、二〇一八年十月
木原康次ほか「座談会「唐船」をめぐって」、『観世』第四十五巻第三号、一九七八年三月
九州史学研究会編『アジアのなかの博多湾と箱崎』勉誠出版、二〇一八年
佐成謙太郎『謡曲大観』第三巻、明治書院、一九三一年
竹本幹夫『観阿弥・世阿弥時代の能楽』明治書院、一九九九年
竹本幹夫「〈唐船〉の作風と趣向」、『銕仙』第六五二号、二〇一五年十一月
田中健夫『倭寇と勘合貿易』至文堂、一九六一年
中村保雄『天河と能楽——中世の能楽から現代の前衛音楽へ』駸々堂、一九八九年
西野春雄「ウシヒキの能」、『銕仙』第二〇八号、一九七三年二月
西野春雄校注『新日本古典文学大系57謡曲百番』岩波書店、一九九八年
能勢朝次『能楽源流考』岩波書店、一九三八年
広渡正利『筥崎宮史』文献出版、一九九九年
増田正造『世阿弥の世界』集英社、二〇一五年
味方健「作品研究「唐船」」、『観世』第四十五巻第三号、一九七八年三月
三多田文恵「謡曲『唐船』の成立とその背景」、『中国学論集』第四十二号、二〇〇六年三月
山中玲子「「唐船」の背景——応永の外寇など」、『銕仙』第三三二号、一九八四年九月
脇田晴子「能楽「唐船」と対外貿易」、『都府楼』第二十四号、一九九七年九月
Leo Shingchi Yip, *China Reinterpreted: Staging the Other in Muromachi Noh Theater*, Lanham, Lexington Books, 2016

第四章

伊藤正義校注『新潮日本古典集成 謡曲集 中』新潮社、一九八六年

伊藤正義『謡曲雑記』和泉書院、一九八九年

今谷明『戦国期の室町幕府』講談社、二〇〇六年

岩崎雅彦「『呉服』演出の歴史」、『観世』第六十一巻第十号、一九九四年九月

梅原猛・観世清和監修『能を読む②世阿弥』角川学芸出版、二〇一三年

観世清和・松本雍「〈呉服〉を演じて」、『観世』第七十七巻第十一号、二〇一〇年十一月

佐成謙太郎『謡曲大観』第二巻、明治書院、一九三〇年

鈴木公雄「出土備蓄銭と中世後期の銭貨流通」、『史学』第六十一巻第三・四号、一九九二年三月

ロイヤル・タイラー「能の機織り――「呉服」と「錦木」を中心に」、『日本研究』第三十二集、二〇〇六年三月

田中健夫『増補 倭寇と勘合貿易』筑摩書房、二〇一二年

西野春雄校注『新日本古典文学大系57謡曲百番』岩波書店、一九九八年

松岡心平「「呉服」の誕生――世阿弥最後の祝典曲」、『観世』第七十七巻第十一号、二〇一〇年十一月

松岡心平『能 大和の世界――物語の舞台を歩く』山川出版社、二〇一一年

森茂暁『満済』ミネルヴァ書房、二〇〇四年

山崎有一郎「小書能を見る74木曽・呉服」、『観世』第六十九巻第六号、二〇〇二年六月

Royall Tyler ed. and trans., *Japanese Nō Dramas*, London, Penguin Books, 1992

第五章

天野文雄「「善界」の本地」、『観世』第四十四巻第五号、一九七七年五月
天野文雄「能の「日本」はどう読まれてきたのか――《白楽天》《善界》を中心に」、『おもて 大槻能楽堂会報』第一〇五号、二〇一〇年
石川透「『善界』表現考」、『観世』第五十五巻第十一号、一九八八年十一月
伊藤正義校注『新潮日本古典集成 謡曲集 中』新潮社、一九八六年
大島壽子「能〈善界〉小考」、『日本文学論叢（大阪大谷大学）』第十三号、二〇〇七年三月
大島壽子『医師と文芸――室町の医師竹田定盛』和泉書院、二〇一三年
小田幸子「『善界』演出の歴史」、『観世』第五十五巻第十二号、一九八八年十二月
河合正治『足利義政と東山文化』吉川弘文館、二〇一六年
黒田日出男『増補 絵画史料で歴史を読む』筑摩書房、二〇〇七年
小林健二『描かれた能楽――芸能と絵画が織りなす文化史』吉川弘文館、二〇一九年
小林静雄『謡曲作者の研究』能楽書林、一九四二年
小松和彦「能のなかの異界（3）愛宕山――『善界』」、『観世』第七十巻第九号、二〇〇三年九月
小山弘志ほか校注『日本古典文学全集34謡曲集二』小学館、一九七五年
佐成謙太郎『謡曲大観』第三巻、明治書院、一九三一年
末木文美士『日本宗教史』岩波書店、二〇〇六年
中村直勝『東山殿義政私伝』河原書店、一九七〇年
西野春雄校注『新日本古典文学大系57謡曲百番』岩波書店、一九九八年
西野春雄「佚曲再検⑲けうぼう女」、『宝生』第四十一巻第五号、一九九二年五月

能勢朝次『能楽源流考』岩波書店、一九三八年
播磨光寿「謡曲「善界」小考――今昔物語集との関渉」、『古典遺産』第二十二号、一九七一年六月
三宅晶子『歌舞能の系譜――世阿弥から禅竹へ』ぺりかん社、二〇一九年
山中玲子「天狗の能の作風――応仁の乱以後の能」、『中世文学』第四十一号、一九九六年六月
横道萬里雄「能演出の広がり（続）13是界（善界）」、『観世』第七十八巻第一号、二〇一一年一月
Leo Shingchi Yip, *China Reinterpreted: Staging the Other in Muromachi Noh Theater*, Lanham: Lexington Books, 2016

第六章

天野文雄「「岩船」の原形にさかのぼる」、『国立能楽堂』第四三九号、二〇二〇年三月
伊藤喜良『足利義持』吉川弘文館、二〇〇八年
小田幸子「作品研究『岩船』」、『観世』第五十三巻第十二号、一九八六年十二月
表章『観世流史参究』檜書店、二〇〇八年
河村和重ほか「座談会「岩船」をめぐって」、『観世』第五十三巻第十二号、一九八六年十二月
樹下好美「〈岩船〉の構想――改作の可能性をめぐって」、『能　研究と評論』第十七号、一九八九年十二月
樹下好美「龍神物の能の成立――金春禅竹の関与の可能性をめぐって」、『中世文学』第三十七号、一九九二年六月
小林英一「《西王母》《岩船》の「捧物」――本願寺謡初における特殊演出」、『芸能史研究』第一二三号、一九九四年十月
佐成謙太郎『謡曲大観』第一巻、明治書院、一九三〇年
関周一「唐物の流通と消費」、『国立歴史民俗博物館研究報告』第九十二集、二〇〇二年二月
東京大学史料編纂所編『大日本史料』第七編之十三、東京大学出版会、一九五五年
日本史史料研究会監修・新名一仁編『中世島津氏研究の最前線――ここまでわかった南北朝期の幕府体制』洋泉社、二〇

一八年
橋本雄『中華幻想――唐物と外交の室町時代史』勉誠出版、二〇一一年
吉田賢司『足利義持』ミネルヴァ書房、二〇一七年
米田真理「観世信光の「調伏型祝言能」――《太施太子》を中心に」、『中世文学』第五十四号、二〇〇九年六月

第七章

阿部泰郎「「春日龍神」の背景――貞慶の唱導をめぐりて」、『銕仙』第六〇七号、二〇一一年十一月
天野文雄『能楽手帖』角川書店、二〇一九年
伊藤正義『金春禅竹の研究』赤尾照文堂、一九七〇年
伊藤正義『謡曲雑記』和泉書院、一九八九年
梅原猛・観世清和監修『能を読む③元雅と禅竹』角川学芸出版、二〇一三年
岡緑蔭「〈春日龍神〉雑記」、『観世』第四十七巻第四号、一九八〇年四月
片山慶次郎ほか「座談会「春日龍神」をめぐって」、『観世』第四十七巻第四号、一九八〇年四月
観世喜正・石上和敬「龍と蛇――仏教からの贈り物」、『武蔵野大学能楽資料センター紀要』第二十七号、二〇一六年三月
樹下好美「龍神物の能の成立――金春禅竹の関与の可能性をめぐって」、『中世文学』第三十七号、一九九二年六月
佐成謙太郎『謡曲大観』第一巻、明治書院、一九三〇年
周重雷「禅竹作における風流性――龍神物を中心に」、『日本文学論叢（法政大学）』第四十号、二〇一一年三月
末木文美士『日本仏教史――思想史としてのアプローチ』新潮社、一九九六年、
清田弘『能の表現――その魅力と鑑賞の秘訣』草思社、二〇〇四年
高橋悠介『禅竹能楽論の世界』慶応義塾大学出版会、二〇一四年

田中久夫『明恵』吉川弘文館、一九六一年
徳江元正「作品研究「春日龍神」」、『観世』第四十七巻第四号、一九八〇年四月
内藤鳴雪ほか「謡曲に表はれたる排外思想」、『能楽』第十三巻第十二号、一九一五年十二月
西野春雄校注『新日本古典文学大系57謡曲百番』岩波書店、一九九八年
野上豊一郎「能と日本主義思想」、『能の再生』岩波書店、一九三五年
野村卓美「明恵説話の変容――『春日龍神』と明恵説話」、『国語国文学（北九州大学）』第九号、一九九六年三月
細川涼一「鎌倉旧仏教と能――貞慶と「第六天」・明恵と「春日龍神」」、『国文学 解釈と教材の研究』第三十七巻第十四号、一九九二年十二月
松岡心平『能 大和の世界――物語の舞台を歩く』山川出版社、二〇一一年
三宅襄「謡曲に現れたる対外思想」、『能楽』第一巻第五号、一九四四年十月
三宅襄『能の鑑賞講座二』檜書店、一九九四年
横道萬里雄「能演出の広がり5春日竜神」、『観世』第七十一巻第二号、二〇〇四年二月
Robert E. Morrell, "Passage to India Denied: Zeami's Kasuga Ryūjin", *Monumenta Nipponica*, Vol.37, No.2, Summer, 1982

第八章

伊川健二『大航海時代の東アジア――日欧通交の歴史的前提』吉川弘文館、二〇〇七年
池田廣司・北原保雄『大蔵虎明本狂言集の研究 本文篇上』表現社、一九七二年
井関義久「〝声の文化〟としての狂言――「唐人相撲」の現代性」、『桜美林大学中国文学論叢』第二十二号、一九九七年三月
内山弘『天正狂言本 本文・総索引・研究』笠間書院、一九九八年

北岸佑吉「「唐相撲」狂言というもの」、『演劇界』第十一巻第十二号、一九五三年十一月
黒田日出男『増補 絵画史料で歴史を読む』筑摩書房、二〇〇七年
小林責・西哲生・羽田昶『能楽大事典』筑摩書房、二〇一二年
小松茂美編『日本の絵巻3吉備大臣入唐絵巻』中央公論社、一九八七年
茂山千作翁記念刊行会編『狂言八十年』都出版社、一九五一年
茂山千之丞「狂言「唐相撲」の話」、『古美術』第二十七号、一九六九年九月
関屋俊彦「唐物素材の能・狂言」、『関西大学東西学術研究所創立六十周年記念論文集』関西大学出版部、二〇一一年十月
高橋公明「舞台の上の唐人――大蔵流山本家による狂言「唐相撲」を見て」、『8―17世紀の東アジア地域における人・物・情報の交流――海域と港市の形成、民族・地域間の相互認識を中心に』科学研究費補助金研究成果報告書、二〇〇四年三月
高橋悠介『禅竹能楽論の世界』慶応義塾大学出版会、二〇一四年
近松全集刊行会編『近松全集』第九巻、岩波書店、一九八八年
橋本朝生・土井洋一校注『新日本古典文学大系58狂言記』岩波書店、一九九六年
橋本朝生「狂言の当代性――〈唐相撲〉を読み解く」、『国文学 解釈と鑑賞』第七十四巻第十号、二〇〇九年十月
橋本雄『中華幻想――唐物と外交の室町時代史』勉誠出版、二〇一一年
DVD『シリーズ現代の狂言 唐相撲』森崎事務所、二〇〇〇年
DVD『京都狂言・茂山千五郎家唐相撲』関西テレビ放送、二〇〇三年

索引

【か】

【き】

【く】

【け】

【こ】

【さ】

【し】

著者略歴

西原 大輔（にしはら・だいすけ）

1967年東京生まれ。筑波大学比較文化学類卒業。東京大学大学院総合文化研究科満期退学。博士（学術）。シンガポール国立大学、駿河台大学、広島大学を経て、現在、東京外国語大学大学院国際日本学研究院教授。詩人。

【著　書】
『谷崎潤一郎とオリエンタリズム』（中央公論新社、2003年）
『橋本関雪』（ミネルヴァ書房、2007年）
『日本名詩選１・２・３』（笠間書院、2015年）
『日本人のシンガポール体験』（人文書院、2017年）
【詩　集】
『赤れんが』（七月堂、1997年）
『蚕豆《さんとう》集』（七月堂、2006年）
『美しい川』（七月堂、2009年）
『七五小曲集』（七月堂、2011年）
『掌《てのひら》の詩集』（七月堂、2014年）
『詩物語』（七月堂、2015年）
『本詩取り』（七月堂、2018年）

室町時代の日明外交と能狂言

2021年（令和３）10月15日　初版第１刷発行

著 者　西　原　大　輔

発行者　池　田　圭　子

発行所　有限会社 **笠間書院**

〒101-0064　東京都千代田区神田猿楽町2-2-3
☎03-3295-1331　FAX03-3294-0996
振替00110-1-56002

ISBN978-4-305-70946-2　　装幀：鎌内文（細山田デザイン事務所）
組版：ステラ　印刷／製本：モリモト印刷

https://kasamashoin.jp/